Maurizio Clausi,
Davide Leone, Giuseppe Lo Bocchiaro,
Alice Pancucci Amarù, Daniela Ragusa

AUF ANDREA CAMILLERIS SPUREN DURCH SIZILIEN

Aus dem Italienischen von Moshe Kahn,
Christiane v. Bechtolsheim und Schahrzad Assemi

Maurizio Clausi
Davide Leone
Giuseppe Lo Bocchiaro
Alice Pancucci Amarù
Daniela Ragusa

AUF ANDREA CAMILLERIS SPUREN DURCH SIZILIEN

DIE LIEBLINGSPLÄTZE DES COMMISSARIO MONTALBANO

editionLübbe

editionLübbe
in der Verlagsgruppe Lübbe

Copyright © 2006 by
Sellerio Editore di Elvira Giorgianni, Palermo/Italy
Originalverlag:
Sellerio Editore di Elvira Giorgianni, Palermo/Italy
Titel der Originalausgabe: I LUOGHI DI MONTALBANO

Copyright © 2007 für die deutschsprachige Ausgabe:
Verlagsgruppe Lübbe GmbH & Co. KG, Bergisch Gladbach
Aus dem Italienischen von Moshe Kahn,
Christiane v. Bechtolsheim und Schahrzad Assemi
Textredaktion: Konstanze Allnach

Sämtliche im Kapitel »Die Fernsehorte« abgedruckten
Fotografien: Mit freundlicher Genehmigung der
Produktionsfirma Palomar spa
Bildnachweis für die übrigen in diesem Band abgedruckten
Fotografien: Copyright © 2007 by Maurizio Clausi, Davide Leone,
Giuseppe Lo Bocchiaro, Alice Pancucci Amarù, Daniela Ragusa

Layout und Satz: JahnDesign Thomas Jahn, Erpel/Rhein
Vorsatzkarte: Reinhard Borner
Druck und Einband: Ebner & Spiegel, Ulm

Alle Rechte, auch der fotomechanischen und elektronischen
Wiedergabe, vorbehalten

Printed in Germany

ISBN: 978-3-7857-1589-5

Sie finden die Verlagsgruppe Lübbe im Internet unter
www.luebbe.de

INHALTSVERZEICHNIS

Die Lieblingsplätze des Commissario
  Montalbano   11

Von der Erregung, Dinge zu entdecken   12

BESUCHERWEGE   19
1. Besucherweg: DIE FORM DES WASSERS   20
2. Besucherweg: DER HUND AUS TERRACOTTA   36
3. Besucherweg: DER DIEB DER SÜSSEN DINGE   71
4. Besucherweg: DIE STIMME DER VIOLINE   106
5. Besucherweg: DAS SPIEL DES PATRIARCHEN   136
6. Besucherweg: DER KAVALIER DER SPÄTEN STUNDE   153
7. Besucherweg: DAS KALTE LÄCHELN DES MEERES   178
8. Besucherweg: DIE PASSION DES STILLEN RÄCHERS   195

Die Geografie Montalbanos   235

DIE LITERARISCHEN ORTE   237

Vigàta (Porto Empedocle)   239
Bar Albanese   247
Café Caviglione   247
Wohnung von Maestro Cataldo Barbera,
  Salita Granet   248
Wohnung von Pino Catalano, Discesa Gravet 28   249
Wohnung des Lehrers Giosuè Contino,
  Piazza Dante   250
Haus von Mariastella Cosentino   250
Wohnung der Eheleute Di Blasi, Via Laporta 8   252

Wohnung von Tina Lofaro, Via Roma	253
Wohnung von Michela Manganaro	254
Haus von Dottor Mistretta	254
Haus von Commissario Montalbano, Marinella	256
Wohnung von Saro Montaperto, Via Lincoln 102	258
Wohnung von Nenè Sanfilippo und der Eheleute Griffo, Via Cavour 44	258
Haus von Anna Tropeano, Marinella	258
Wohnung von Clementina Vasile Cozzo, Salita Granet 23	260
Chiesa Madre, Hauptkirche	260
Ciuccàfa-Hügel	262
Kommissariat, Via Lincoln	263
Tankstelle an der Straße nach Marinella, der Ort, an dem der Lastwagen aufgefunden wurde	264
Mànnara und alte Fabrik	264
Monte Crasto und Crasticeddru	266
Rathaus	268
Versteck des Jungen aus DAS KALTE LÄCHELN DES MEERES, Ostmole	268
Autowerkstatt von Antonio Marin, Piazza Vittorio Veneto	269
Hafen, Leuchtturm und Flachklippe	271
Ortsteil »La Cucca«	272
Handelsbüro von Lapecora, Salita Granet 28	274
Trattoria da Enzo	274
Trattoria San Calogero	275
Postamt	276
Geheime Villa des Ingegnere Luparello, Kurve Sanfilippo, Capo Massaria (Ortsteil Kaos-Montelusa)	277

Villa Mistretta	279

Montelusa (Agrigent)

Montelusa (Agrigent)	280
Stadtbibliothek (Monastero di Santo Spirito)	290
Wohnung des Fotografen Contino im Rabàtu	291
Haus von Fatma ben Gallud im Rabàtu	294
Garten der Kolymbetra, Tal der Tempel	295
Monteserrato (Monserrato), der Ort, wo Sanfilippo arbeitet	296
Questura, Polizeipräsidium	297
Unterschlupf von Tano dem Griechen	299
Sarazenenolive	300
Villa der Luparellos	301

ANDERE ORTE

ANDERE ORTE	302
Brancato (Racalmuto)	302
Calapiano (Gagliano Castelferrato), Haus von Mimì Augellos Schwester	305
Comisini (Comitini), Contrada Fava, der Ort, wo die Eheleute Griffo aufgefunden wurden	306
Floridia, Kirche der Madonna delle Grazie	307
Gallotta/Giardina (Giardina Gallotti), Villa von Alcide Maraventano	309
Joppolo Giancaxio, Osteria La cacciatora	310
Marsala	310
Mazara del Vallo	312
Montaperto, Haus von Gegès Schwester Marianna	313
Montechiaro (Palma di Montechiaro)	315
Spigonella	317
Tricase	318

Montereale (Realmonte)	320
Capo Russello	320
Kirche von Padre Crucillà	321
Punta Pizzillo	322
Strand von Puntasecca	323
Mozia	324
Palermo, Markt der Vucciria	327
Pantelleria	328
Serradifalco, Via Crispi 18, Haus von Lisettas Freund Andrea Sorrentino	330
Tyndaris	331
Trapani, Via Libertà 12, Wohnung von Assunta Baeri	333
Villaseta, Via Garibaldi 70, Wohnung von Karima	334

DIE FERNSEHORTE 337

Montalbanos Sizilien in der bildlichen Vorstellungswelt der Fernsehzuschauer	338
Vigàta (Ragusa und Provinz)	349
Wohnung des Maestro Barbera, Salita Granet	349
Wohnung von Pino Catalano, Discesa Gravet	349
Wohnung der Eheleute Di Blasi, Via Laporta	350
Wohnung von Michela Manganaro	350
Haus von Commissario Montalbano, Marinella	351
Wohnung von Saro Montaperto, Via Lincoln 102	351
Wohnung von Nenè Sanfilippo und der Eheleute Griffo, Via Cavour 44	352
Haus von Balduccio Sinagra, Ciuccàfa-Hügel	353
Haus von Anna Tropeano, Marinella	353

Wohnung von Clementina Vasile Cozzo, Salita Granet	354
Kirche von Vigàta	354
Kommissariat, Innenansicht	355
Kommissariat, Außenansicht	357
Mànnara und alte Fabrik	357
Monte Crasto und Crasticeddru	359
Hafen, Leuchtturm und Flachklippe	359
Handelsbüro von Lapecora	359
Trattoria San Calogero	360
Postamt	360
Montelusa (Provinzen von Ragusa, Syrakus und Trapani)	361
Haus von Fatma ben Gallud im Rabàtu	361
Monteserrato, der Ort, wo Sanfilippo arbeitet	361
Polizeipräsidium, Außenansicht	361
Polizeipräsidium, Innenansicht	361
Unterschlupf von Tano dem Griechen	363
Sarazenenolive	363
Villa der Luparellos	364
Villaseta, Via Garibaldi 70, Haus von Karima	364
Kleine Villa von Giacomo Pellegrino, in der Nähe der Sarazenenolive	365
ANDERE ORTE	366
Calapiano, Haus von Mimì Augellos Schwester	366
Comisini, Contrada Fava, der Ort, an dem die Eheleute Griffo aufgefunden wurden	366
Montaperto, Haus von Gegès Schwester Marianna	367

Haus von Antonino Tommasino 368

Punta Pizzillo 368

Kleiner Strand von Punta Secca, der Ort der
Treffen mit Gegè 368

Palermo, Markt der Vucciria 369

Tyndaris, Wallfahrtsort der Schwarzen Madonna 369

Wie kommt man nach Vigàta? 370

Landkarten 373

A – Montalbanos Sizilien 374

B – Die Umgebung von Vigàta 376

C – Montelusa 378

D – Vigàta 380

E – Ragusa und Umgebung 382

Bibliografie 384

Reiseführer 384

Internet-Seiten 384

DIE LIEBLINGSPLÄTZE
DES COMMISSARIO
MONTALBANO

»Bei mir ist es so, dass ich die Geschichten nicht einfach aus
dem Nichts erfinden kann. Ich brauche einen Anschub durch
die Wirklichkeit.«

ANDREA CAMILLERI

(aus: LA TESTA CI FA DIRE. Marcello Sorgi im Gespräch mit
Andrea Camilleri)

VON DER ERREGUNG,
DINGE ZU ENTDECKEN

An jenem Vormittag im August hatten wir schon alle Hoffnung aufgegeben, Andrea Camilleri anzutreffen.

Wir hatten den herrlichen Tag genutzt, um ein paar Fotos in Marinella und in Capo Russello zu schießen, doch unser eigentliches Ziel war es, ihm unsere Arbeit zu zeigen, damit wir seine Bestätigung erhielten und – mehr unbewusst – mit seinem Segen wieder nach Hause fahren würden.

Wir wollten gerade die Hauptstraße von Porto Empedocle, die Via Roma, verlassen, als der Autor des KÖNIG ZOSIMO plötzlich und sozusagen aus dem Nichts auftauchte. Da saß er, an einem Tisch der Bar Albanese. Wir stellten uns vor, setzten uns zu ihm und fingen an, ihm von unserem Projekt zu erzählen: einem Reiseführer durch das Ge-

biet von Agrigent, wie es im Licht der Romane um den beliebtesten italienischen Commissario »konstruiert« wurde. In einem Spiel der freien Textinterpretation wollten wir die Besucher bei der Entdeckung von Porto Empedocle und Umgebung begleiten und dabei die Orte vorstellen, die in den verschiedenen Kriminalfällen von Commissario Salvo Montalbano zu Schauplätzen wurden. Andrea Camilleri blickte aufmerksam auf die Landkarten und die karteikartenähnliche Beschreibung der Orte, die wir ihm vorgelegt hatten, wobei er uns mehrfach halb ungläubig, halb amüsiert ansah. Wir, auf der anderen Seite des Tisches, ließen sein Gesicht keine Sekunde aus den Augen, damit uns auch nicht die kleinste Regung der Zustimmung oder der Ablehnung entging.

Die Idee zu unserem Projekt geht vor allem auf eine Wette zurück: Auch wenn man einräumt, dass Vigàta und Montelusa einfach nur literarische Erfindungen sind, wie viel konnte man von der Geburtsstadt, von den Orten, in denen Camilleri wirklich gelebt hat, wiedererkennen, wenn man zwischen Agrigent und Porto Empedocle, zwischen Siculiana und Palma di Montechiaro herumreist? Die Überraschung war aufregend und verwirrend zugleich: Orte, Entfernungen und räumliche Verhältnisse, die in den Romanen beschrieben werden, entsprachen (wenn man sich auf das von Camilleri in Szene gesetzte Vexierspiel einlässt, der beispielsweise den existierenden Ort Giardina Gallotti, nur wenige Kilometer von Agrigent entfernt, mal *Gallotta*, mal *Giardina* nennt) »auf gefährliche Weise« den wirklichen Orten. Von der anfänglichen Intuition gingen wir zur Durchführung einer äußerst kurzweiligen Arbeit über, der des »Erkennens« nämlich. Und dieses Wiedererkennen der realen Vorlagen brachte uns wiederum auf die Idee mit den Besucherwegen, die sich auf den jeweiligen Verlauf der Ermittlungen innerhalb der einzelnen Romane um Commissario Montalbano stützen.

Denn die ehrgeizige Absicht lag darin, den Lesern die Möglichkeit zu geben, die Geschichten noch einmal persönlich nachzuerleben, Schritt für Schritt die Indizien aufzudecken und mit Montalbano gemeinsam zur Lösung des Falles zu gelangen.

Auf diese Weise hatten wir, wenn auch unbewusst, einen wichtigen Schritt hin zu einer umfassenderen Kenntnis des Schriftstellers und seines Werks gemacht. Für uns war an dieser Stelle klar, dass diese Ehrlichkeit und diese literarische Kohärenz, von der Camilleri im Hinblick auf die Konstruktion seiner Krimis öfter gesprochen hat, auch einer räumlichen Kohärenz entspricht, einer »physischen«, wenn man sie auf den Flecken am Meer, eben Porto Empedocle, bezieht. Einem »Käfig«, der, auch wenn er a priori nicht bewusst als solcher strukturiert wurde, zumindest im Kopf des Autors präsent gewesen sein muss, damit die Geschichten funktionieren konnten.

Ein gewisses Erstaunen, das wir in Camilleris Blick und in dem seiner Frau Rosetta beobachteten, die unterdessen zu uns gestoßen war, machte uns deutlich, dass der literarische Landstrich, über den Camilleri uns seit Jahrzehnten erzählt, in Porto Empedocle wiedergefunden, »wiederlokalisiert« werden kann, ohne dass der Ort etwas von seiner »universellen« Natur, seiner Fähigkeit, zugleich auch das gesamte Sizilien darzustellen, verlieren oder einbüßen würde.

Unter den zahlreichen Orten auf Sizilien, die die Schriftsteller in Literatur gestaltet oder auch umgestaltet haben, nimmt das Gebiet von Agrigent eine hervorragende, bedeutungsvolle Stelle ein. Hier hat Pirandello Agrigent in das Girgenti von DIE ALTEN UND DIE JUNGEN verwandelt, Sciascia ist durch die Straßen von Regalpetra gegangen, die Stadt, die an Racalmuto »grenzt«, und in unseren Tagen hat Camilleri eine Stadt beschrieben, die, obwohl sie dem Porto Empedocle seiner Jugend ähnelt, *»unter der ständigen Verschiebung seiner Grenzen schließlich die Dreiecksform von Sizilien selbst angenommen hat«.* Und so wird der Autor zum Sänger von Orten, die häufig weit entfernt sind von dem mit einer Patina überzogenen Bild der Besucher Siziliens. Die von Camilleri gedachte Stadt ist, auch wenn dort sie noch keinen Namen hat, bereits im Roman HAHN IM KORB gegenwärtig, den er schon 1968 abgeschlossen hatte, doch erst zehn Jahre später veröffentlichen konnte. Hinter dieser kleinen Stadt an der Küste verbarg sich ein Großteil des

Wesenskerns von Porto Empedocle, und so ist es auch geblieben, selbst als sie im Roman DAS LAUNISCHE EILAND den Namen Vigàta annahm und endgültig zu dem Schauplatz wurde, wo er ebenso historische Gestalten (den Bauer Zosimo in KÖNIG ZOSIMO) wie auch zeitgenössische (Salvo Montalbano) auftreten lässt.

Andrea Camilleris Wirklichkeit und die seiner literarischen Schöpfung teilt sich auf in Gebiete von unendlicher Schönheit (das Hinterland Siziliens, trocken und von starker Faszination, die Küstengebiete in der Nähe von Vigàta, Puntasecca und der Scala dei Turchi) und in Landstriche von nicht mehr aufzuhaltendem Niedergang (die Mànnara, das Hotel Della Valle, *»das in unmittelbarer Nachbarschaft eines der schönsten Tempel der Welt gebaut wurde, trotz Denkmalschutzbehörde, trotz Landschaftschutzauflagen, trotz Bebauungsplänen«*). Einerseits hat Andrea Camilleri also Orte geschaffen, die für Sizilien repräsentativ sind und damit paradigmatisch. Andererseits aber hat er mit der großen Genauigkeit eines Topographen die Merkmale eines Gebiets nachgezeichnet, in dem Montalbano sich bewegt, und damit jedem, der mit dem Autor in Berührung gekommen ist, die Möglichkeit geboten, am Ende der Lektüre zu entdecken, dass es die Trattoria San Calogero wirklich gibt, dass die Höhle des Hundes aus Terracotta sich genau dort befindet, wo Camilleri sie beschrieben hat, dass man den Versuch unternehmen kann, die Lage des Hauses von Clementina Vasile Cozzo in der Salita Granet in unmittelbarer Nähe des Corso Principale zu erkunden, dass Marinella sich tatsächlich jenseits des Hafens befindet, nämlich an dem Teil, der der Mànnara und der ehemaligen Chemiefabrik genau gegenüberliegt.

16

Schließlich, dass es möglich ist, einen langen Spaziergang zur Ostmole zu machen, in Richtung Leuchtturm, sich dort auf die Flachklippe zu setzen und nachzudenken.

Zu diesen Örtlichkeiten sind in den letzten Jahren weitere hinzugekommen, die »parallel« zu den früheren existieren, aber deshalb nicht minder faszinierend sind. Sie wurden durch die TV-Fiktion konstruiert und haben die Verbreitung des Phänomens Montalbano beim Publikum ab 1999 gefördert und begleitet, dem Jahr, in dem das italienische Fernsehen RAI mit der Ausstrahlung der Fernsehfassungen der Romane und Erzählungen von Camilleri begonnen hat.

BESUCHERWEGE

1. Besucherweg

DIE FORM DES WASSERS

Dieser Besucherweg basiert auf den Ereignissen, wie sie im Roman DIE FORM DES WASSERS erzählt werden, dem ersten Roman mit der Hauptfigur des Commissario Montalbano. Dem Handlungsverlauf folgend bewegen wir uns – bis zur Lösung des Falles – gemeinsam mit dem Commissario durch Vigàta und Umgebung.

Unsere Reise kann nur in Marinella [B E6] beginnen, wo Montalbano von Fazio geweckt wird.

Die Nachricht, die der treue Brigadiere ihm übermittelt, betrifft einen Leichenfund an der Mànnara. Der Lido Marinella ist eine Örtlichkeit am Meer, die zu den bedeutendsten an der Küste von Agrigent gehört. Ein Besuch dort bietet die Möglichkeit eines erfrischenden Bades im Meer. Die vielen eingeschossigen Häuser mit Holzveranda und Blick aufs Meer erinnern an die Beschreibung, die Camilleri in den verschiedenen Romanen vom Haus Commissario Montalbanos gibt.

HAUS VON COMMISSARIO MONTALBANO, MARINELLA [B F8]

Und genau in diesem Moment klingelte das Telefon. Ohne die Augen zu öffnen, streckte Montalbano einen Arm aus, weniger um nach dem Hörer zu greifen als nach den wallenden Enden des Traumes, der erbarmungslos dahinschwand.

»Pronto!« Er war wütend auf den Störenfried.

»Commissario, wir haben einen Kunden.«

(...) In ihrem Jargon war ein Kunde ein Toter, um den sie sich kümmern mussten. (S. 18–19)

Vom Haus des Commissario begeben auch wir uns (am besten per Auto oder Fahrrad) zum Tatort: der Mànnara [D E8], die im Schatten der alten Chemiefabrik [D D9] liegt. Hier trifft Montalbano nach einem kleinen Unfall mit seinen Reifen bereits auf die Männer der Spurensicherung und erfährt, dass der Tote niemand andrer ist als der Ingegnere Luparello, eine bekannte politische Persönlichkeit.

Von Marinella aus fahren wir über die Küstenstraße nach Vigàta [B E7]. Hier durchqueren wir die vom Turm Karls V. beherrschte Hafeneinfahrt und bewegen uns weiter auf der Via Empedocle. An deren Ende biegen wir nach rechts ab und dann gleich wieder nach links, in Richtung Gela nach San Leone, und befinden uns nun an der Mànnara.

Genauso wie im Roman beschrieben, stellt das Areal der alten Fabrik einen Ort von großer Faszination dar, ein metaphysisches Denkmal der Industriearchäologie. Die vielen Gebäude und Lager, aus denen die Anlage besteht, und die Gerippe der beiden Ladetürme, die im Hintergrund in den strahlend blauen Himmel ragen, lassen an Gotik denken.

Die eigentliche Mànnara ist ein weites, trostloses Gelände, das der alten Fabrik vorgelagert ist, mit Röhricht und wenigen anderen Sträuchern, den einzigen Tupfer von Vegetation.

MÀNNARA [D E8] UND ALTE FABRIK [D D9]
Nach einigem Hin und Her dauerte es letztlich gut zehn Minuten, bis der Reifen gewechselt war, und als sie die Màn-

nara erreichten, war der Erkennungsdienst von Montelusa bereits dort. Er befand sich in der, wie Montalbano es nannte, Meditationsphase. Das bedeutete, dass fünf oder sechs Beamte rund um die Stelle spazierten, wo das Auto stand, den Kopf leicht nach unten geneigt, die Hände in den Taschen vergraben oder auf dem Rücken verschränkt. (...) Kaum hatte Jacomuzzi, der Chef des Erkennungsdienstes, Montalbano entdeckt, eilte er ihm entgegen.

»Wieso sind eigentlich keine Reporter hier?«

»Dafür habe ich gesorgt.«

»Dieses Mal bringen sie dich ganz bestimmt um! Wie konntest du ihnen einen solchen Knüller vorenthalten?« Er war sichtlich nervös. »Weißt du, wer der Tote ist?«

»Nein. Aber du wirst es mir gleich sagen.«

»Es ist der Ingegnere Silvio Luparello.«

»Scheiße!«, stieß Montalbano hervor. Es war seine einzige Bemerkung. (S. 23)

Die Provinzialstraße, die zum Badeort San Leone führt, kreuzt etwas weiter entfernt die Brücke, unter der sich – im Roman – die Straße befindet, die der Ingegnere Luparello entlanggefahren ist.

Nach dem Treffen mit Jacomuzzi und Dottor Pasquano kehrt Montalbano nach Marinella zurück, um dort einen Teller Spaghetti mit Seeigelfleisch zu genießen. Wir nutzen die Gelegenheit, um zum Strand von Puntasecca [B D1] zu fahren, wo Montalbano seinen Freund aus Kindertagen, Gegè, trifft, den »Betreiber« der Mànnara. Von Porto Empedocle folgen wir der Staatsstraße 115 in Richtung Trapani, lassen das Gebiet der Badestrände und auch Montalbanos Haus in Marinella [B E6] hinter uns, und kommen zur Auffahrt

22

nach Siciliana. Wir biegen von dort nach links in Richtung Giallombardo ab und fahren weiter bis zur nächsten Abbiegung zum Lido »La spiaggetta« in Puntasecca.

Die Schönheit von Puntasecca, am äußersten Westrand des Gebietes von Montereale (Realmonte), ist entwaffnend. Der von einem Hügel aus weißem Mergel überragte Strand wird von einem zerklüfteten Vorgebirge aus rotem Fels eingerahmt, das sich wie ein Tuch auf Gemälden von Caravaggio dreht und öffnet und einen Kontrapunkt zum smaragdfarbenen Meer bildet. Über allem wacht oben der Turm von Monterosso, eines der zahllosen Bauwerke zur Kontrolle der Küsten, die vom 16. Jahrhundert an auf Geheiß Karls V. errichtet wurden.

STRAND VON PUNTASECCA [B D1]

Der kleine Strand von Puntasecca, ein Streifen kompakten Sandes, der an einen Hügel aus weißem Mergel grenzte, war um diese Uhrzeit völlig ausgestorben. Als der Commissario ankam, wartete Gegè, eine Zigarette rauchend an sein Auto gelehnt, schon auf ihn.

»Steig aus, Salvo«, rief er Montalbano zu, »genießen wir ein bisschen die herrliche Luft.«

Sie standen eine Weile rauchend nebeneinander, ohne ein Wort zu wechseln. Dann drückte Gegè seine Zigarette aus. (S. 59)

Die Informationen, die Gegè über Luparello gibt, führen Montalbano unmittelbar nach Montelusa, ins Stadtviertel Rabàtu [C A1], wo er das Haus von Carmen aufsucht, die eigentlich Fatma ben Gallud heißt und als Prostituierte an der Mànnara arbeitet.

Auch wir folgen dem Commissario bei der Entdeckung dieses wunderschönen Viertels von Montelusa.

Von Puntasecca [B D1] aus fahren wir in Richtung Siciliana [B B1], und wenn wir das kleine Stadtzentrum erreichen, biegen wir nach rechts auf die Staatsstraße 115 in Richtung Montelusa (Agrigent) [B D9] ab. Wenn wir in Villaseta [B E8] einfahren, einem kleinen Flecken zwischen Vigàta und Montelusa, Schauplatz der Ereignisse, die Camilleri in DER DIEB DER SÜSSEN DINGE (3. Besucherweg) erzählt, biegen wir noch einmal nach links ab in Richtung Montelusa. Wenn das Wohngebiet von Villaseta hinter uns liegt, fahren wir auf der Provinzialstraße, bis wir nach rechts zum Zentrum von Montelusa abbiegen und durch das alte arabische Viertel in die Stadt gelangen. Rabàtu [C A1] ist ein Ortsteil im äußersten Westen der Altstadt von Agrigent. Leider befindet er sich in einem äußerst schlechten Zustand, auch wenn es beim Herumstreifen durch Gassen und Innenhöfe an Faszinierendem und Schönem nicht mangelt und dieses Viertel auch heute noch starke Eindrücke hervorruft.

Uns empfangen alte Höhlenbehausungen, die auf die byzantinische Epoche zurückgehen und möglicherweise Teil des »steinigen« Dorfes waren, des nördlichen Teils von Rabàtu, der heute verschwunden ist und durch Wohnbauten des 20. Jahrhunderts ersetzt wurde. Aber vor allem ist die Chiesetta dell'Addolorata, die Kleine Kirche der Schmerzensmutter [C A1], 1656 auf einem unebenen Sporn errichtet, das zentrale Element dieses Bereiches. Nachdem wir unser Fahrzeug geparkt haben, gehen wir über die der Kirche gegenüberliegende Treppe weiter und kommen am

24

Ende auf die Piazza di S. Croce [C A1] und zur gleichnamigen Kirche, die in dem Roman den Hintergrund für die Begegnung zwischen Montalbano und Fatma ben Gallud bilden. Die Kirche S. Croce wurde im 16. Jahrhundert auf den Überresten einer mittelalterlichen Kirche errichtet.

RABÀTU, MONTELUSA [C A1]

In Rabàtu angekommen, dem ältesten Stadtviertel von Montelusa, das dreißig Jahre zuvor von einem Erdrutsch zerstört worden war und in dessen notdürftig hergerichteten Ruinen, beschädigten und baufälligen Hütten illegal eingewanderte Tunesier und Marokkaner wohnten, fuhr er durch enge und gewundene Gassen zur Piazza Santa Croce. Die Kirche stand unversehrt inmitten der Trümmer. Er zog den Zettel aus der Hosentasche, den Gegè ihm gegeben hatte. Carmen, mit bürgerlichem Namen Fatma ben Gallud, Tunesierin, wohnte in Nummer 48. (S. 74)

Nachdem er von Carmen erfahren hat, dass jemand in der Nähe der Mànnara nach einer verschwundenen Halskette sucht, bricht Montalbano wieder auf.

Unser Besucherweg geht also in Vigàta weiter, und zwar in der Via Lincoln [D C7]. Wir finden Montalbano wieder, der sich am nächsten Tag »um sieben Uhr morgens« im Kommissariat einfindet, um die beiden Zeitungen der Insel zu lesen. Von dort macht er sich auf, um die beiden Stadtreiniger über die Halskette zu befragen.

KOMMISSARIAT, VIA LINCOLN [D C7]

Um sieben Uhr früh war er im Kommissariat, so früh, dass der diensthabende Beamte ihn besorgt ansah. »Dottore, is was?«

25

»Nein, nichts«, beruhigte er ihn. »Ich bin nur früh aufgewacht.«

Er hatte sich die beiden Tageszeitungen der Insel gekauft und begann darin zu lesen. (...)

Indessen war der Brigadiere Fazio eingetroffen. Montalbano führte mit ihm ein langes Gespräch über die laufenden Ermittlungen. Aus Montelusa gingen ein paar Anrufe ein. Es wurde Mittag. Der Commissario öffnete eine Aktenmappe, jene, die die Aussage der Müllmänner über die Auffindung der Leiche enthielt, notierte sich ihre Adressen, grüßte den Brigadiere und die anderen Beamten und teilte mit, dass er am Nachmittag von sich hören lassen werde. (s. 78 – 80)

Auch wir machen uns mit ihm auf den Weg. Nach unserem Besuch in Rabàtu fahren wir nach Vigàta hinunter, diesmal aber über die Straße, die am Tal der Tempel vorbeiführt. Um von der richtigen Seite auf die Straße zu gelangen, fahren wir erst durch die Via Garibaldi [c b2], die Rabàtu streift, dann weiter auf der Via Empedocle [c b3]. Wir verlassen Montelusa an der Piazza Marconi [c b4]. Sobald Montelusa hinter uns liegt, biegen wir in die Straße ein, die ins Tal der Tempel führt. Von dort aus gelangt man leicht nach Vigàta, man braucht nur den Hinweisschildern zu folgen. In Vigàta steigen wir aus und gehen die Via Spinola [d c6] im niedriger gelegenen Teil der Stadt hinunter.

Einer der beiden Stadtreiniger, Saro Montaperto, wohnt in der Via Lincoln [d d6], der andere in der Discesa Gravet (die mit der Salita Granet [d d5] übereinstimmt). Dieser Ort ist für die Ereignisse um Montalbano von äußerster Wichtigkeit: Dort ist auch das Handelsbüro von Lapecora angesiedelt und ebenso die Wohnung von Clementina Vasile

Cozzo (siehe DER DIEB DER SÜSSEN DINGE und den 3. Besucherweg).

DISCESA GRAVET 28,
WOHNUNG VON PINO CATALANO [D D5]

Discesa Gravet, Nummer achtundzwanzig, ein dreistöckiges Gebäude mit Sprechanlage. (...) Eine würdevolle Armut, zwei Zimmer, Wohnküche, Toilette. Die Räume waren überschaubar, kaum dass man eingetreten war. Die Signora, eine schlicht gekleidete, etwa fünfzigjährige Frau, ging voran.

»Hier entlang, in Pinos Zimmer.« (S. 80)

Hier erfährt Montalbano – als er einen Zettel entdeckt, auf dem Pino Catalano sich entsprechende Notizen gemacht hat – vom sonderbaren Verhalten des Rechtsanwalts Rizzo, nachdem dieser über den Tod des Ingegnere Luparello informiert wird. Und er weiß nun auch, dass Saro Montaperto die Halskette wiedergefunden hat und diese verpfänden wollte, um von dem Geld seinen kranken Sohn ärztlich behandeln zu lassen.

Daraufhin braucht der Commissario erst mal eine Stärkung und begibt sich zur Osteria San Calogero [D D5], wo er »allerfrischeste Felsbarben knusprig ausgebraten« genießt.

Weil nun aber das Ristorante San Calogero in Wirklichkeit seit langem seinen Betrieb eingestellt hat (vom Lokal bleibt, gewissermaßen als Denkmal, das Schild an der Ecke der Via Roma und der Salita Granet), können wir uns für eines der zahlreichen Restaurants entscheiden, die in der Nähe des Corso Principale, der Hauptstraße, kulinarische

Spezialitäten anbieten, wie Camilleri sie so oft in seinen Romanen besungen hat.

TRATTORIA CALOGERO [D D5]

In der Trattoria San Calogero achteten sie Montalbano, weniger weil er der Commissario war, sondern vielmehr weil er ein angenehmer Gast war, einer von der Sorte, die Gutes zu schätzen wissen. Sie servierten ihm fangfrische Streifenbarben, die knusprig frittiert und eine kurze Weile auf Papier abgetropft waren. (s. 89)

Wir setzen unseren Besuch jetzt am Hafen fort und begeben uns in Richtung Leuchtturm und Flachklippe [D M5], wohin der Commissario nach seinem Espresso einen Spaziergang macht. Um zu ihm zu stoßen, muss man nur die Via Roma hinuntergehen, die mit ihren Bars, dem Denkmal für den großen Dramatiker Luigi Pirandello, dem Rathaus und der Hauptkirche das eigentliche Zentrum des städtischen Lebens ist, bis man die Piazza Vittorio Veneto [D F4] erreicht.

In den Romanen unterstreicht der Spaziergang zum Hafen oft eine besondere gefühlsgeladene Anspannung. Auch der von uns vorgeschlagene Hafenbesuch wird die Intensität derartiger Augenblicke für den Romanleser nachvollziehbar machen.

Der Eingang zum Hafen wird durch das gewaltige Bauwerk des Turms von Karl v. hervorgehoben, ein Zeugnis der sizilianischen Militärarchitektur des 16. Jahrhunderts. Der Leuchtturm befindet sich auf der Ostmole, noch ein Stück weiter als der Kai, an dem die Schiffe nach Lampedusa und Linosa ankern. Bei einem Spaziergang auf der Mole kann man die ganze Schönheit eines smaragdfarbenen Meeres genießen und in der Ferne die agrigentinische Küste bis hin nach San Leone bewundern.

Das Panorama, das Vigàta vom Meer aus betrachtet bietet, ist von ambiger Schönheit. Die Monumentalität des Turms von Karl v. und die historischen Wohnbereiche hinter der Mole kontrastieren auf dramatische Weise mit der ungeordneten baulichen und städteplanerischen Entwicklung, die Vigàta in den letzten dreißig Jahren erlebt hat. Hierin kann man die Materialisierung der tief greifenden Widersprüche erkennen, die die Menschen und die Erde von Sizilien seit jeher kennzeichnen.

Der Leuchtturm ist ein kleines Bauwerk am äußersten Punkt der Mole. An seinem Sockel hat Montalbano sich verschiedene Male auf einen der beiden massigen Steinblöcke gesetzt, knapp oberhalb der Wasserkante.

HAFEN, LEUCHTTURM UND FLACHKLIPPE [D M5]

Nach dem Kaffee und einem langen Spaziergang an der östlichen Mole ging er ins Büro zurück. Kaum hatte Fazio ihn gesichtet, erhob er sich hinter seinem Schreibtisch.

»Dottore, da wartet jemand auf Sie.«

»Wer denn?«

»Pino Catalano, erinnern Sie sich noch an ihn? Einer der beiden Müllmänner, die Luparellos Leiche gefunden haben.«

(s. 89)

Von der Mole begeben wir uns zur Piazza Dante [D D6], einer quadratischen platzartigen Erweiterung am hinteren Ende der Via Roma. Dort warten wir auf den Commissario, der, wieder ins Büro zurückgekehrt, unterdessen Gelegenheit hat, mit Pino Catalano zu sprechen, und zwar über die merkwürdige Unterredung, die dieser mit Rechtsanwalt Rizzo hatte. Außerdem lässt er von Jacomuzzi die an der Mànnara wieder aufgefundene Halskette untersuchen.

Im Kommissariat erfährt Montalbano, dass der Lehrer Contino kurz zuvor willkürlich auf die Menschen geschossen hat, die in der Bar auf der Piazza Dante saßen. Wie wir wissen, treibt eine absurde Eifersucht den Lehrer an, wenig später seine Frau zu erschießen und sich danach das eigene Leben zu nehmen, ehe der Commissario dazwischentreten kann.

PIAZZA DANTE, WOHNUNG DES LEHRERS CONTINO [D D6]

»Alles vorbei!«, erklärte der Polizist, der die Neugierigen von der Haustür an der Piazza Dante fernhielt. Vor dem Eingang der Wohnung stand der Brigadiere Fazio, der mit bedauerndem Blick die Arme ausbreitete. Die Zimmer waren ordentlich aufgeräumt, sie blitzten vor Sauberkeit. Der Maestro Contino lag in einem Sessel, ein kleiner Blutfleck in Herzhöhe. Der Revolver befand sich auf dem Boden neben dem Sessel, eine uralte fünfschüssige Smith & Wesson, die mindestens aus Buffalo Bills Zeiten stammte und unglücklicherweise noch funktioniert hatte. Die Ehefrau hingegen lag ausgestreckt auf dem Bett, auch sie mit einem Blutfleck in Herzhöhe, die Hände umklammerten einen Rosenkranz. (S. 100 – 101)

Da es aber keine Bar auf der Piazza Dante gibt, können wir, um uns zu trösten, genauso gut in die Via Roma gehen, zur Bar Albanese, einem Ort, der auch in den Romanen auftaucht und das Ziel eines jeden Camilleri-Fans sein sollte. Während seiner Aufenthalte auf Sizilien verweilt dort nämlich oft auch der Autor selbst.

Zu Hause erfährt Montalbano aus dem Fernsehen, dass der neue Sekretär der Partei von Luparello Dottor Cardamone ist, ein hochangesehener Osteologe aus Montelusa. Außerdem erhält er einen Anruf von Rizzo, der ihm erzählt, er sei beauftragt worden, die Halskette wieder dem rechtmäßigen Besitzer zu übergeben. Als Montalbano sich mit dem Rechtsanwalt abstimmt, erfährt er, dass die Halskette Ingrid Sjostrom gehört, der Schwiegertochter des neu gewählten Sekretärs Cardamone. Sie hat sie offenbar genau in der Nacht verloren, in der der Ingegnere Luparello gestorben ist.

Nicolò Zito, der Journalist des TV-Senders *Retelibera*, wird Montalbano wichtige Hinweise über Cardamone und vor allem über Ingrid geben.

Zur Bestätigung all dessen, was er erfahren hat, findet Montalbano, als er an die Mànnara zurückkehrt, in den außergewöhnlichen Gebäuden der alten Fabrik eine Handtasche mit den Initialen von Ingrid Sjostrom.

Wir, die wir die alte Fabrik bereits kennengelernt haben, folgen ihm auf seiner Fahrt zur Villa der Luparellos in Montelusa, indem wir von Vigàta aus die Staatsstraße 115 nehmen und zum Tal der Tempel abbiegen, einem Ort, der reich ist an Schönheit und Geschichte.

Wir kommen nach Montelusa und lassen die Tempel, das Museum und das hellenistisch-römische Viertel hinter uns. Wir fahren die Via Crispi [C B4] hinauf, wo Bauten und Wohnsitze aus dem 19. Jahrhundert ins Tal schauen und eine ideale Kulisse für die Villa der Luparellos bilden.

VILLA DER LUPARELLOS, VIA CRISPI, MONTELUSA [B D10 – C B14]

Wenn man vom Meer her kam, erhob sich die Villa der Lupa-
rellos gleich am Ortseingang von Montelusa. Es war ein mas-
sives Gebäude aus dem neunzehnten Jahrhundert, umgeben
von einer hohen Mauer mit einem schmiedeeisernen Tor, das
sperrangelweit geöffnet war.

Montalbano ging die Allee hinauf, die mitten durch den
Park führte. Die Haustür stand halb offen. Eine große schwar-
ze Schleife hing an einem der Türflügel.   (s. 141–142)

Im Haus der Luparellos lernt Montalbano die Version der
Ereignisse kennen, wie die Witwe des Ingegnere sie ihm erzählt. Luparello ist nicht an der Mànnara gestorben, sondern,
schon tot, in aller Eile wieder angezogen und an diesen Ort
gebracht worden, und zwar von jemandem, der ein Interesse
hat, den Namen zu beschmutzen. Das beweisen Fotos, auf
denen Luparello, der zu Lebzeiten alles sehr genau genau
genommen hat, nun unerklärlicherweise die Unterhose ver-
kehrt herum anhat.

Montalbano bekommt Gelegenheit, auch Luparellos Neffen kennenzulernen, einen wunderschönen Jungen, der an
epileptischen Anfällen leidet. Für ihn hegte der Ingegnere
besondere Zuneigung.

Während Montalbano mit den Luperellos spricht, könnten wir diesen nochmaligen Besuch in Montelusa nutzen,
um über den Viale della Vittoria [C B4] zu schlendern, eine
herrliche Straße aus dem 19. Jahrhundert, die am Bahnhof
beginnt und nach Osten hin verläuft. Dieser Viale bietet
einen atemberaubenden Blick auf das Tal der Tempel und
auf Porto Empedocle. Außerdem ist der Bergkamm des

Monteserrato [B D8] zu erkennen, den Camilleri mehrfach als natürliche Grenze zwischen Vigàta und Montelusa beschrieben hat.

Von der Villa der Familie Luparello fährt Montalbano nach Capo Massaria auf der Suche nach der Villa des Ingegnere, die ihm für geheime Treffen diente.

Wir folgen ihm, begeben uns in Richtung Villaseta und wenden uns, kurz bevor wir in den Ort hineinfahren, zum ländlichen Ortsteil Kaos, um das Geburtshaus von Luigi Pirandello [B E8] zu besuchen, das heute den Mittelpunkt des literarischen Parks bildet, der dem berühmten Dramatiker gewidmet ist. Vom Haus aus, dem Besucherweg folgend, gehen wir zu der Pinie, an deren Fuß sich die Asche des Dichters befindet. Dort können wir den Blick zum Meer schweifen lassen und uns mit der Frage vergnügen, welches der Anwesen denn nun wirklich die Villa des Ingegnere Luparello sein mag.

Insbesondere können wir das Gebiet von Capo Massaria [B F8] erkennen, das vom Garten der Grabstätte Pirandellos aus gut sichtbar und in der Hochebene erkennbar ist, die hinter der Mànnara aufragt.

In die Villa Luparello kehrt Montalbano mehrmals zurück und bringt auch Ingrid mit, um die Rolle der Schwedin in der dunklen Angelegenheit zu deuten, zumal Ingrid widerwillig eingestehen muss, eben diese Villa mit Luparellos Einverständnis mehrmals selbst genutzt zu haben. Montalbano kommt zu dem Schluss, dass die Schwedin mit den Vorgängen an der Mànnara nichts zu tun hat. Vielmehr scheint jemand zu versuchen, mittels ihrer Person den Ruf ihres Schwiegervaters, Dottor Cardamone, zu ruinieren.

BIEGUNG SANFILIPPO UND CAPO MASSARIA (KÜSTENSTRASSE SAN LEONE – VIGÀTA) [B F8 – 9]

Von der Kurve von Sanfilippo war das Capo Massaria etwa hundert Meter entfernt. Aber der Commissario konnte das Haus nicht sehen, das direkt an der Spitze der Felsküste stehen musste, zumindest den Angaben der Signora Luparello zufolge. Er ließ den Motor wieder an und fuhr im Schritttempo weiter. Als er genau auf der Höhe der Spitze war, bemerkte er inmitten von dichten und niederen Bäumen einen schmalen Feldweg, der von der Landstraße abging. Er bog in den Weg ein und stieß kurz darauf auf ein verschlossenes Eisentor, die einzige Öffnung in einer Trockenmauer, die den Teil der Felsspitze, der über das Meer hinausragte, völlig abriegelte. (S. 162)

Am nächsten Tag erfährt Montalbano im Kommissariat durch den Sohn von Luparello, dass Giorgio, der Neffe des Ingegnere, verschwunden sei. Außerdem wird er von Galluzzo darüber informiert, dass in der Contrada San Giusippuzzu die Leiche des Rechtsanwalts Rizzo aufgefunden wurde. Das ist das Ende der Spielereien. Wie Montalbano es sich gedacht hatte, fehlt aus der Kassette in der Villa in Capo Massaria die Waffe, die er zuvor gefunden hatte. Der Commissario wird Gelegenheit haben, für den Polizeipräsidenten die Ereignisse zu rekonstruieren: Luparello stirbt während eines amourösen Treffens mit dem Neffen, der, panisch angesichts der Vorstellung, die Sache könne ans Tageslicht gelangen und das Ansehen seines Onkels dadurch nachträglich gefährdet werden, Rizzo um Hilfe bittet. Zu spät wird ihm bewusst, dass Rizzo seit langem danach trachtet, seinerseits den Ruf des Ingegnere zu ruinieren. Nun packt er die Gelegenheit beim Schopf und setzt das Schauspiel von der Blonden in Szene, die Luparello für ein Stelldich-ein zur Mànnara bringt: Rizzos Plan schließt nämlich auch Ingrid und indirekt auch den künftigen Parteisekretär, Dottor Cardamone, mit ein. In seiner Verzweiflung fin-det Giorgio jedoch letzten Endes die Kraft, sich zu rächen, indem er den Rechtsanwalt Rizzo tötet.

Nach dem letzten Besuch in der Contrada Kaos kehren wir nach Vigàta zurück. Wenn wir aus dem Pirandello-Haus treten, wenden wir uns nach links und fahren noch einmal über die Staatsstraße 115. Nach wenigen Kilometern befin-den wir uns wieder in der Stadt, dem Schauplatz der Unter-nehmungen unseres Commissario, und machen uns bereit, ihm in ein neues Abenteuer zu folgen.

2. Besucherweg

DER HUND AUS TERRACOTTA

Dieser Weg führt uns, wenn wir Commissario Montalbano bei seinen Ermittlungen begleiten, zur Entdeckung des unglaublichen Geheimnisses, das in der Höhle des *Crasticeddru*[1] verschlossen ist.

Unsere Reise beginnt in Marinella [B E6], einer Örtlichkeit, die Porto Empedocle zu einem der schönsten Badeorte an der agrigentinischen Küste macht. Hier wohnt in der Fiktion der Romane der Commissario in einem der eingeschossigen Häuser, mit einer zum »afrikanischen Meer« hin offenen Veranda. Und wenn wir uns schon hier befinden, könnte dies die Gelegenheit für ein Bad in demselben Meer sein, in dem Salvo Montalbano allmorgendlich schwimmt, bevor er ins Kommissariat geht.

In dem Augenblick, da wir uns an dieser Stelle befinden, ist Montalbano gerade von Puntasecca zurückgekehrt, einem nicht weit von Vigàta entfernten Ort, wo er eine Begegnung mit Gegè hatte, seinem Freund aus Kindertagen, der zugleich »Betreiber« der Mànnara [D E8] ist (siehe 1. Besucherweg – DIE FORM DES WASSERS). Dieser hat ihm den Wunsch eines gewissen *Tano u Grecu* mitgeteilt, den Commissario an einem sicheren Ort zu treffen. Das ist keine unbedeutende Forderung: Tano der Grieche ist nämlich ein gefährlicher Mafiaboss, der seit Jahren im Untergrund

---

[1] Crasticeddru ist eine sizilianische Verkleinerungsform und bedeutet wörtlich »kastriertes Lämmlein«, bezeichnet hier aber den kleineren Berg des Monte Crasto (A. d. Ü.).

lebt und jeden Monat Schutzgelder für die »Geschäfte« an der Mànnara von Gegè einfordert. Bevor Montalbano zur verabredeten Stelle geht, fährt er zu Hause vorbei, um seine Gedanken zu ordnen und ein ganzes Paket *Mostazzoli aus gekochtem Most* aufzuessen, ohne es eigentlich zu merken.

HAUS VON COMMISSARIO MONTALBANO, MARINELLA [B F8]

Wie sollte er sich jetzt die Zeit vertreiben? Er duschte, las ein paar Seiten in dem Buch von Montalbán und begriff wenig, wanderte von Zimmer zu Zimmer, rückte hier ein Bild gerade, las dort einen Brief, eine Rechnung, eine Notiz und griff nach allem, was in Reichweite lag. Er duschte noch einmal, rasierte sich und schnitt sich mitten am Kinn. Er schaltete den Fernseher ein und machte ihn sofort wieder aus, weil ihm davon übel wurde. Endlich war es so weit. (S. 12)

Wir folgen Montalbano auf der Staatsstraße 115, die uns kurz hinter Villaseta [B E8] einen unendlich schönen Blick auf das Tal der Tempel bietet. Wir lassen den Küstenstreifen von San Leone rechts liegen, und nachdem wir den Weiler Villaggio Mosè (Moses-Dorf) passiert haben, der 1930 als Unterbringung für die Arbeiter der nahen Schwefelminen erbaut wurde, kommen wir schließlich, gleich hinter der Abbiegung nach Favara, in der Nähe der alten Schwefelmine Ciavolotta [A B2] und eines eingestürzten Landhauses an. Das ist die Stelle, der westlich gelegene Teil des Ciavole-Hügels, wo Montalbano Tano den Griechen trifft, ganz wie er uns von Camilleris eigenen »Hinweisen« bezeichnet wird, indem er von einem Haus auf der Spitze eines Hügels spricht, am Kilometerstein zehn der Provinzialstraße Vigàta – Fela.

Hier, umgeben von weitläufigen Weinfeldern, befindet sich dieser Ort, Symbol einer vergleichsweise jungen Vergangenheit, die gekennzeichnet war durch Mühe und Opfer. Die Schwefelminen stellen einen wichtigen »literarischen« Ort dar, denn er hat die wirtschaftlichen Verhältnisse der Familien von Andrea Camilleri, Luigi Pirandello und Leonardo Sciascia geprägt. Außerdem hat er zahlreiche Spuren in den von diesen Autoren erzählten Ereignissen hinterlassen. Und Camilleri selbst hat in einem Saverio Lodato gegebenen Interview aus dem Jahr 2002, das in dem Buch LA LINEA DELLA PALMA veröffentlicht wurde, erzählt, wie der Schwefel die Grundlage für die Verwicklung darstellt, durch die seine Familie Glück und Schicksal der Geschäfte mit den Familien Pirandello und Portulano teilt.

Tano lässt erkennen, dass er bereit ist, sich verhaften zu lassen. Für den Boss »dreht sich das Rad sehr schnell«, er fühlt, dass seine Ära der Vergangenheit angehört und andere, die jünger und skrupelloser sind als er, die Geschäfte betreiben. Daher ist es besser abzutreten, bevor man selbst beseitigt wird. Zusammen mit Montalbano organisiert Tano der Grieche eine vorgetäuschte Verhaftung, die zu dem gewünschten Ergebnis führen soll. Der Commissario begibt sich daraufhin zu einer in der Nähe befindlichen Telefonzelle, um Fazio und den Rest der Mannschaft herzuzitieren. Nach einigen unvorhergesehenen Zwischenfällen wird der gefährliche Mafiaboss schließlich verhaftet.

LANDHAUS UND SCHWEFELMINE CIAVOLOTTA [A B2]

Kaum war er mit dem Auto am Kilometer zehn der Provinciale zwischen Vigàta und Fela stehen geblieben, wie ihm

aufgetragen worden war, wäre er am liebsten wieder um-
gekehrt und ins Dorf zurückgefahren und hätte die ganze
Sache sausen lassen. Aber er nahm sich zusammen, parkte
das Auto näher am Straßenrand und öffnete das Handschuh-
fach, um seine Pistole herauszuholen, die er normalerweise
nicht umgeschnallt hatte. (...)

Er holte tief Atem und stieg, langsam einen Fuß vor den
anderen setzend, einen schmalen steinigen Pfad zwischen
langen Reihen von Weinstöcken hinauf. Was hier wuchs, war
eine Tafeltraube mit runden festen Beeren, die, weiß der
Himmel warum, uva d'Italia *hieß, die einzige, die auf diesem*
Boden gedieh; für den Anbau jeder Keltertraube konnte man
sich hier in der Gegend Kosten und Arbeit sparen.

Das einstöckige Häuschen, ein Zimmer oben, eines unten,
stand ganz oben auf dem Hügel (...) (s. 5–7)

Montalbano wandte sich langsam um, als wollte er so die
plötzliche stille Wut darüber ausgleichen, dass er sich wie ein
blutiger Anfänger von hinten hatte erwischen lassen. Er war
doch so wachsam gewesen, und jetzt hatte er nicht das ge-
ringste Geräusch gehört.

Eins zu null für dich, du Scheißkerl!, dachte er.

Obwohl er ihn nie persönlich gesehen hatte, erkannte er
ihn sofort: Tano hatte sich, verglichen mit ein paar Jahren
zuvor, zwar verändert und trug jetzt einen Bart, aber seine
Augen waren immer noch dieselben, ganz und gar aus-
druckslos, wie von einer Statue, das hatte Gegè ganz treffend
beschrieben. (s. 18)

Vom Ort der Verhaftung folgen wir Montalbano zum Kommissariat [D C7]. Wir fahren auf derselben Straße, auf der

wir gekommen sind, wieder zurück ins Zentrum von Vigàta. Das Kommissariat befand sich bis vor einigen Jahren in der Via Lincoln (inzwischen wurde es in den oberen Teil der Stadt verlegt).

Hier kommt es zu einer ziemlich heftigen Meinungsverschiedenheit zwischen Montalbano und Mimì Augello, der sich beklagt, mit Absicht bei der eben stattgefundenen Verhaftung ausgeschlossen worden zu sein. Von Augello erfährt Montalbano auch, dass ein Supermarkt in Vigàta über Nacht leer geräumt wurde, während man den Wachmann in den Kühlraum gesperrt hat.

Das ist ein äußerst wichtiger Augenblick in Montalbanos literarischem Leben, denn genau auf diesen Seiten tritt zum ersten Mal Agatino Catarella auf, der komisch-groteske Kontrapunkt zum Commissario, der zu einer der tragenden Säulen der folgenden Romane und Erzählungen wird.

KOMMISSARIAT, VIA LINCOLN [D C7]

Mit Catarella wurde alles noch komplizierter, wenn er, was oft vorkam, plötzlich auf die Idee kam, das zu sprechen, was er Italienisch nannte.

Eines Tages war er bei Montalbano aufgetaucht und fragte mit besorgter Miene:

»Dottori, kennen Sie vielleicht zufällig einen Arzt, so einen Spezialisten?«

»Spezialist für was, Catare?«

»Für Geschlechtskrankheiten.«

Montalbano war vor Staunen der Mund offen stehen geblieben.

»Du?! Eine Geschlechtskrankheit? Wo hast du dir denn die eingefangen?«

40

»Ich weiß noch, dass ich krank geworden bin, als ich noch klein war, höchstens sechs oder sieben.«

»Was redest du da für einen Mist, Catarè? Bist du sicher, dass es eine Geschlechtskrankheit ist?«

»Klar, Dottori. Erst geht's mir gut, und dann geht's mir plötzlich schlecht. Eine Geschlechtskrankheit.« (S. 26)

Mit Commissario Montalbano entfernen wir uns, um an der Tankstelle auf der Straße nach Marinella [D E6] zu halten. Dort weist der Tankstellenbetreiber den Commissario auf einen merkwürdigen Lastwagen hin, den jemand seit dem Morgen vor der Zapfsäule mit einem ganzen Haufen von Schlüsseln stehen lassen hat. Hier trennen wir uns vom Commissario – der gleich entdecken wird, dass es sich bei diesem Lastwagen um denselben handelt, der bei dem Diebstahl am Supermarkt eingesetzt wurde, und dass in seinem Inneren das Diebesgut unberührt vorgefunden wird –, und gehen einstweilen zum Leuchtturm [D M5], wo wir auf ihn warten. Das ist einer der symbolträchtigen Orte der Romane von Camilleri. Wenn wir uns von der Tankstelle aus auf den Weg machen, befahren wir die Via Empedocle in Richtung Hafen, der vom mächtigen Bauwerk des Turms Karls V. beherrscht wird.

TANKSTELLE AN DER STRASSE NACH MARINELLA [D E6]

Er hielt an der Tankstelle, wo vor einiger Zeit eine Schießerei stattgefunden und er den Tankwart hatte vernehmen müssen, um alles in Erfahrung zu bringen, was dieser gesehen hatte. Der Tankwart trug es ihm nicht nach und begrüßte ihn gleich, als er ihn sah; seine Stimme klang so aufdringlich,

*dass es Montalbano schauderte. Als er vollgetankt hatte, zähl-
te er das Geld, dann sah er den Commissario an.*

»Was ist? Hab ich dir zu wenig gegeben?«

»Nein, das stimmt schon. Ich wollte Ihnen etwas sagen.«

*»Sag schon.« Montalbano wurde ungeduldig, wenn der
weiter so quatschte, verlor er bald seine Nerven.*

»Sehen Sie den Laster da?« (S. 41)

Der Leuchtturm befindet sich, wie Camilleri es mehrmals
erzählt hat, an der äußersten Spitze der Ostmole. Von hier
können wir die Stadt Vigàta mit einem Blick erfassen, den
Schauplatz der Romane des Autors aus Porto Empedocle.

Montalbano gelingt es, sich aus dem Büro zu stehlen
und zu uns zum Leuchtturm zu kommen, nachdem er
Carmelo Ingrassia getroffen hat, den Besitzer des Supermarktes. Dieser vermag trotz aller Bemühungen nicht, den
Commissario davon zu überzeugen, dass der Diebstahl im
Supermarkt nichts weiter gewesen sei als ein Scherz, ein
Dumme-Jungen-Streich. Was Montalbano aber in Alarm
versetzt, ist die Aussage des Cavaliere Gerlando Misuraca,
der bei seiner Rückkehr von Montelusa die Diebe am Werk
gesehen hatte.

Leider aber hat Misuraca keine Zeit mehr, Montalbano zu
erklären, was genau er in jener Nacht gesehen hatte, denn
er stirbt, weil die Bremsen seines Autos beschädigt worden waren und er so am Ende der (abschüssigen) Discesa
della Catena [D C6] (der heutigen Via Spinola) unter einen
Lastwagen gerät. Die Discesa della Catena (Gefällstraße von
der Kette) ist die Zufahrtsstraße für den, der von Montelusa
herunterkommt, und sie wird so genannt, weil sich hier zur
Zeit der Bourbonen eine Zollstation befand.

HAFEN, LEUCHTTURM UND
FLACHKLIPPE [D M5]

Montalbano war so nervös wegen der Ereignisse, die sich momentan abspielten und sich am nächsten Tag abspielen würden, dass er es im Büro nicht aushielt. Er ging in den Laden, in den er immer ging, kaufte sich eine große Tüte Erdnüsse und machte sich auf den Weg zur Mole. Als er am Leuchtturm ankam und sich umdrehte, um wieder zurückzugehen, stand er plötzlich Ernesto Bonfiglio gegenüber, Eigentümer eines Reisebüros und enger Freund des eben zu Tode gekommenen Cavaliere Misuraca.

»Kann man da nichts tun?«, fragte Bonfiglio ihn mit aggressivem Unterton.

Montalbano, der gerade versuchte, sich eine Erdnuss herauszupulen, die zwischen zwei Zähnen steckte, sah ihn verwirrt an.

»Ich habe gefragt, ob man da nichts tun kann«, wiederholte Bonfiglio, der ganz grau im Gesicht war, und sah ihn schief an.

»Tun wofür?«

»Für meinen armen Verstorbenen.«

»Möchten Sie?«, fragte der Commissario und hielt ihm die Tüte hin.

»Danke«, sagte der andere und nahm sich eine Handvoll Nüsse. (S. 64 – 65)

Vom Hafen kehrt Montalbano ins Kommissariat zurück und wird von Catarella informiert, dass für ihn in Marinella ein Brief liege, an ihn »pir-so-na-le«. Wir brauchen nicht eigens ins Kommissariat zu gehen, vom Hafen aus warten wir auf Montalbano an der Hauptverkehrsader, der Via Roma, wo sich das eigentliche urbane Leben abspielt, gesäumt von der Kirche, dem Rathaus und zahlreichen Bars. Längs dieser Straße finden wir unter den wesentlichen Orten der Geschichten um Montalbano die Bar Albanese [D E5], die (ansteigende) Salita Granet [D D5] und die Trattoria San Calogero [D D5], von der leider nur das Schild an der Ecke Via Roma übrig geblieben ist. Auch in der Fiktion des Romans hat die Trattoria ihre Türen geschlossen, wie in DAS KALTE LÄCHELN DES MEERES (7. Besucherweg) erzählt wird. Man kann trotzdem die Gelegenheit nutzen und in eines der vielen Restaurants auf dem Corso und in dessen Umgebung gehen, die alle die von Salvo Montalbano so heiß geliebten Gerichte anbieten.

Nachdem der Commissario sich an gegrillten Kaisergarnelen gelabt hat, entdeckt er, dass der »persönliche« Brief von dem verstorbenen Cavaliere Gerlando Misuraca stammt. Im Zusammenhang mit dem merkwürdigen Diebstahl, dessen Zeuge Misuraca wurde, behauptet dieser, dass das Auto von Carmelo Ingrassia, dem Eigentümer des Supermarktes, genau zu der Zeit, während besagter Diebstahl in Gang war, in der Umgebung des Geschäfts geparkt war. Gehen wir also den Ort besuchen, wo sich im Roman der Supermarkt befindet: die Piazza Vecchia [D E5]. Dieser städtische Platz von unregelmäßiger Form beherbergt die Überreste der inzwischen leider geschlossenen Chiesa della Madonna del Buon Consiglio (18. Jh.).

Wir bemerken auf diese Weise, dass die Altstadt von Vigàta reich ist an Treppen, Gässchen und Innenhöfen, die einen Spaziergang durch die »Schluchten« faszinierend machen, und man entdeckt die Ausmaße des einstigen Fischerdorfs, das noch heute ein Tor zum Mittelmeer ist.

TRATTORIA SAN CALOGERO [D D5]

*Vor der Trattoria San Calogero stand der Chef, der auch selbst
kochte, und schnappte ein bisschen frische Luft. »Commissario, wohin so eilig?«*

»Ich gehe heim, zum Essen.«

»Wie Sie meinen. Aber ich habe da so gegrillte gamberoni,
*die glauben Sie nicht zu essen, sondern zu träumen.« Montal-
bano trat ein, weniger seinem Appetit als dieser Vorstellung
erlegen. Als er fertig gegessen hatte, schob er die Teller weg,
kreuzte die Arme auf dem Tisch, legte seinen Kopf darauf und
schlief ein.* (s. 68)

Ins Büro zurückgekehrt (nach einem leidigen Besuch beim
Barbier), ist Montalbano bereit für eine Pressekonferenz
über die Festnahme von Tano dem Griechen. Nachdem er
sich von der Aufregung und der Verlegenheit wieder erholt
hat, erhält Montalbano Besuch vom Polizeipräsidenten. Er
hat ihn zu Hause aufgesucht, um ihm etwas außerordentlich Schwerwiegendes mitzuteilen: Tano der Grieche ist in
der Zwischenzeit bei einem Attentat schwer verletzt worden. Bei diesem Attentat sind zwei Polizisten gestorben, die
ihn begleitet haben. Tano hat jedoch seinen Letzten Willen
ausgesprochen, und der besagt, dass er den Commissario
sehen wolle. Was Montalbano schließlich von Tano erfährt,
ist hochexplosiv: auf dem Monte Crasto, dem Hügel westlich von Vigàta, befindet sich in einer gut getarnten Grotte
ein großes Waffenarsenal der Mafia.

Bevor Montalbano einen Polizeieinsatz am Monte Crasto organisiert, trifft er Ingrid, eine andere Schlüsselfigur in
Camilleris Romanen, die nicht nur eine atemberaubend
schöne Schwedin ist, sondern auch eine hervorragende

Automechanikerin und Rennfahrerin. Montalbano bittet Ingrid, die Überreste des Autos von Cavaliere Misuraca zu untersuchen, um die Bestätigung für das zu erhalten, was er ohnehin schon geahnt hat: Die Bremsen des Autos waren absichtlich beschädigt worden, um zu verhindern, dass Misuraca dem Commissario etwas sagt.

Von der Hauptstraße begeben wir uns also zum Monte Crasto, wozu wir in Richtung Agrigent fahren. Sobald wir auf die Via Spinola kommen, dem Ort des Unfalls von Cavaliere Misuraca [D C6], fahren wir bis zum Ende dieser Steigung. Hier biegen wir nach rechts in Richtung Trapani ab (Staatsstraße 115) und fahren bis zur Kreuzung in der Nähe des Friedhofs, wo wir diesmal nach rechts abbiegen. Wir fahren geradeaus, an den Vierteln mit den Sozialbauwohnungen vorbei, bis zur Casa Fragapane [B D7] (die Villa des Dottor Mistretta im Roman DIE PASSION DES STILLEN RÄCHERS). Wie Camilleri in einem Gespräch einmal erzählte, ist dies das Haus seiner Familie. Hier hat Camilleri einen Teil seiner Kindheit verbracht. Von dieser Stelle aus können wir den Monte Crasto betrachten, der an der dem Meer zugewandten Seite mit Häusern und Straßen überzogen ist, während die Rückseite noch heute jene wilde Schönheit zeigt, über die Camilleri spricht.

MONTE CRASTO [B E6]

Der Crasto, der sich selbst nicht mal im Traum für einen Berg halten würde, war ein ziemlich kahler Hügel, erhob sich westlich von Vigàta und war keine fünfhundert Meter vom Meer entfernt. Mitten hindurch führte ein Tunnel, der jetzt mit Holzbrettern verschlossen war; der Tunnel sollte Teil einer Straße sein, die aus dem Nichts kam und ins Nichts führte –

sehr nützlich für die Schöpfung nichtgeometrischer tangenti. *Sie hieß in der Tat Tangenziale.*

*(...) Am Berg klebte, auf der dem Meer abgewandten Seite,
eine Art kleine Felsschanze,* u crasticeddru *genannt: Bis hierher waren die Bagger und Laster nicht gekommen, die Gegend
war von einer eigenen wilden Schönheit.* (S. 108)

Genau an dieser Seite entdecken Montalbano und seine
Männer nach einer zermürbenden Suche die Höhle mit den
Waffen, die von einem gigantischen Felsblock verschlossen
wird, der als Tor dient.

Dieser Ort, der sich als reich an Geschichte und Bedeu-
tungen erweist, scheint für Camilleri besonders wichtig zu
sein. Wir finden ihn nämlich auch in KÖNIG ZOSIMO wieder,
als die Behausung von Padre Uhu, allerdings mit einer bedeut-
samen Variante: Zwar handelt es sich in beiden Fällen um
eine Höhle mit zwei Bereichen, die durch einen engen Korridor voneinander getrennt sind, aber in KÖNIG ZOSIMO enthält der zweite Bereich eine Quelle mit magischen Kräften.

In Wirklichkeit ist die Grotte seit Jahren eingefallen, und
die letzten Nachrichten, die wir über sie besitzen, gehen auf
die Vierzigerjahre zurück, als sie Luftschutzraum und Behausung für ganze vierzehn Familien war. Ein Schäfer, der
noch immer auf dem Monte Crasto arbeitet, versichert uns
am Ende glaubhaft, dass sich im Inneren der Grotte tatsächlich eine Quelle befand.

Rechter Hand vom Monte Crasto, getrennt durch das
weite Tal des Salsetto, erhebt sich der Monte Ciuccàfa [B D6].
Dieser Berg taucht in DAS SPIEL DES PATRIARCHEN (5. Besucherweg) wieder auf, und zwar als Wohnstätte von Don
Balduccio Sinagra.

Montalbano entscheidet sich, die Waffen nicht zu beschlagnahmen, sondern alles weitgehend so zu belassen, wie er es vorgefunden hat, in der Absicht herauszufinden, wer sich regelmäßig mit dem Inhalt der Grotte versorgt. Er lässt seine Männer als Wachposten in einem kleinen Haus einige hundert Meter von der Grotte entfernt zurück und berichtet dem Polizeipräsidenten über den Erfolg dieser Operation.

Leider kommt während Catarellas Wache bei der Grotte jemand auf einem Motorrad an, fotografiert den Eingang zu dem Waffenarsenal und lässt sich von dem Wachposten absichtlich beobachten – dies zum Zeichen, dass Montalbanos Inszenierung sehr schnell erkannt worden ist. Daraufhin bleibt dem Commissario nichts anderes übrig, als mit der Beschlagnahmung der Waffen zu antworten und der Spurensicherung Jacomuzzis die Möglichkeit einzuräumen, die Höhle von oben bis unten zu untersuchen. Dank Galluzzos Schwager, der bei *Televigàta* arbeitet, und der Hilfe von Montalbanos Freund Nicolò Zito von *Retelibera* stößt der Fund in der Höhle des Crasto auf viel Aufmerksamkeit. Während ein Kameramann Aufnahmen von der inzwischen leer geräumten Grotte macht, bemerkt Montalbano, der währenddessen ebenfalls anwesend ist, dass etwas an der hinteren Wand nicht stimmt.

Der Schuldirektor Burgio, ein enger Freund Montalbanos, hat nach der Entdeckung des Waffenarsenals das dringende Bedürfnis, mit dem Commissario zu sprechen. Das wird die erste einer ganzen Reihe von Begegnungen sein, die Montalbano in die Vergangenheit zurückkatapultieren, nämlich in die Vierzigerjahre und in eine Stadt Vigàta, die ganz anders war als die, die er kennt, mit einer Gruppe von

Häusern hinter dem Hafen, wo sich ein Hügel erhob, der Piano Lanterna, wo es keine Häuser gab, außer an der Straße zum Friedhof.

Kehren wir also nach Vigàta zurück, wo wir von Schuldirektor Burgio persönlich seine Wahrheit über die Höhle am Crasto hören. Der Ort, den wir nun aufsuchen müssen, ist die Brücke über den Fluss Salsetto [B E6], in der Contrada Cannelle. Hier, auf der anderen Seite der Brücke, finden wir, eingerahmt von der Straßenüberführung der Staatsstraße 115, den Monte Crasto wieder und die lange, nie fertiggestellte Straße, die in ihn hineinführt, nicht aber heraus. Wir gelangen zu diesem Ort, indem wir das Zentrum von Vigàta hinter uns lassen und uns in Richtung der Strände, der »Lidi«, aufmachen.

BRÜCKE ÜBER DEN FLUSS SALSETTO [D E6]

»Ich kann Ihnen etwas über die Grotte erzählen, in der Sie die Waffen gefunden haben. Ich weiß nicht, ob es von Bedeutung ist, aber …«

»Sie scherzen wohl. Sagen Sie mir bitte alles, was Sie wissen.«

»Also, ich möchte vorausschicken, dass ich von dem ausgehe, was ich im lokalen Fernsehen gesehen und in der Zeitung gelesen habe. Möglicherweise liegen die Dinge in Wirklichkeit jedoch anders. Jedenfalls hieß es, der Felsblock, der den Eingang versperrte, sei von Mafiosi oder irgendwelchen Waffenhändlern in eine Tür umgearbeitet worden. Das stimmt nicht. Umgearbeitet, wenn man so sagen will, hat ihn der Großvater von Lillo Rizzitano, der mir ein sehr lieber Freund war.«

»Wissen Sie, in welcher Zeit das war?«

»Natürlich weiß ich das. Gegen 1941, als Öl, Mehl und Weizen wegen des Krieges allmählich knapp wurden. Damals gehörte das gesamte Land rund um den Crasto und am Crasticeddru Giacomo Rizzitano, Lillos Großvater, der in Amerika auf nicht ganz legale Weise – zumindest erzählte man das im Dorf – zu Geld gekommen war. (...) Lillo war ganz anders geraten. (...) Ich besuchte ihn meistens, wenn seine Leute außer Haus waren, in einem kleinen Haus direkt am Fuß des Crasto, auf der Seite, die aufs Meer hinausgeht.«

»Wurde es für den Tunnelbau abgerissen?«

»Ja. Das heißt, die Bagger, die bei dem Bau eingesetzt wurden, haben die Ruine und die Fundamente weggeschafft, das Haus war bei den Bombenangriffen, die der Landung der Alliierten im Jahr 43 vorausgingen, buchstäblich zermahlen worden.« (S. 129 – 131)

Jacomuzzi überreicht dem Commissario ein dreieckiges Stück Karton, das aus der Höhle stammt, auf dem nur die Worte »ato-Cat« zu erkennen sind. Und die führen Montalbano zur Entdeckung, dass die Ereignisse um den Diebstahl im Supermarkt und in der Waffenhöhle eng miteinander verflochten sind. Wie Montalbano dem Polizeipräsidenten erklären wird, belieferte die Firma »Brancato von Catania« Ingrassias Supermarkt mit Haushaltsgeräten und die Mafia von Vigàta mit Waffen, wobei sie denselben Lastwagen einsetzte: Zuerst wurden die Waffen am Crasticeddru abgeladen und danach der Rest der Ware zum Supermarkt gebracht. In der Nacht des vorgetäuschten Diebstahls jedoch hatte sich die Firma Brancato angesichts der starken Präsenz von Carabinieri auf der Straße zur Grotte gezwungen gesehen, die Haushaltsgeräte am Supermarkt abzuladen, die

Waffen aber im Fahrzeug zu lassen. Erst hinterher, als sie den Diebstahl inszenierten, um die Ermittlungen auf eine falsche Fährte zu lenken, beluden sie den Lastwagen wieder mit Haushaltsgeräten, die mit einem Warenbegleitschein versehen waren, und fuhren zum Crasticeddru.

Mit Jacomuzzis Hilfe entdeckt Montalbano nun, wie er bereits vermutet hatte, dass sich hinter der Höhle, verschlossen durch eine inzwischen verkalkte Mauer, eine weitere Höhle befindet. Das Szenario, das Montalbano durch den engen Korridor, der die beiden Räume voneinander trennt, beobachten kann, lässt ihn zu Stein erstarren: Zwei Körper, die sich in einer makabren Umarmung festhalten, auf der linken Seite eine Schale mit Geldmünzen, auf der rechten Seite ein Krug und ein Hund aus Terracotta zur Bewachung dieser »Anordnung«. Auch diesmal gewährt das lokale Fernsehen diesem geheimnisvollen Fund in seiner Berichterstattung breiten Raum.

Als der Commissario nach Hause kommt, erhält er einen Anruf von Gegè, der ihn geradezu panisch bittet, ihn ein paar Tage später an der gewohnten Stelle zu treffen, am Strand von Puntasecca.

Montalbano, der von Schuldirektor Burgio erneut gerufen wird, setzt seine Zeitreise in die Vergangenheit fort.

Um Burgios Worte und die seines Freundes, des Buchhalters Burruano zu hören, begeben wir uns in den oberen Teil der Stadt, zum Piano Lanterna, oder noch genauer: zum Belvedere, einer modernen Terrasse, von der aus man mit einem Blick die Küste von San Leone am Capo Russello sowie die Altstadt von Vigàta, die Ostmole, den Leuchtturm und den Turm Karls v. erfassen kann. Um dorthin zu gelangen, kehren wir auf die Hauptstraße zurück, die Via

Roma, und fahren in Richtung Agrigent. Sobald die Steigung der Via Spinola beginnt, biegen wir nach links ab, in die Via Garibaldi, eine steile, kurvenreiche Straße, die uns zur Erweiterung von Vigàta aus dem 19. Jahrhundert und zu den modernen Stadtvierteln führt. Der Ort, den wir suchen, liegt an der Via Belvedere.

BELVEDERE [D E3]

»Sehen Sie, gleich nach der Sendung in Televigàta, *in der das Innere der Grotte gezeigt wurde, in der man die…«*

»Entschuldigen Sie, wenn ich Sie unterbreche. Neulich sprachen Sie von der Grotte mit den Waffen, aber die andere erwähnten Sie nicht. Warum?«

»Aus dem einfachen Grund, weil ich nichts von ihrer Existenz wusste, Lillo hat nie von ihr gesprochen. Jedenfalls habe ich sofort nach der Sendung Ragioniere Burruano angerufen, um mich bestätigt zu wissen, weil ich die Hundestatue schon einmal gesehen hatte.« (…)

»Dann sprechen Sie bitte.«

»Der Ragioniere soll erzählen.«

»Von Februar 1941 bis Juli 1943«, fing Burruano an, »war ich, noch sehr jung, Bürgermeister von Vigàta. (…) Es war eine schreckliche Zeit. Die Engländer und die Amerikaner bombardierten uns täglich. Einmal habe ich zehn Bombenangriffe in sechsunddreißig Stunden gezählt. Kaum jemand war im Dorf zurückgeblieben, die meisten waren geflohen, wir lebten in Verstecken, die wir in den Mergelhügel oberhalb des Dorfes gegraben hatten. Jetzt ist Vigàta gewachsen, es ist nicht mehr wie damals, ein paar Häuser um den Hafen, eine Häuserzeile zwischen dem Fuß des Hügels und dem Meer. Oben auf dem Hügel, dem Piano Lanterna, der heute mit seinen Wolken-

kratzern wie New York aussieht, standen ein paar Häuser an der einzigen Straße, die zum Friedhof führte und sich dann in der Landschaft verlor.　　　　　　　　　(S. 168 – 170)

Schuldirektor Burgio und Buchhalter Burruano erzählen dem Commissario, was es mit dem Hund aus Terracotta auf sich hat, den sie nach sechzig Jahren im Fernsehen wieder gesehen haben. Es handelt sich um eine Statue, die ein Bestandteil einer Weihnachtskrippe aus dem Jahr 1941 war. Sie sollte die Einwohner von Vigàta von der Tragödie des Krieges abzulenken. Wie und warum die Statue am Ende zum Wachhund der beiden »schlafenden« Leichen in der Grotte geworden ist, das herauszufinden ist Montalbanos Aufgabe.

Nach seiner Rückkehr nach Marinella wird Montalbano von Tortorella in Kenntnis gesetzt, dass an der Mànnara auf der anderen Seite der Stadt die Leiche eines Mannes aufgefunden wurde. Informiert wurde die Polizei durch einen anonymen Anrufer, der in drohendem Ton sprach.

Begeben wir uns also zur Mànnara [D E8], einem Ort, der schon im Mittelpunkt der Untersuchungen von DIE FORM DES WASSERS gestanden hat (1. Besucherweg), gekennzeichnet durch eine längst aufgegebene Chemiefabrik, die immer noch dort steht. Sie ist ein wahres Denkmal industrieller Archäologie, und ihre Formen allein sind schon einen Besuch wert. Die Faszination des Niedergangs dieses Areals stimmt vollkommen mit der von Camilleri selbst gegebenen Beschreibung überein. Die weitläufigen Pavillons, entfleischt und dürr, erzählen von einer Zeit, in der man den Traum von der industriellen Entwicklung der Insel fast mit Händen greifen konnte. Den Ausweisdokumenten nach, die

53

man in den Taschen gefunden hat, handelt es sich bei der Leiche um einen gewissen Pietro Gullo.

MÀNNARA UND ALTE FABRIK [D E8]

Er kam um fünf in der Mànnara an, zu der Stunde, die Gegè cangiu di la guardia *nannte, die Wachablösung, die darin bestand, dass nichtkäufliche Pärchen, also Liebespaare, Ehebrecher und Unverheiratete, den Ort des Geschehens verließen, um Gegès Rudel Platz zu machen – blonde Nutten aus dem Osten, bulgarische und brasilianische Transvestiten, ebenholzschwarze Nigerianerinnen, marokkanische Strichjungen und so weiter und so fort (...)*

Da stand das grüne Auto, mit offenem Kofferraum und von drei Wagen der Carabinieri umstellt. (...) Merkwürdiger Zufall – das grüne Auto stand direkt an dem Busch, neben dem ein Jahr zuvor die Leiche eines hochrangigen Mannes gefunden worden war, ein Fall, der Montalbano sehr beschäftigt hatte. (S. 179 – 180)

Eine der Münzen in der Schale führt Montalbano auf die richtige Spur. Mithilfe des alten Eigentümers des Geschäftes »Cose« (Sachen) findet er heraus, dass der Mord in der Höhle am Monte Crasto zwischen Anfang 1943 – der Hund aus Terracotta wurde nach dem Weihnachtsfest 1942 verkauft – und Oktober 1943 geschehen sein muss, weil die Münzen nach eben jenem Oktober des Jahres 1943 ihre Gültigkeit verloren und durch Amlire (amerikanische Besatzungslire) ersetzt wurden. Als er dem Schuldirektor Burgio von diesen Entdeckungen berichtet, erfährt Montalbano weitere Einzelheiten über die letzten Stunden, die Lillo Rizzitano in Vigàta verbracht hatte. In der Nacht, als die angloamerikanischen Truppen landeten, wurde Lillos Haus am Fuß des Berges bei Bombenangriffen zerstört. Ein Bauer hatte den schwer verwundeten Lillo gesehen, als italienische Soldaten ihn auf einen Lastwagen hievten. Die Person des Lillo Rizzitano nimmt nach und nach Gestalt an, und seine Rolle bei den Ereignissen um die Höhle am Monte Crasto wird allmählich deutlicher.

Nachdem Montalbano nach Hause zurückgekehrt ist, blättert er eine Illustrierte durch und dabei sticht ihm das Foto der *Grotta di Fragapane* ins Auge, das im Zusammenhang mit einem Buch – BESTATTUNGSRITEN IN MONTELUSA UND UMGEBUNG – veröffentlicht wurde, das ein gewisser Alcide Maraventano geschrieben hatte. Blitzartig wird ihm klar, dass die Vorstellung, der Krug, die Schale und der Hund könnten Teil eines Bestattungsrituals sein, ihm bisher überhaupt nicht gekommen war. Durch seinen Freund Nicolò Zito gelingt es Montalbano, den Autor des Buches zu treffen.

Bevor er sich zu ihm nach Gallotta aufmacht, erfährt Montalbano, dass Mimì Augello eigenmächtig Signor Ingrassia, den Besitzer des Supermarktes, beschatten und kontrollieren ließ. Beim Abhören eines Telefonats stellt sich heraus, dass sich die Beziehungen zwischen Ingrassia und Brancato wegen der Ereignisse um den vorgetäuschten Diebstahl verschlechtert haben. Die Begegnung mit Alcide Maraventano findet in dessen Villa vor den Toren von Gallotta statt. Hinter dem erfundenen Namen verbirgt sich eine Ortschaft, der wir in dem Roman DER KAVALIER DER SPÄTEN STUNDE (siehe 6. Besucherweg), erneut begegnen, als Camilleri nämlich den Commissario nach einem Restaurant in der Umgebung von Giardina suchen lässt. Beiden Schauplätzen liegt gleichermaßen der kleine Ort Giardina Gallotti zugrunde, der sich nur wenige Kilometer von Porto Empedocle befindet. Das Haus von Alcide Maraventano erweist sich als eine *»heruntergekommene Villa, die die helle Freude eines Regisseurs von Horrorfilmen wäre.«*

Das Gespräch mit Maraventano ist, bei aller Exzentrik dieser Figur (er trinkt beharrlich Milch aus verschiedenen Babyflaschen, während Montalbano versucht, ihm die Fakten zu erzählen), aufschlussreich für den Commissario: Die Gegenstände, die beiden vorhandenen Körper in der Grotte und ihre Ausrichtung entsprechen keinem bekannten Bestattungsritus. Wahrscheinlicher ist, dass es sich um einen anderen Typus von Zeremonie handelt, dessen Dechiffriercode leider verloren gegangen ist, nachdem er von demjenigen angewandt wurde, der die Körper in der Höhle eingemauert hat. Wenn wir nach Giardina Gallotti führen, würde uns das zu weit vom Zentrum der Ereignisse wegbringen. Daher verzichten wir auf einen Besuch bei dem exzentrischen Alcide Maraventano, um unserem Commissario bei seiner Verabredung mit Gegè am Strand von Puntasecca [B D1] zuvorzukommen, im Gebiet von Realmonte, in den Romanen Montereale genannt, der kleinen Stadt an der Grenze zu Vigàta.

HAUS VON ALCIDE MARAVENTANO IN GALLOTTA [B A6]

Montalbano beschloss, sobald wie möglich zu verschwinden, erhob sich, zog zwei Fotos aus der Tasche, die er sich von Jacomuzzi hatte geben lassen, und reichte sie dem Pfarrer.

»Könnte das ein Bestattungsritual sein?«

Da kam Leben in den Alten, der sich grunzend die Fotos ansah.

»Was war in der Schale?«

»Münzen aus den Vierzigerjahren.«

»Und in dem Krug?«

»Nichts … Überhaupt nichts … Da kann nur Wasser drin gewesen sein.«

Gedankenverloren nuckelte der Alte eine Weile vor sich hin. Montalbano setzte sich wieder.

»Es ergibt keinen Sinn«, sagte der Pfarrer und legte die Fotos auf den Tisch. (…)

Montalbano war fix und fertig, der Kopf schwirrte ihm von den unzähligen Fragen des Pfarrers, und außerdem stieß Alcide Maraventato jedes Mal, wenn er keine Antwort wusste, eine Art Klagelaut aus und schmatzte aus Protest noch lauter als vorher. (…) Am Ende des Verhörs hatte sich bestätigt, was der Pfarrer gleich zu Anfang gesagt hatte. Mit einer gewissen Erleichterung, aus der er kein Hehl machte, glaubte der Commissario, aufstehen, sich verabschieden und gehen zu können. »Warten Sie, warum so eilig?«

Resigniert setzte Montalbano sich wieder hin.

»Ein Bestattungsritual ist es nicht, vielleicht ist es etwas anderes.«   (S. 204 – 205)

Von Porto Empedocle aus folgen wir der Staatsstraße 115 in Richtung Trapani. Wir lassen die Strandgebiete und Montalbanos Haus in Marinella [B E6] hinter uns und gelangen zur Abzweigung nach Siculiana [B B1]. Dort biegen wir nach links in Richtung Giallombardo ab, und zwar bis zur folgenden Abzweigung zum Lido »La spiaggetta« in Puntasecca [B D1].

Die Schönheit von Puntasecca, im äußersten Westen des Gebietes von Montereale (Realmonte) gelegen, ist atemberaubend. Der vom Hügel aus weißem Mergel beherrschte Strand wird von einem zerklüfteten Vorgebirge aus rotem Fels eingerahmt, der sich wie ein Stoff in einem Caravaggio-Bild dreht und öffnet und einen Kontrapunkt zu dem smaragdfarbenen Meer bildet. Über allem wacht oben der Turm von Monterosso, eines der unzähligen Bauwerke zur Kontrolle der Küste, die seit dem 16. Jahrhundert errichtet worden sind.

Und was Puntasecca angeht, vermischt Camilleri als großer *tragediatore* (Verwirrer und freundlicher Heuchler) die Karten und geografischen Bezüge. Wir sind hier zwar am Zielort unserer Reise, und er entspricht ganz genau der Beschreibung, die der Autor gibt, nämlich »eine schmale Strandzunge, hinter der sich ein Hügel aus weißem Mergel erhebt«, aber an einer einzigen Stelle in DER HUND AUS TERRACOTTA wird Puntasecca nach Capo Russello [B E 3] »verfrachtet«, dem anderen magischen Ort an der Küste von Agrigent, der sich ebenfalls auf dem Territorium von Montereale befindet, aber etwas näher bei Vigàta.

Montalbano kommt als Erster an, und während er auf Gegè wartet, hat er die Zeit, eine Zigarette zu rauchen. Bei seiner Ankunft enthüllt Gegè alle Gründe für seine Angst und Anspannung: Irgendwer hat gemerkt, dass zwischen Tano dem Griechen und Montalbano eine Übereinkunft besteht und die Verhaftung nur Show war. Das passt der Mafia überhaupt nicht, und die erste Konsequenz war, dass man die Leiche von Pietro Gullo, dem Eintreiber Tanos, ausgerechnet an der Mànnara auffinden sollte, dem Ort, wo Gegè arbeitet. Gegè ist in großer Panik, die Leiche an der Mànnara kann nur bedeuten, dass nach Meinung der Mafia auch er in die Übereinkunft zwischen dem Commissario und dem mittlerweile verstorbenen Mafiaboss verwickelt ist. In diesem Augenblick hört Montalbano, dass sich außer ihnen beiden im Dunkel des Strandes noch jemand anderer bewegt. Und bevor er noch richtig denken kann, befindet er sich mitten in einem Hinterhalt.

PUNTASECCA [B D1]

Vielleicht hatte sich die Intensität der Dunkelheit geändert, vielleicht hatte er für den Bruchteil einer Sekunde aus dem Augenwinkel etwas blitzen sehen – auf jeden Fall gehorchte Montalbanos Körper, einen Moment bevor die Garbe loskrachte, einer Reihe von Impulsen, die das Hirn blitzschnell weiterleitete: Er kauerte sich hin, stieß mit der Linken die Tür auf und ließ sich rausfallen, während um ihn herum Schüsse knallten, Glas zersplitterte, Blech zerfetzte und schnelle Lichtblitze die Dunkelheit rot färbten. Montalbano blieb reglos liegen, er steckte zwischen seinem und Gegès Auto und merkte erst jetzt, dass er seine Pistole in der Hand hatte. (...) Auf den Spektakel folgte eine bleierne Stille, nichts rührte sich, nur das Rauschen der Brandung war zu hören. (S. 216)

Montalbano wird an der linken Hüfte schwer verletzt. Während er im Krankenhaus liegt, wird er über die Ermordung Ingrassias in Kenntnis gesetzt. Brancato hatte beschlossen, die Verbindungen zu Vigàta und zu dem Supermarkt endgültig zu kappen. Als er wieder ins Büro kommt, erzählt er Mimì Augello, dass seine Verwundung und der tragische Tod des armen Gegè paradoxerweise eben ihm, seinem Stellvertreter, zuzuschreiben sei, weil er »schuldig« ist, Carmelo Ingrassia beschattet zu haben. Dieser hat, nachdem er den Cavaliere Misuraca hatte ermorden lassen, zwei Meuchelmörder gedungen, um ein für alle Mal seine Probleme mit dem Commissario zu lösen.

Da er im Augenblick von Ermittlungen freigestellt ist, nutzt Montalbano diese Gelegenheit, um mit Livia die Vucciria, den berühmten Volksmarkt in Palermo [A A2], zu besuchen.

Im Haus des Schuldirektors Burgio verdichten sich die Indizien bezüglich der mit Lillo Rizzitano verbundenen Ereignisse immer mehr. Insbesondere ist es Angelina, die Gattin des Schuldirektors, die über eine ihrer engsten Freundinnen spricht, eine gewisse Lisetta Moscato, Cousine von Lillo, die genau in den Tagen verschwand, in denen man von Rizzitano keinerlei Nachrichten mehr hatte. Angelina musste 1943 Vigàta wegen der Bombenangriffe verlassen. Auch Lisettas Familie zog weg, nach Serradifalco in der Provinz von Caltanissetta. Die beiden Freundinnen hielten über Briefe, die sie einander trotz des Krieges zuschicken konnten, den Kontakt aufrecht. Dann verschwand Lisetta mit einem Mal, ohne eine Spur zu hinterlassen. Erst 1947 erhielt Angelina aus New York ein Foto, das Lisetta in einem Brautkleid zeigte. Sie reichte einem jungen Mann in amerikanischer Uniform den Arm. Doch Angelina war nicht überzeugt, dass sich die Dinge tatsächlich so abgespielt hatten. Seinerzeit hatte Lisetta ihr nämlich von einem geheimnisvollen Jungen erzählt, in den sie sich verliebt hatte und dessen Abwesenheit sie betrübte. Montalbano wendet sich an den Fotografen Contino, der dem Commissario enthüllt, dass das Foto höchstwahrscheinlich eine Fälschung und das Ergebnis einer meisterhaft ausgeführten Fotomontage sei: Lisetta hatte den im Bild dargestellten amerikanischen Soldaten niemals umarmt.

Die Begegnung zwischen Montalbano und Contino findet im historischen Viertel von Rabàtu [C A1] statt, im äußersten Westen von Montelusa. Verschiedene Male hat sich Montalbano in dieses Viertel begeben, das in normannischer Zeit von Arabern bewohnt wurde und in den Sechzigerjahren des vergangenen Jahrhunderts einen zerstörerischen Erdrutsch erlebt hatte (siehe den 1. Besucherweg – DIE FORM DES WASSERS und den 3. Besucherweg – DER DIEB DER SÜSSEN DINGE). Von Puntasecca fahren wir also nach Montelusa und kehren auf der Küstenstraße nach Vigàta zurück. Im Zentrum angekommen, müssen wir die Via Spinola hochfahren und, sobald wir die Staatsstraße 115 bis zur Kreuzung von Villaseta hinter uns gebracht haben, nach links in Richtung Agrigent abbiegen, ohne in den Ort hineinzufahren. So befinden wir uns auf dem Viadukt Morandi und am Ende hinter der Kirche dell'Addolorata [C A1], an den Toren von Rabàtu. Ein Besuch in diesem Viertel, das aus Innenhöfen und steilen Steigungen besteht, ist auch deshalb lohnenswert, weil man dort die bereits erwähnte Chiesa dell'Addolorata, die Chiesa di S. Croce [C A1] und die Chiesa di San Giorgio dei Giorni [C A2] entdecken kann.

WOHNUNG DES FOTOGRAFEN CONTINO IN RABÀTU [C A1]

Dann drehte sich das Rad endlich in die richtige Richtung, und alles Weitere ließ sich gut an. Er rief den Fotografen jener Zeitschrift an, in der die Rezension von Maraventanos Buch erschienen war; er wusste noch, wie er hieß.

»Bitte entschuldigen Sie die Störung, sind Sie Signor Contino?«

»Ja, am Apparat.«

»Hier ist Commissario Montalbano, ich würde mich gern mit Ihnen treffen.«

»Ich freue mich, Sie kennenzulernen. Sie können gleich kommen, wenn Sie wollen.«

Der Fotograf wohnte im alten Teil von Montelusa, in einem der wenigen Häuser, die einen Erdrutsch überlebt hatten, bei dem ein ganzes Viertel mit arabischem Namen begraben worden war. (S. 246 – 247)

Montalbano enthüllt dem Polizeipräsidenten die letzten Neuigkeiten über die Identität der einen von den beiden in der Höhle aufgefundenen Leichen. Immer stärker wird Montalbanos Gefühl, dass es sich bei der am Monte Crasto aufgefundenen Frau um Lisetta Moscato handeln muss. Wenn wir Montalbano ins Polizeipräsidium [C B4] begleiten wollen, müssen wir auf der Via Garibaldi weiterfahren und in der Nähe der Via Pirandello auf die Via Empedocle abbiegen. So gelangen wir zum Hauptbahnhof von Agrigent (Piazza Marconi). Links vom Bahnhof befinden sich die Büros des Polizeipräsidiums am Piazzale Aldo Moro. An diesem Platz beginnt die Via Atenea und damit der östliche Zugang zur Altstadt von Agrigent-Montelusa.

POLIZEIPRÄSIDIUM VON MONTELUSA, PIAZZALE ALDO MORO [C B4]

Der Questore empfing ihn nicht nur sofort, sondern breitete vor Freude seine Arme weit aus.

»Was für eine schöne Überraschung! Haben Sie Zeit? Kommen Sie mit zu mir nach Hause, ich erwarte einen Anruf meines Sohnes, und meine Frau würde sich sehr freuen, Sie zu sehen.«

(...) Der Questore schwieg. Um die Gedanken zu zerstreuen, hinter denen er sich verschanzt hatte, teilte Montalbano ihm seine Neuigkeit mit.

»Ich bin zu neunundneunzig Prozent sicher, den Namen des toten Mädchens zu kennen, das im Crasticeddru gefunden wurde.«

Der Questore war sprachlos und starrte ihn mit offenem Mund an.

»Sie hieß Elisa Moscato und war siebzehn Jahre alt.«

»Wie, zum Teufel, haben Sie das herausgefunden?«

Montalbano erzählte ihm alles. (S. 249)

Nach seiner Rückkehr nach Vigàta berichtet Montalbano der Gattin des Schuldirektors Burgio von der Fotomontage. So erfährt Angelina zu ihrer tiefen Betrübnis, dass Lisetta nicht nur keinen amerikanischen Soldaten geheiratet hatte, sondern wahrscheinlich bereits tot war, als sie dieses Foto erhalten hatte. Es war Lisettas Vater, ein gewisser Stefano Moscato, ein Mann von zweifelhafter Moral, der in dunkle Geschäfte mit den Rizzitanos verwickelt war und ihr, Angelina, von der amerikanischen Hochzeit erzählt hatte. Angelina zeigt Montalbano den letzten Brief, den Lisetta ihr geschrieben hatte. Es ist die Beschreibung der traurigen Tage, die sie in Serradifalco verbracht hatte, fernab von einer geheimnisvollen Liebe, die noch in Vigàta war, und einem gewalttätigen, besitzergreifenden Vater ausgeliefert. In dem Brief berichtet Lisetta vor allem, dass ihr Geliebter, nachdem er sich so lange Zeit in Vigàta aufhielt, den Stellungsbefehl erhalten habe.

Montalbano erteilt Fazio den Auftrag, alles über Stefano Moscato herauszufinden, und begibt sich nach Serradifalco, in der Provinz von Caltanissetta gelegen, zu der Familie, die während des Krieges Lisetta und ihre Verwandten bei sich aufgenommen hatte. Hier trifft er Andrea Sorrentino, den Bürgermeister von Serradifalco, der sich sehr genau daran erinnert, wie er als kleiner Junge Lisetta kennengelernt hatte. Insbesondere erinnert er sich, dass Lisetta, ungefähr zehn Tage bevor die Amerikaner in Vigàta landeten, heimlich verschwand und nie mehr zurückkehrte. Stefano Moscato, ihr Vater, machte sich mit zehn anderen Bauern auf, sie zu suchen. Erst nach der Landung der Alliierten kam Stefano Moscato nach Serradifalco zurück, um seine Frau abzuholen. Dabei behauptete er, er habe die Tochter endlich in Vigàta wiedergefunden. Aus dieser Geschichte wird für Montalbano endgültig klar, dass Lisetta nicht nach Vigàta zurückgekehrt war, um den Soldaten auf dem Foto zu treffen, sondern den Jungen, den er neben ihr in der Höhle des Monte Crastu gefunden hatte.

Ein Ausflug nach Serradifalco [A B2], das ungefähr eineinhalb Stunden von Vigàta entfernt liegt, würde uns allzu weit von den Orten und von der Ermittlung entfernen.

BÜRO VON ANDREA SORRENTINO, SERRADIFALCO [A B2]

Anderthalb Stunden brauchte er bis Serradifalco; es war ein schöner Tag, und er pfiff gut gelaunt vor sich hin. Er musste an Caifas denken, den Hund seines Vaters, der meistens gelangweilt und trübsinnig durchs Haus schlich, aber sofort munter wurde, wenn er mitkriegte, wie sein Herrchen sich an seinem Gewehr zu schaffen machte, und sich in ein Energiebündel verwandelte, wenn es dann auf die Jagd ging. Die Via Crispi fand er sofort, das Haus Nummer 18 war ein zwei-

stöckiger palazzetto *aus dem neunzehnten Jahrhundert. Auf dem Klingelschild stand »Sorrentino«. Ein nettes Mädchen um die zwanzig fragte ihn, was er wünsche.*

»Ich würde gern mit Signor Andrea Sorrentino sprechen.«
»Das ist mein Vater. Sie finden ihn im Rathaus.«
»Arbeitet er dort?«
»So ungefähr. Er ist Bürgermeister.«   (S. 255–256)

Wieder sind es der Schuldirektor und seine Gattin Angelina, die Montalbano die Schlüssel zu den vielen noch ungelösten Rätseln geben. Tatsächlich erinnert sich Burgio, als er über die Erzählung des Bürgermeisters von Serradifalco nachdenkt, dass Ende 1940 die *Pacinotti*, ein Versorgungsschiff, in Vigàta anlegte und sich danach bis zum Ende des Krieges praktisch nicht mehr von der Stelle rührte. Dank Antonio Marin, einem betagten Mechaniker und Freund Burgios, wird der Verdacht des letzteren bestätigt: In der Nacht des 7. Juli 1943 verschwand nämlich ein Mitglied der Besatzung, Mario Cunich, und kam nie wieder, vielleicht während der Suche nach einem Mädchen aus Vigàta, in das er verliebt war und das nach Aussage des Mechanikers Lisetta hieß.

Um dieser Erzählung genauer folgen zu können, begeben wir uns von der Piazza Aldo Moro zur Chiesa di S. Spirito und zu dem angeschlossenen Kloster [C B4], biegen in die Via Atenea ein [C B4], die Hauptstraße im Zentrum von Agrigent, und steigen über eine der vielen Treppen hinauf, die zu unserer Rechten emporklettern. Der riesige Komplex, der auf das 13. Jahrhundert zurückgeht, beherbergte bis vor wenigen Jahren die Stadtbibliothek, die heute leider aus dem historischen Zentrum in die Peripherie umgesiedelt worden ist. Hier warten wir auf Montalbano, der inzwischen die Nachforschungen über die Bedeutung der Gegenstände bei den beiden Leichen und ihre Anordnung in der Höhle am Monte Crasto fortsetzt. Die Kirche und das Kloster, in dem heute das Stadtmuseum untergebracht ist, bieten einen bewegenden Anblick. Die Hauptfassade öffnet sich unvermutet auf eine Straßenerweiterung und ist eine ausgesprochene Hymne an die Asymmetrie. Das Portal aus dem 13. Jahrhundert und die Rosette stehen nicht in einer Linie mit dem aus der Renaissance stammenden dreiteiligen Block der Glocken; auch die seitlich an der Kirche gelegene Renaissancepforte zum Kreuzgang ist überhaupt nicht an der Anordnung der Fenster weiter oben ausgerichtet und wirkt ihrerseits losgelöst vom dritten Eingang, nämlich dem barocken auf der rechten Seite der Fassade. Die Chiesa di S. Spirito zeigt also deutlich die jeweiligen historischen Schichtungen.

Dank Professore Riccardo Lovecchio erfährt der Commissario, der deutlichste Hinweis auf die Elemente in der Grotte sei eine alte Legende, die *Die Schlafenden* heißt. Trotz tief greifender Unterschiede sei sie einigen Religionen gemein, darunter der jüdischen, christlichen und muslimischen. Wer auch immer die Körper und Gegenstände in der Höhle angeordnet hat, muss daher ein Kenner der verschiedenen Kulturen sein, die mit diesem geheimnisvollen Ritus verbunden sind. Allmählich schließt sich der Kreis. Montalbano gelingt es nämlich, den Titel der Staatsexamensarbeit von Lillo Rizzitano ausfindig zu machen: ANWENDUNG DES MAKKARONISCHEN BEI DEM MYSTERIENSPIEL DER SIEBENSCHLÄFER VON ANONYMUS AUS DEM 16. JAHRHUNDERT. Das ist der Augenblick, in dem sich der Commis-

sario – auf der Suche nach einer Bestätigung seiner Hypothese – in die Stadtbibliothek von Montelusa begibt.

(EHEMALIGE) STADTBIBLIOTHEK VON MONTELUSA, MONASTERO DI SANTO SPIRITO, KLOSTER ZUM HEILIGEN GEIST [C B4]

Montalbano wollte ganz gewissenhaft sein und fuhr in die Stadtbücherei von Montelusa.

»Ich suche ein geistliches Drama«, sagte er zu der Leiterin. Die Leiterin, die ihn als Commissario kannte, war etwas er-staunt, sagte aber nichts. (…)

Das Drama der Siebenschläfer *fand er im zweiten Band von D'Anconas Anthologie. Es war ein kurzes, sehr naives Stück. (…) Was den Commissario jedoch mehr interessierte, war das lange Vorwort, das D'Ancona geschrieben hatte. Da stand alles – die Sure aus dem Koran, der Weg der Legende durch die europäischen und afrikanischen Länder mit ihren Änderungen und Varianten. Professor Lovecchio hatte recht gehabt: Die achtzehnte Sure des Koran gäbe, für sich gesehen, nur Rätsel auf. Man musste sie mit dem vervollständigen, was andere Kulturen hervorgebracht hatten.* (S. 295)

An diesem Punkt ist für Montalbano alles klar: Lisetta läuft am Abend des 7. Juli 1943 von Serradifalco weg, um ihren Freund Mario Cunich zu treffen. Die beiden wissen nicht, wo sie sich verstecken sollen, finden aber Hilfe und Un-terschlupf bei Lillo Rizzitano, einem Cousin Lisettas, der sie in seinem Haus am Monte Crasto beherbergt. Wer die beiden jungen Menschen ermordet hat, ist im Augenblick noch schwer zu sagen, doch ist es Lillo, der die beiden armen Leichen mit dem Krug, der Münzschale und dem

Hund so anordnet und ihnen, indem er das tut, ein Erwachen wünscht wie in der Legende der Siebenschläfer. Montalbano rekonstruiert die Geschichte für den Schuldirektor Burgio und seine Gattin Angelina, die ihn auffordern, die Ermittlungen fortzuführen, damit er aufklärt, wer das schreckliche Verbrechen begangen und vor allem, welches Ende Lillo Rizzitano genommen hat.

Um den Letzteren aufzustöbern, hat Montalbano eine absurde und zugleich geniale Idee: Während eines Motocross-Rennens auf der Ebene des Monte Crastu verstreut ein mit Ingrids Hilfe gemietetes Flugzeug über die Menschenmenge Rosenblätter und Tausende von Zettelchen, auf denen geschrieben steht: »Lisetta und Mario geben ihr Wiedererwachen bekannt«. Montalbano hofft, dass die Flugblätter angesichts des Ereignisses Lillo Rizzitano ermuntern, hervorzutreten und endlich seine Version der Geschichte zu erzählen.

Kehren wir vom Kloster di Santo Spirito [C B4] wieder nach Vigàta [B E7] zurück und damit auch nach Marinella [B E6]. Hier findet die Geschichte vom Hund aus Terracotta und unsere lange Reise ins Innere der von Camilleri erschaffenen Welt ihren Abschluss. In Marinella wartet Montalbano seit Tagen auf einen Anruf von Rizzitano. Er zieht sich zurück, wird zänkisch, vermeidet sogar den Kontakt zu der getreuen Adelina. Als schließlich jede Hoffnung verloren scheint, taucht Calogero Rizzitano endlich auf. Es ist unmöglich, in der Figur des alten Rizzitano nicht Camilleri selbst zu erblicken, der, wenn er heute nach Vigàta zurückkehrt, sich vorstellt, wie die Stadt vor fünfzig, sechzig Jahren gewesen ist, zur Zeit der Ereignisse in dem Roman, und erstaunt ist darüber, wie seine Stadt gewachsen ist, sich verändert hat und beinahe unkenntlich geworden ist. Bei dem Spaziergang über den Strand erzählt Rizzitano Montalbano den genauen Hergang der Ereignisse: Lisetta floh aus Serradifalco, weil sie von ihrem Vater vergewaltigt worden war. Als sie sich mit ihrem geliebten Mario in Lillos Wohnung versteckte, gelang es ihr zum ersten Mal, mit großem Mut, den Vater zu verjagen, der wie »ein Hund jaulte« und die Tochter zurückforderte. Leider werden in Lillos Abwesenheit Lisetta und Mario von einem von Stefano Moscato gedungenen Mörder umgebracht. Lillo, der zurück ins Haus läuft, tötet den Mann und fügt, sich seiner Studien erinnernd, die beiden Liebenden in der Grotte zusammen, in dem mitleidigen Versuch, die entsetzliche Tat und den Tod der beiden jungen Menschen ungeschehen zu machen und sich von den Gewissensbissen darüber zu befreien, einem Menschen das Leben genommen zu haben. Am Ende der Erzählung schläft der erschöpfte Rizzitano ein, endlich frei von der Last eines Geheimnisses, das er fünfzig Jahre bewahrt hatte.

HAUS DES COMMISSARIO MONTALBANO, MARINELLA [B F8]

»Möchten Sie am Meer spazieren gehen?«, fragte Montalbano, als Rizzitano zu Ende gegessen hatte.

Sie waren seit fünf Minuten unterwegs – der Alte stützte sich auf den Stock und hängte sich mit dem anderen Arm beim Commissario ein –, da bat Rizzitano:

»Erzählen Sie mir, wie es Ihnen gelungen ist, Lisetta und Mario zu identifizieren? Und wie Sie darauf gekommen sind, dass ich etwas damit zu tun hatte? Entschuldigen Sie, aber es strengt mich sehr an, gleichzeitig zu gehen und zu reden.«

Während Montalbano alles erzählte, verzog der Alte ab und zu den Mund, als wolle er zu verstehen geben, dass es nicht so gewesen sei.

Dann spürte Montalbano, wie Rizzitanos Arm auf seinem immer schwerer wurde; vor lauter Erzählen hatte er gar nicht gemerkt, dass der alte Mann müde geworden war.

»Sollen wir umkehren?«

Sie setzten sich wieder auf die Bank in der Veranda.

(s. 334–335)

3. Besucherweg

DER DIEB
DER SÜSSEN DINGE

Der dritte Besucherweg gibt uns Gelegenheit, Montalbano bei der Aufdeckung der dunklen Verbindungen zwischen dem Mörder eines alten Händlers aus der Kleinstadt Vigàta und den geheimnisvollen internationalen Machenschaften zu begleiten, die den Mittelmeerraum heimsuchen. Wir folgen dem Commissario Schritt für Schritt bis zur Aufklärung der Identität des »Diebes der süßen Dinge«.

Unsere Reise beginnt in Marinella [B E6], im Haus des Commissario Montalbano. Der Commissario wird um fünf Uhr morgens von Catarella geweckt, der versucht, ihn über den Tod eines Mannes zu informieren, der in Mazzara del Vallo umgebracht wurde.

Der Lido Marinella, der Strandbadeort von Vigàta, liegt eingeschlossen in einer Bucht, die sich westwärts weiter bis zum Lido Azzurro erstreckt und bis nach Punta Grande ausdehnt, während er im Osten vom Hafen von Vigàta unterhalb eines Hügels aus weißem Mergel begrenzt wird, auf dem sich die hohen Wohnhäuser erheben, die in den letzten vierzig Jahren gebaut worden sind. Im Norden trennt die Küstenstraße den Strand von einer durchgehenden Wand aus Kalkfelsen. Hier, inmitten der eingeschossigen Häuser mit Veranda, die auf das Meer von Afrika blicken, können wir versuchen, das Haus des Commissario ausfindig zu machen.

HAUS DES COMMISSARIO MONTALBANO, MARINELLA [B F8]

Das Licht der Morgendämmerung versprach einen schönen Tag, das Meer war spiegelglatt, der Himmel klar und wolkenlos. Montalbano brauchte sich, wetterfühlig wie er war, um seine Laune in den nächsten Stunden nicht zu sorgen. Es war noch früh; er legte sich wieder hin, zog sich das Laken über den Kopf und richtete sich auf zwei weitere Stunden Schlaf ein.

Wie immer vor dem Einschlafen dachte er an Livia in ihrem Bett in Boccadasse, Genua: An sie zu denken tat ihm gut bei jeder langen oder kurzen Reise in the country sleep, *wie es in einem Gedicht von Dylan Thomas hieß, das er sehr mochte.*

Kaum hatte er die Reise angetreten, als sie auch schon vom Klingeln des Telefons unterbrochen wurde. Wie ein Bohrer schien sich der Ton durch sein Gehirn zu schrauben, bei einem Ohr hinein und beim anderen hinaus.

»Pronto!«

»Wer ist denn da?«

»Sag erst, wer du bist!«

»Catarella.«

»Was ist denn los?«

»Mi scusasse, *entschuldigen Sie, aber jetzt hab ich Ihre Stimme gar nicht erkannt, Dottori. Es hätte ja auch sein können, dass Sie noch schlafen.«*

»Das hätte allerdings sein können, um fünf Uhr morgens! Und jetzt sag endlich, was los ist, und nerv mich nicht länger!«

»In Mazara del Vallo ist einer erschossen worden.«

»Das ist mir scheißegal, ich bin hier in Vigàta!«

»Aber der Tote, Dottori …«

Montalbano legte auf und zog den Telefonstecker aus der Wand. Bevor er die Augen schloss, dachte er, dass ihn vielleicht sein Freund Valente, Vicequestore von Mazara, sprechen wollte. Er würde ihn später vom Büro aus anrufen. (s. 5 – 6)

Im Kommissariat deckt man das Geheimnis auf: Der Tote, ein Tunesier, befindet sich in diesem Augenblick am Hafen von Vigàta, hatte aber in Mazara del Vallo auf einem Fischkutter angeheuert. Folgt man der Rekonstruktion des Geschehens durch die Beamten auf dem Polizeimotorboot *Blitz*, wurde das Fischerboot, während es sich in internationalen Gewässern aufhielt, von einem tunesischen Schiff angegriffen, das mit einem Maschinengewehrfeuer den armen tunesischen Fischer niedergestreckt hat. Mit diesem Fall beschäftigt sich, weil Montalbano nicht anwesend war, sein Stellvertreter Augello.

Auch wir begeben uns von Marinella [B E6] zum Kommissariat [D C7] und fahren daher die Küstenstraße in Richtung Porto Empedocle entlang. So kommen wir am Hafeneingang vorbei, fahren weiter bis zur Gabelung nach Agrigent, wo wir nach links in die Via dell'Industria abbiegen. Wenn wir zur Via Roma gekommen sind, biegen wir schließlich nach rechts ab und erreichen die Via Lincoln. Nachdem wir unser Fahrzeug geparkt haben, gehen wir von hier aus zu Fuß weiter. Das Kommissariat befand sich bis vor wenigen Jahren in dieser kurzen Straße (mittlerweile ist es in die Oberstadt umgezogen).

KOMMISSARIAT VIA LINCOLN [D C7]

»Es ist überhaupt niemand da!«, teilte Catarella dem Commissario sofort mit, als er ihn sah, und erhob sich respektvoll

*von seinem Stuhl in der Telefonvermittlung. Montalbano und
sein Kollege Fazio hatten ihn dahin verbannt, denn dort richtete er, selbst wenn er merkwürdige und wenig glaubhafte
Anrufe meldete, bestimmt weniger Schaden an als an jeder
anderen Stelle.*

»Aber heute ist doch kein Feiertag!«

*»Nonsi, Dottori, kein Feiertag, aber sie sind alle am Hafen
wegen der Geschichte mit dem Toten aus Mazara, wegen dem
ich Sie angerufen hab, heut ganz früh, wissen Sie noch?«*

*»Aber wenn der Tote in Mazara ist, was wollen sie dann
am Hafen?«*

»Nonsi, Dottori, der Tote ist hier.«

*»Aber wenn der Tote hier ist, Herrgott noch mal, war-
um erzählst du mir dann, dass er in Mazara umgebracht
wurde?«*

»Weil der Tote aus Mazara war, da hat er gearbeitet.«

*»Catare, jetzt überleg mal, soweit man das bei dir über-
haupt so sagen kann – wenn hier in Vigàta ein Tourist aus
Bergamo umgebracht wird, was sagst du dann? Dass es einen
Toten in Bergamo gibt?«*

*»Dottori, es ist so, dass der Tote hier nämlich ein Toter
auf Durchreise ist. Er wurde erschossen, als er an Bord eines
Fischerbootes aus Mazara war.«*   (S. 7 – 8)

Während er mit Fazio über den sogenannten »Toten von
Mazara« diskutiert, sieht sich Montalbano gezwungen, das
Kommissariat zu verlassen, als er erfährt, dass man eine
Leiche im Aufzug eines Mietshauses in Vigàta aufgefunden
hat. So begibt Montalbano sich in die Oberstadt, wo die
»Zwergwolkenkratzer« die bewohnte Altstadt von Vigàta
überragen.

Der vereidigte Wachmann Cosentino Giuseppe ist derjenige, der den Tatort bewacht. Er hat auch die Leiche entdeckt, als er am Morgen um acht von seiner Schicht beim Salzdepot zurückkam.

Dank Cosentino erfährt Montalbano, dass Aurelio Lapecora – so der Name des Toten – mit Antonietta Palmisano verheiratet war, die, weil sie um halb sieben in der Frühe den Bus nach Fiacca genommen hat, noch gar nichts vom Tod ihres Mannes weiß. Lapecora war Handelskaufmann und hatte sein Büro in der Salita Granet, Hausnummer 28. Er hatte auch einen Sohn, der aber schon seit Jahren weit von Vigàta entfernt lebt.

Montalbano beginnt mit der langen, mühseligen Befragung der Hausbewohner. Am Ende bringt er nichts Brauchbares heraus, abgesehen von der Aussage, dass der arme Lapecora ein tüchtiger Mensch war, aber fast allen Hausbewohnern unsympathisch. An diesem Punkt beschließt er, nach der Mühe der Befragungen an jeder einzelnen Türe Leib und Seele in der Trattoria San Calogero [D D5] zu laben. Wir begleiten Montalbano zur Trattoria, indem wir zu Fuß der Via Lincoln bis zur Hauptverkehrsstraße von Vigàta folgen, der Via Roma [D E5]. Hier, an der Ecke mit der Salita Granet, gab es bis vor wenigen Jahren die berühmte Trattoria, von der nur noch das Schild erhalten geblieben ist, das an einen der Symbolorte der von Camilleri geschilderten Ereignisse erinnert. Auch in der literarischen Fiktion hat die Trattoria ihre Türen geschlossen, wie es in DAS KALTE LÄCHELN DES MEERES erzählt wird (7. Besucherweg), und Montalbano hat in der Trattoria da Enzo [D C5], die in der Oberstadt liegt, sein verlorenes »Ithaka« wiedergefunden. Wenn wir in der Via Roma bleiben, kann man auch in eines der dortigen zahlreichen Restaurants gehen, um die Gerichte zu genießen, die Salvo Montalbano so liebt.

TRATTORIA SAN CALOGERO [D D5]

Als er den Bissen hinunterschluckte, stand plötzlich Mimì Augello an seinem Tisch.

»Setz dich.«

Mimì Augello setzte sich.

»Ich glaube, ich esse auch was«, sagte er.

»Mach, was du willst. Aber halt den Mund, das sage ich dir in aller Freundschaft und in deinem eigenen Interesse, halt unter allen Umständen den Mund. Wenn du mich unterbrichst, während ich diesen nasello *esse, drehe ich dir den Hals um.«*

»Bringen Sie mir spaghetti alle vongole*«, sagte Mimì, ganz und gar nicht eingeschüchtert, zu Calogero, der gerade vorbeiging.*

»In bianco oder al sugo*?«*

»In bianco.«

Um die Wartezeit zu überbrücken, nahm Augello die Zeitung des Commissario an sich und begann zu lesen. Die Spaghetti kamen zum Glück erst, als Montalbano seinen nasello *schon fertig gegessen hatte, denn Mimì streute einen Haufen Parmesan darüber. Gesù! Selbst eine Hyäne – eine Hyäne, die sich von Aas ernährt – würde sich bei der Vorstellung von* pasta alle vongole *mit Parmesan übergeben!*

»Wie hast du dich beim Questore benommen?«

»Wie meinst du das?«

»Ich will wissen, ob du dem Questore in den Arsch gekrochen oder ihm an die Eier gegangen bist.«

»Spinnst du jetzt?«

»Mimì, ich kenne dich doch. Du hast dir flugs die Geschichte mit dem erschossenen Tunesier geschnappt, um dich in Szene zu setzen.«

»Ich habe nur meine Pflicht getan, du warst nämlich nirgends zu finden.«

Es war ihm immer noch zu wenig Parmesan; er streute zwei weitere Löffel über seine Spaghetti und gab noch ein bisschen Pfeffer aus der Pfeffermühle dazu.

»Und ins Büro des Prefetto bist du wohl gekrochen?«

»Salvo, es reicht!«

»Wieso denn? Du verpasst doch keine Gelegenheit, gegen mich zu intrigieren!«

»Ich?! Gegen dich intrigieren? Salvo, wenn ich in den vier Jahren, die wir jetzt zusammenarbeiten, wirklich gegen dich hätte intrigieren wollen, dann würdest du mit ziemlicher Sicherheit jetzt das hinterletzte Kommissariat im hinterletzten Kuhkaff in Sardinien leiten, und ich wäre mindestens Vicequestore. Weißt du, was du bist, Salvo? Ein Sieb, bei dem aus tausend Löchern Wasser tropft. Und ich tue nichts anderes, als dir so viele Löcher zu stopfen, wie ich nur kann.«   (s. 35 – 37)

Mimì Augello unterrichtet den Commissario über den getöteten Tunesier, der zum ersten Mal angeheuert zu haben scheint. Alles deutet darauf hin, dass der Fischkutter von Mazara in tunesische Hoheitsgewässer eingedrungen war. Der Fall soll aber von anderen gelöst werden. Tatsächlich teilt im Kommissariat Major Marniti von der Hafenkommandantur in Vigàta Montalbano seine Absicht mit, die Ermittlung nach Mazara zu übertragen.

Der Commissario kehrt in die Wohnung von Lapecora zurück, weil die Witwe, Antonietta Palmisano, aus Fiacca heimgekehrt und von Cosentino über die Ermordung bereits informiert worden ist. Eine Besonderheit hatte Cosentino allerdings überrascht: Kaum hatte die Frau vom Tod ihres Mannes erfahren, als sie auch schon fragte, ob er ermordet worden sei.

Im Arbeitszimmer der Wohnung Lapecoras, in dem Montalbano Schreiben und Briefumschläge mit Briefköpfen findet, die auf Aurelios Tätigkeit hinweisen, ist die Luft von einem starken Frauenduft erfüllt. Das Verhör der Witwe enthüllt, dass Aurelio Lapecora montags, mittwochs und freitags in sein Büro ging, während er an den anderen Tagen zu Hause blieb. Mithin hätte er am Tag der Ermordung, einem Donnerstag, keinen Grund gehabt wegzugehen. Stattdessen war er unerklärlicherweise aufgestanden und, tadellos angezogen, fortgeeilt, hatte in der Hast die Brieftasche vergessen und nur wenig später den Tod im Aufzug gefunden. Bei der Vernehmung kam auch heraus, weshalb Lapecora seine Tage im Handelsbüro zubrachte: Grund dafür war nämlich die Anwesenheit einer jungen tunesischen Frau, einer gewissen Karima, die offiziell zum Putzen eingestellt war. Signora Palmisano hegte keine Zweifel über die eigentliche Beschäftigung, der Karima und ihr Mann, seinem Alter zum Trotz, nachgingen. Der Kauf eines Bettsofas, das im Büro aufgestellt wurde, und drei anonyme Briefe, die aus Illustriertenausschnitten bestanden und von Ehebruch sprachen, waren ihr Beweis genug.

Montalbano beschließt daraufhin, Lapecoras Büro unter die Lupe zu nehmen, das sich in der Salita Granet, Nummer 28 befindet. Wir sind ja aber schon in der Gegend und somit vor ihm da, und von der Via Roma aus ordnen wir uns in die Salita Granet ein [D D5]. Diese Straße kehrt bei den Ermittlungen Montalbanos häufig wieder: Dort befindet sich auch die Wohnung des Stadtreinigers Pino Catalano (siehe 1. Besucherweg – DIE FORM DES WASSERS) und die Wohnung von Clementina Vasile Cozzo, eine Gestalt, die wir im Verlauf dieses Besucherwegs noch kennenlernen werden.

HANDELSBÜRO VON LAPECORA,
SALITA GRANET 28 [D D5]

Als Montalbano und Galluzzo in der Salita Granet ankamen, waren die Geschäfte in der kurzen Straße schon geschlossen. Die Nummer 28 gehörte zu einem kleinen Häuschen: Erdgeschoss, drei Stufen über dem Straßenniveau, erster und zweiter Stock. Neben der Haustür waren drei Schilder angebracht, auf einem stand: Lapecora, Aurelio Import-Export Erdgeschoss*, auf dem zweiten:* Notariat Cannatello, Orazio*, und auf dem dritten:* Angelo Bellino Steuerberater 2. Etage*. Mit dem Schlüssel, den der Commissario aus Lapecoras Wohnung mitgenommen hatte, gelangten sie in das Büro. Der erste Raum war das eigentliche Büro: ein großer Schreibtisch, schwarzes Mahagoni, aus dem 19. Jahrhundert, ein Tischchen mit einer Olivetti aus den Vierzigerjahren, vier hohe metallene Regale, die mit alten Aktenordnern vollgestopft waren. Auf dem Schreibtisch stand ein funktionierendes Telefon. Fünf Stühle waren im Büro, aber einer war kaputt und lag umgedreht in einer Ecke. Im Zimmer nebenan … Das Zimmer nebenan – das mit der dunkelgrünen Tapete – schien nicht zur selben Wohnung zu gehören: blitzsauber, großes Bettsofa, Fernseher, Zweittelefon, Stereoanlage, Rolltischchen mit verschiedenen Spirituosen, Minikühlschrank, über dem Sofa ein schauerlicher weiblicher Akt, Hauptsache Hintern. Neben dem Sofa stand ein niedriges Möbel mit einer Lampe*

in nachgemachtem Jugendstil, die Schublade vollgestopft mit
Präservativen aller Art.

> *»Wie alt war der Tote?«, fragte Galluzzo.*
> *»Dreiundsechzig.«*
> *»Alle Achtung!« Galluzzo pfiff anerkennend.* (s. 52 – 53)

In Lapecoras Handelsbüro stoßen Montalbano und Gallo auf widersprüchliche Details. Alle Gegenstände künden in der Tat davon, dass die Import-Export-Tätigkeit Lapecoras bereits vor Jahren aufgegeben worden war. Eines der Zimmer jedoch ist als kleine Wohnung mit allen Bequemlichkeiten eingerichtet. Es scheint schließlich, dass nicht nur die Tunesierin das Büro besuchte, sondern auch jemand, der für Lapecoras Enkel gehalten wird. Eigentlich haben die Lapecoras nämlich keine Enkel. Bevor Montalbano ins Kommissariat zurückkehrt, hat er einen Geistesblitz: Das Parfum »Volupté«, dessen Duft im Badezimmer des Handelsbüros schwebt, ist das gleiche, das er im Arbeitszimmer des Toten gerochen hat.

Montalbano beauftragt Galluzzo, das Handelsbüro zu beschatten, weil Karima, die vielleicht noch nichts von der Ermordung weiß, sich melden könnte. Unterdessen hat Pasquano die Autopsie durchgeführt, und der Befund ist eindeutig: Lapecora ist mit einem einzigen Messerstich zwischen sieben und acht Uhr morgens getötet worden.

Montalbano versucht, die Ladeninhaber der Salita Granet zu vernehmen, fördert aber nichts Großartiges zutage, außer der Tatsache, dass der vermeintliche Enkel Lapecoras mit einem großen metallicgrauen BMW herumfuhr. Als er das Handelsbüro betritt, merkt er, dass aus einigen Illustrierten Seiten fehlen. Als er Signora Palmisano nach den Daten befragt, an denen sie die drei anonymen Briefe erhalten hat, zieht Montalbano den Schluss, dass diese Botschaften in eben diesem Handelsbüro zusammengestellt worden sind.

Nach Hause zurückgekehrt, erhält er einen Anruf, der den Gang der Ermittlungen entscheidend beeinflusst: Hier betritt eine zentrale Figur bei den Ermittlungen Montalbanos die Szene, nämlich Signora Clementina Vasile Cozzo, die wichtige Informationen über Lapecora und die sonderbaren Dinge hat, die sich in dem Büro in der Salita Granet zutrugen.

Montalbano begibt sich zur Wohnung von Clementina Vasile Cozzo, die dem Büro Lapecoras genau gegenüberliegt. Während Montalbano die Bekanntschaft dieser Frau macht, die für ihn fast so etwas wie eine Mutterfigur wird, bleiben wir in der Gegend und begeben uns zur Via Laporta [D D5]. Diese enge Straße führt auf die Piazza Chiesa Vecchia [D E5], eine platzartige Erweiterung, an der sich die Grundmauern der Chiesa della Madonna del Buon Consiglio, der Kirche der Heiligen Jungfrau vom Guten Rat, befinden. Die Wohnhäuser, die wir auf diesem Weg sehen, die Gassen und Innenhöfe erzählen uns noch heute etwas über die bezeichnende Vergangenheit des einstigen Fischerdorfs Vigàta.

WOHNUNG VON CLEMENTINA VASILE COZZO, SALITA GRANET 23 [D D5]

Salita Granet 23 lag der Nummer 28 direkt gegenüber, die beiden Häuser sahen genau gleich aus.

Clementina Vasile Cozzo war eine elegant gekleidete siebzigjährige Dame. Sie saß im Rollstuhl. Die Wohnung war tipptopp. Gefolgt von Montalbano, rollte sie ganz nah an ein Fenster mit Gardinen. Sie machte dem Commissario ein Zeichen, sich einen Stuhl zu holen und sich ihr gegenüberzusetzen. (...)

»Stellen Sie sich hinter mich und beugen Sie sich bis zu meinem Kopf herunter.«

Als der Commissario ihr so nahe war, dass man hätte meinen können, er flüstere ihr etwas ins Ohr, schob die Signora die Gardine beiseite.

Es war fast, als wäre er selbst im ersten Zimmer des Büro von Signor Lapecora, denn die Scheibengardinen waren zu dünn, als dass sie den Blick hinein verwehrt hätten. Gallo und Galluzzo aßen panini, die eigentlich halbe Brotlaibe waren. Zwischen ihnen eine Flasche Wein und zwei Pappbecher. Das Fenster bei Signora Clementina lag etwas höher als das andere, und durch einen merkwürdigen Effekt dieses Blickwinkels erschienen die beiden Polizisten und die Gegenstände im Zimmer leicht vergrößert.

»Im Winter, wenn sie das Licht einschalteten, sah man besser«, erklärte die Signora und ließ die Gardine fallen.

(S. 69–71)

Nachts hatte Signora Clementina Karima oft in unzweideutigen Posen mit dem jungen Mann beobachtet, der hin und wieder Lapecora im Büro besuchte und stets mit einem BMW vorfuhr. Derselbe junge Mann verbrachte viel Zeit im Büro, unabhängig davon, ob der arme Aurelio da war oder nicht, und wenn er sich nicht mit Karima abgab, bekam er Anrufe oder tätigte sie oder schrieb stundenlang, wobei er nicht die im Büro vorhandene Schreibmaschine benutzte, sondern eine tragbare. Montalbano, den das Menü lockte, bleibt zum Essen bei Signora Vasile Cozzo.

Nach dem Mittagessen wird Montalbano von Fazio angerufen, der Karimas Anschrift habhaft geworden ist. Sie wohnt in Villaseta, in der Via Garibaldi 70.

Nach einigem Hin und Her machen Montalbano und Fazio die Via Garibaldi und Karimas Wohnung ausfindig. Sie wohnt mit einer alten Frau zusammen, Aisha, die sich um Karimas Sohn François kümmert, wenn Karima wie so oft nicht da ist. Aishas Aussagen zufolge bekam Karima häufig Besuch von einem Herrn in einem BMW. Doch nun ist Karima verschwunden und hat ihr Kind mitgenommen. Mutter und Kind sind am selben Tag weggegangen, an dem Lapecora ermordet wurde. Allerdings hat Karima in der Wohnung ein wichtiges Geheimnis zurückgelassen: ein Inhabersparbuch über fünfhundert Millionen Lire, versteckt in einer alten Blechdose. In welche furchtbare Situation hatte Lapecora sich nur gebracht? Wieso durchdrang derselbe Duft, der in Karimas Wohnung in Villaseta lag, nicht nur das Handelsbüro, sondern auch die Wohnung des Verstorbenen?

In der Nacht, als Montalbano die Tatsachen wieder und wieder überdenkt, kommt er zu dem Schluss, dass die anonymen Briefe, die Signora Palmisano erhalten hatte, ein verzweifelter Hilferuf waren, die der arme Lapecora, der sich inmitten einer Situation befand, die ihm über den Kopf wuchs, in der Einsamkeit seines Büros zusammengestoppelt hatte. Doch Antonietta Palmisano hatte hinter den vermeintlichen Machenschaften nicht die tiefe Verzweiflung ihres Gatten sehen wollen. Entschlossen, noch mehr über Lapecoras Tätigkeit herauszufinden, begibt sich Montalbano zum Postamt [D F4]. Wir stoßen zu ihm, indem wir von der Via Laporta [D D5] zur Piazza Kennedy [D E4] gehen, einer platzartigen Erweiterung hinter der Chiesa Madre, der Hauptkirche, die dem Allerheiligsten Erlöser geweiht wurde (1904). Dort, zu unserer Linken, befindet sich das Postamt [D F4], in dem Montalbano den Direktor trifft, Baldassarre Marzachì, um den Namen des Postboten zu erfahren, der das Gebiet um die Salita Granet bedient. Das Gebäude, das sich auf dem Areal erhebt, auf dem einmal die Chiesa del Carmine stand, taucht auch wieder in DAS SPIEL DES PATRIARCHEN auf, wo Camilleri unnachsichtige und unvergessliche Worte dafür findet, denn er spricht dort von »*einem scheußlichen Bau, der in den Vierzigerjahren, als die faschistische Architektur wütete, begonnen und nach dem Krieg, als der Geschmack sich gewandelt hatte, fertiggestellt wurde*«.

POSTAMT [D F4]

Commendatore Baldassarre Marzachì, Leiter des Postamtes von Vigàta, war bekanntermaßen dumm und arrogant. Auch diesmal blieb er sich treu.

»Ich kann Ihrem Ersuchen nicht stattgeben.«

»Aber warum denn nicht?«

»Weil Sie keine richterliche Ermächtigung haben.«

»Und wozu sollte ich die brauchen? Jeder Angestellte Ihres Amtes würde mir die Auskunft, um die ich bitte, sofort geben. Es ist eine Sache ohne jede Bedeutung.«

»Das behaupten Sie. Wenn meine Angestellten Ihnen die Auskunft geben würden, wäre das eine Zuwiderhandlung, die einen Verweis zur Folge hätte.«

»Commendatore, überlegen Sie doch mal. Ich frage Sie nur nach dem Namen des Postboten, der die Gegend um die Salita Granet bedient. Das ist alles.«

»Und ich werde ihn Ihnen nicht geben, verstehen Sie?

Falls ich ihn zufällig sagen würde, was würden Sie dann machen?«

»Dem Postboten ein paar Fragen stellen.«

»Sehen Sie? Sie wollen das Postgeheimnis verletzen!«

»Wieso denn das?«

Ein echter Schwachsinniger, wie sie in diesen Zeiten, in denen sich die Schwachsinnigen als intelligent ausgaben, nicht mehr leicht zu finden waren. (S. 97)

Trotz der Widerspenstigkeit von Marzachì bekommt Montalbano schließlich den Namen des Postbotens. Er findet heraus, dass in Lapecoras Büro nur die Post einer ausländischen Firma eintraf, die mit Datteln handelt, und sonst nichts. Es ist das erste von mehreren Versatzstücken, das dem Commissario dabei hilft, die letzten Schachzüge Lapecoras zu rekonstruieren. Weitere Informationen hofft Montalbano vom Drucker Empedocle Mulone zu bekommen, dessen Dienste Dottor Lapecora seit Jahren in Anspruch nahm. Begleiten wir also Montalbano und begeben wir uns vom Postamt [D F4] zur Druckerei Mulone [D E5], die sich rechts vom Rathaus, dem Municipio, befindet.

So sind wir auf der Hauptverkehrsstraße von Vigàta, der Via Roma [D E5], an der alle repräsentativen Gebäude von Porto Empedocle liegen. Die Via Roma wird im Westen von der Piazza V. Veneto [D F5] begrenzt, die sich als Tor zur Stadt darstellt. Zu unserer Linken die Chiesa Madre, die Hauptkirche von Vigàta [D E4], die 1904 errichtet wurde. Wenn wir weitergehen, stoßen wir auf den Palazzo del Municipio, das Rathaus [D E5], den ein Portikus von acht schlichten Säulen ohne Kapitell kennzeichnet. Rechts von diesem Gebäude finden wir die Druckerei. Weiter vorne sehen wir die Bronzestatue von Luigi Pirandello, dem berühmten Dramatiker, der wenige Kilometer von Vigàta entfernt geboren wurde, in der Contrada Kaos [B E8]. Während Montalbano in die Druckerei geht, können wir die Zeit nutzen und die Hauptkirche besuchen, in der sich, gleich rechts vom Eingang, die Statue des heiligen Calogero befindet, des maurischen Schutzpatrons von Montelusa, Vigàta und zahlreichen anderen Gemeinden in der Umgebung. Ihm ist Andrea Camilleri sehr verbunden, wie er in vielen Interviews erklärt hat.

DRUCKEREI MULONE [D E5]

Empedocle Mulone, der Besitzer der Druckerei, sagte, ja, der selige Lapecora habe Briefbögen und Umschläge bei ihm bestellt, deren Briefkopf und Absender etwas anders als die vorherigen lauten sollten. Signor Aurelio habe schon seit zwanzig Jahren bei ihm bestellt, und sie seien Freunde geworden.

»Worin bestand die Änderung?«

»Import-Export anstelle von Importazione-Esportazione. Aber ich habe ihm abgeraten.«

»Hätten Sie es nicht geändert?«

»Ich meinte nicht den Briefkopf, sondern seine Idee, das Geschäft wieder aufzunehmen. Seit fast fünf Jahren war er schon im Ruhestand, und inzwischen hat sich die Situation verändert, die Firmen gehen pleite, es sind schlechte Zeiten. Wissen Sie, was er gemacht hat, anstatt mir zu danken? Er ist wütend geworden. Er sagte, er würde schließlich Zeitung lesen und fernsehen und wüsste über die Lage genau Bescheid.«

»Haben Sie ihm das Paket mit der bestellten Ware nach Hause oder ins Büro geschickt?«

»Er wollte unbedingt, dass ich sie ins Büro schicke, an einem ungeraden Wochentag, und das habe ich auch getan. Den genauen Tag weiß ich nicht mehr, aber wenn Sie wollen…«

»Es ist nicht wichtig.«

»Aber die Rechnung habe ich der Signora geschickt, Signor Lapecora kommt jetzt ja wohl kaum noch im Büro vorbei.«

Er lachte.   (s. 105–106)

Während Montalbano noch über Lapecoras sonderbaren Entschluss nachdenkt, eine längst eingeschlafene Tätigkeit wiederzubeleben, geht er zu dem einzigen Ort, wo er von Leuten, die den Verstorbenen kannten, weitere für die Ermittlung wichtige Informationen erhalten kann. Von der Druckerei Mulone [D E5] begeben wir uns also mit Montalbano zur Bar Albanese [D E5], wo Aurelio Lapecora und seine Freunde in aller Regel hingegangen sind. Diese Bar, wesentlich für die Welt Montalbanos, wird in der Wirklichkeit auch von Camilleri selbst während seiner Aufenthalte auf Sizilien besucht.

BAR ALBANESE [D E5]

»Ihr Espresso ist fertig, Commissario«, sagte der Barmann im Café Albanese.

»Sag mal, Totò, war Signor Lapecora manchmal mit Freunden hier?«

»Klar! Jeden Dienstag. Sie unterhielten sich oder spielten Karten. Es waren immer dieselben.«

»Wie heißen sie denn?«

»Also, da war Ragionier Pandolfo …«

»Warte, gib mir mal das Telefonbuch.«

»Sie brauchen ihn nicht anzurufen. Es ist der ältere Signore an dem Tisch da drüben, der die granita isst.«

Montalbano nahm seine Tasse und trat zu dem Ragioniere.

»Darf ich mich zu Ihnen setzen?«

»Meinetwegen, Commissario.«

»Danke. Kennen wir uns?«

»Ich Sie schon, Sie mich nicht.«

»Ragioniere, Sie haben öfters mit dem Verstorbenen Karten gespielt?«

»Was heißt hier öfters! Nur dienstags. Denn das war so: Montag, Mittwoch und …«

»Freitag war er im Büro«, vollendete Montalbano die mittlerweile bekannte Litanei.

»Was möchten Sie denn wissen?«

»Warum wollte Signor Lapecora sein Geschäft wieder aufnehmen?«

Der Ragioniere schien aufrichtig erstaunt. »Wieder aufnehmen? Wieso denn das? Uns hat er davon nichts erzählt. Wir wussten alle, dass er zum Zeitvertreib und aus alter Gewohnheit ins Büro ging.«

»Hat er Ihnen von der Frau – einer gewissen Karima – erzählt, die stundenweise das Büro sauber machte?«

Ein Zucken der Pupillen, ein unmerkliches Zögern, was Montalbano entgangen wäre, hätte er ihn nicht genau im Auge behalten.

»Warum sollte er mir von seiner Putzfrau erzählen?«

»Kannten Sie Lapecora gut?«   (S. 106 – 107)

Montalbano trifft so den Buchhalter Pandolfo, der seit Jahren mit Lapecora in Kontakt stand. Auch er hatte bemerkt, dass sein Freund Aurelio sich seit einiger Zeit verändert hatte, immer düsterere Laune hatte und zu Streitigkeiten bereit war.

Doch andere Gedanken bahnen sich ihren Weg in Montalbanos Kopf, und eine Rekonstruktion der Ereignisse nimmt Gestalt an. Er begibt sich zu Lapecoras Wohnung, um die Witwe zu vernehmen. Folgen wir Montalbano also in die Oberstadt, zum Piano Lanterna, einst ein weißer Mergelhügel, der zum Häuserbau genutzt wurde, heute aber erstickt durch allzu viele Gebäude, die das gesamte Wohngebiet beherrschen. Wir müssen wieder zu unserem Auto zurück, und wenn wir in die Via Spinola einbiegen, fahren wir gleich danach links in die Via Garibaldi [D D5]. Am Ende dieser steilen Steigung erwartet uns eine Lokalität, die von Camilleri erst in den letzten Romanen eingeführt worden ist, nämlich die Trattoria da Enzo [D C5], wo man, sofern man will, ausgezeichnete Gerichte probieren kann.

In einem der anonymen Wohnblocks, die dieses Viertel bevölkern, befindet sich Lapecoras Wohnung. Während Montalbano dessen Witwe vernimmt, werden wir – damit unsere Gegenwart die Ermittlungen nicht stört – am Belvedere [D E53] auf den Commissario warten. Das Belvedere ist eine moderne Terrasse, von der aus man mit einem Blick die Küste von San Leone bis Capo Russello erfassen und von oben die historische Altstadt von Vigàta, die Ostmole, den Leuchtturm und den Turm Karls v. betrachten kann. Der Ort, den wir suchen, findet sich an der Via Belvedere.

BELVEDERE [D E3]

»Danke, dass Sie so schnell gekommen sind«, sagte Signora Palmisano, Antonietta, frisch verwitwete Lapecora, als sie ihm die Tür aufgemacht hatte.

»Warum? Wollten Sie mich sprechen?«

»Ja. Hat man Ihnen im Kommissariat nicht ausgerichtet, dass ich angerufen habe?«

»Ich war noch gar nicht dort. Ich bin von selbst hergekommen.«

»Das ist ja Kleptomanie!«, folgerte die Signora.

Der Commissario sah sie überrascht an, aber dann dämmerte ihm, dass sie Telepathie meinte.

Ich muss sie mal mit Catarella bekannt machen, dachte Montalbano, und dann schreibe ich die Dialoge der beiden auf. Ionesco ist ja nichts dagegen!

»Warum wollten Sie mich denn sprechen, Signora?« Antonietta Palmisano wedelte schelmisch mit dem Finger.

»Nein, nein. Sie zuerst, Sie wollten ja zu mir.«

»Signora, ich möchte Sie bitten, mir genau vorzuführen, was Sie vorgestern früh alles gemacht haben, bevor Sie zu Ihrer Schwester gefahren sind.«

Bestürzt machte die Witwe ihren Mund auf und zu.

»Soll das ein Witz sein?«   (S. 100)

Montalbano lässt sich von Antonietta Palmisano haarklein berichten, welche Tätigkeiten und Bewegungen sie am Morgen der Ermordung ihres Gatten verrichtet hat, während sie sich fertig machte, um den Bus nach Fiacca zu nehmen. Am Ende ist klar, dass die Frau an jenem Morgen nicht ins Arbeitszimmer gegangen ist, wo, nach Meinung des Commissario, Karima versteckt war.

Im Handelsbüro findet Montalbano von den Umschlägen und den Bögen mit Firmenbriefkopf, von denen der Drucker Mulone ihm erzählt hatte, nicht die geringste Spur. Wie er befürchtete, hat jemand bereits alles verschwinden lassen. Als Montalbano die völlig intakte Schreibmaschine betrachtet, kommt ihm zum ersten Mal die Idee, dass der vermeintliche Enkel von Lapecora eine Reiseschreibmaschine benutzte, weil er womöglich eine andere alphabetische Tastatur brauchte als die italienische.

Montalbano sucht nach dem Maresciallo Laganà, um sich bei der Entzifferung der in Lapecoras Handelsbüro vorhandenen Archive helfen zu lassen. Doch er muss überstürzt nach Villaseta aufbrechen, weil Aisha voller Panik im Kommissariat angerufen und nach ihm verlangt hat.

Begleiten also auch wir Montalbano nach Villaseta [B E8]. Vom Belvedere [D E3] gehen wir wieder zu unserem Fahrzeug und begeben uns erneut zur Trattoria da Enzo [D C5]. Nachdem wir in die Via Garibaldi eingebogen sind, gelangen wir zur Via dello Sport [D B4], die wir bis zur Kreuzung mit der Staatsstraße 115 entlangfahren. Hier biegen wir nach rechts ab, in Richtung Montelusa (Agrigent) [B D9].

Wir kommen nach Villaseta [B E8], ein kleines, bescheidenes Wohnviertel, das von Camilleri in einer perfekten und unnachsichtigen Beschreibung »fotografiert« wurde. Unter den wenigen Sehenswürdigkeiten sind die Villa La Lomia vom Ende des vergangenen Jahrhunderts und die kleine Kapelle der Maria Santissima della Catena, der Heiligsten Jungfrau Maria von der Kette, beide an der Hauptstraße liegend. Doch der interessanteste Ort ist ganz sicher das Geburtshaus des Schriftstellers Luigi Pirandello [B E8] in der Contrada Kaos. In geringer Entfernung zu ihm steht die berühmte einsame Pinie, an deren Fuß unter einer Gedenkplatte die Asche des berühmten Dramatikers beigesetzt ist. In jüngster Zeit ist dieser Ort zum Sitz des Literaturparks geworden, den man dem Schriftsteller gewidmet hat.

Dorthin begeben wir uns, weil wir über keine genaueren Informationen verfügen, wie wir zu Karimas Behausung gelangen können. Am Ort angekommen lassen wir uns von Camilleri die Abfolge der Ereignisse erzählen.

VILLASETA [B E8]

Bis vor dreißig Jahren bestand Villaseta aus etwa zwanzig Häusern oder vielmehr Hütten, die auf halbem Weg zwischen Vigàta und Montelusa links und rechts die Provinciale säumten. Doch in den Jahren des Wirtschaftsbooms gesellte sich zur Bauwut (auf der die Verfassung unseres Landes zu fußen scheint: »Italien ist eine Republik, die sich auf die Bautätigkeit gründet«) auch noch der Straßenbauwahn, und so war Villaseta eines Tages zur Schnittstelle von drei Schnellstraßen, einer Überlandstraße, einem sogenannten »Hosenträger«, zwei Provinciali und drei Interprovinciali geworden. Einige dieser Straßen bereiteten dem leichtsinnigen ortsunkundigen Reisenden nach ein paar Kilometern touristischen Panoramas mit zweckmäßigerweise rot angestrichenen Leitplanken, an denen Richter, Polizisten, Carabinieri, Steuerfahnder und sogar Gefängniswärter ermordet worden waren, die Überraschung, unerklärlicher- oder allzu erklärlicherweise am Fuß eines Hügels zu enden, der so öde war, dass man argwöhnen musste, er sei noch nie von einem Menschen betreten worden. Andere Straßen indes hörten unversehens am Meeresufer auf, am Strand mit seinem hellen feinen Sand, wo weit und breit kein Haus und bis zum Horizont kein Schiff zu sehen war und der leichtsinnige Reisende leicht dem Robinson-Syndrom anheimfallen konnte.

Villaseta, wo man immer schon dem Hauptinstinkt gefolgt war, rechts und links jedweder Straße Häuser hinzustel-

*len, entwickelte sich in kürzester Zeit zu einem ausgedehnten
Labyrinth.* (S. 76–77)

*Aisha saß vor ihrem Haus und war in Tränen aufgelöst. Nein,
Karima und François seien nicht zurückgekommen, sie habe
ihn aus einem anderen Grund angerufen. Sie erhob sich und
bat ihn ins Haus. Das Zimmer war auf den Kopf gestellt, sie
hatten sogar die Matratze aufgeschlitzt. Und das Sparbuch,
war das etwa weg? Nein, das hätten sie nicht gefunden, lau-
tete Aishas beruhigende Antwort.*

*Im oberen Stock, wo Karima wohnte, sah es noch schlim-
mer aus: Ein paar Fliesen waren aus dem Boden gerissen, ein
Spielzeug von François, ein kleiner Lastwagen aus Plastik,
war zertrümmert. Die Fotos waren verschwunden, auch die,
die Karima als Ware zeigten. Der Commissario dachte, dass
er zum Glück ein paar von diesen Fotos mitgenommen hatte.*

*Aber die mussten doch einen furchtbaren Lärm gemacht
haben! Wo hatte Aisha sich in der Zeit versteckt? Sie habe sich
nicht versteckt, erklärte sie, sondern sei am Tag vorher zu einer
Freundin nach Montelusa gefahren. Es war spät geworden,
und sie war über Nacht geblieben. Gott sei Dank: Wenn sie
im Haus gewesen wäre, hätten sie sie bestimmt umgebracht.
Sie mussten im Besitz des Hausschlüssels sein, denn keine der
beiden Türen war aufgebrochen. Bestimmt waren sie nur
gekommen, um die Fotos an sich zu nehmen; alles wollten
sie von Karima verschwinden lassen, sogar die Erinnerung
daran, wie sie aussah.*

*Montalbano sagte der Alten, sie solle ein paar Sachen zu-
sammenpacken, er selbst werde sie nach Montelusa zu ihrer
Freundin bringen. Vorsichtshalber solle sie ein paar Tage dort-
bleiben. Aisha stimmte traurig zu.* (S. 113–114)

Als Montalbano sich aufmacht, um Zigaretten zu kaufen, bemerkt er, dass eine Gruppe Frauen zwei Dorfpolizisten belagert, weil, wie es scheint, ein paar Kinder, die in die nahe gelegene Schule gingen, von einem Gleichaltrigen angegriffen wurden, der nicht ihre Sprache sprach und ihnen das Pausenbrot wegnahm.

Nachdem er wieder zurückgekommen ist, begleitet er Aisha nach Montelusa, zum Haus ihrer Freundin im Viertel Rabàtu. Auch wir begeben uns auf diese Reise, um eines der historischen Viertel von Montelusa zu erkunden.

Vom Geburtshaus Luigi Pirandellos [B E8] kehren wir auf die Staatsstraße 115 zurück, in Richtung des Zentrums von Villaseta. In der Nähe der Abzweigung zum Rathaus biegen wir nach links ab in Richtung Agrigent.

Nachdem das Wohngebiet von Villaseta hinter uns liegt, fahren wir auf der Provinzialstraße in Richtung Stadtmitte von Montelusa, wobei wir in die Stadt direkt am alten arabischen Viertel hineinfahren. Das Rabàtu [C A1] ist ein Viertel im äußersten Westen der Altstadt von Agrigent. Es befindet sich leider in schlechtem Zustand, auch wenn die Gassen und Innenhöfe bis heute nichts an Faszination und Schönheit eingebüßt haben.

Überreste alter Höhlenbehausungen begrüßen uns, die noch auf byzantinische Zeit zurückgehen und wahrscheinlich Teil des Dorfes »Balatizzo« waren, des südlichen Teils des Rabàtu, der heute verschwunden und durch moderne Wohnungen ersetzt worden ist. Aber vor allem ist die Chiesetta dell'Addolorata [C A1], die kleine Kirche der Schmerzensmutter, die 1656 auf einem rauen Felsensporn errichtet wurde, der Mittelpunkt dieser Umgebung. Nachdem wir unser Fahrzeug geparkt haben, setzen wir unseren

Weg über die Treppe gegenüber der Kirche fort und gelangen schließlich zur Piazza di S. Croce [C A1] und zur gleichnamigen Kirche (16. Jh.), die in dem Roman DIE FORM DES WASSERS (siehe 1. Besucherweg) den Hintergrund für die Begegnung zwischen Montalbano und der Prostituierten von der Mànnara, Fatma ben Gallud, darstellte.

RABÀTU [C A1]

In den Zeiten, als die Muselmanen in Sizilien waren und Montelusa Kerkent hieß, hatten die Araber am Rand des Dorfes ein Viertel errichtet, in dem sie unter sich waren. Als die Muselmanen besiegt und geflohen waren, zogen Leute aus Montelusa in ihre Häuser, und das Viertel bekam den sizilianischen Namen Rabàtu. In der zweiten Hälfte dieses Jahrhunderts wurde es von einem gewaltigen Erdrutsch verschlungen. Die wenigen stehen gebliebenen Häuser waren beschädigt und schief und hielten sich in einem rätselhaften Gleichgewicht. Als die Araber wiederkamen, diesmal als arme Schlucker, wohnten sie wieder hier; statt Dachziegeln verwendeten sie Bleche, und anstelle von Mauern errichteten sie Trennwände aus Karton.

Dorthin brachte Montalbano Aisha mit ihrem ärmlichen Bündel. (S. 116)

Als er nach Hause kommt, findet er Livia vor, die gerade eben aus Boccadasse eingetroffen ist. Er erzählt ihr von den Ereignissen der letzten Tage. Und um sie zum Lachen zu bringen, spricht er über das Geheimnis des »Diebes der süßen Dinge«, das sich wenige Tage später dank Livia auflöst. Der Dieb der süßen Dinge war niemand anderer als François, der Sohn der Tunesierin, die spurlos verschwunden ist.

Mittlerweile hat Maresciallo Laganà seine Ermittlungen abgeschlossen, und Montalbano fährt zu ihm. Die Schlussfolgerungen, zu denen der Finanzpolizist gelangt ist, bestätigen Montalbanos Vermutungen. Die Aktivität im Import-Export-Geschäft war nur ein Deckmantel für wer weiß welche illegalen Machenschaften, die von dem geheimnisvollen Fahrid gelenkt wurden. In dem Handelsbüro gibt es in der Tat nicht eine einzige Spur für ein abgeschlossenes Geschäft in den letzten fünf Jahren. Dann war Fahrid aus nicht bekannten Gründen gezwungen, alles dichtzumachen, indem er zuerst den Eigentümer und dann Karima aus dem Weg schaffte. Nur so erklärt sich die Anwesenheit der Tunesierin in der Wohnung von Lapecora, die im geeigneten Augenblick Fahrid die Tür geöffnet hat und ihm so die Möglichkeit bot, den Alten zu beseitigen.

Während des Abendessens wird in der Nachrichtensendung auf *Retelibera* ein Foto von dem bedauernswerten Tunesier gezeigt, einem gewissen Ben Dhahab, der in Mazara auf dem *Santopadre* angeheuert hat, und so erkennt der kleine François in dem ermordeten Mann seinen Onkel, den Bruder seiner Mutter. Für den Jungen heißt der Mann aber nicht Ben Dhahab, sondern Ahmed Moussa. Der Fall des Tunesiers, der voreilig an die Leute in Mazara abgegeben wurde, beherrscht erneut die Diskussion, sodass Montalbano ein kurzes Gespräch mit dem stellvertretenden Polizeipräsidenten Valente führen will, der sich mit den Ermittlungen beschäftigt.

Montalbano ruft auch Nicolò Zito an, weil er mit größtmöglichem Nachdruck auf das Verschwinden von François' Mutter aufmerksam machen will. Von der Reise nach Mazara bringt Montalbano wichtige Informationen mit: Ben

Dhahab-Ahmed Moussa war in Wahrheit ein gefährlicher Terrorist, der auf dem *Santopadre* unter der Vorgabe, Journalist aus Tunis zu sein, angeheuert hatte, weil er einen Bericht über seine Landsleute in Italien schreiben wollte. Nachdem Montalbano sich von Valente verabschiedet hat, kehrt er nach Vigàta zurück, aber genau vor den Toren der Stadt, im ländlichen Ortsteil Cannatello, streikt sein Auto.

Wie üblich führt ihn der Zufall auf die richtige Spur. In der Tat sieht Montalbano von dort aus, wie der Bus nach Fiacca abfährt, und kurz darauf sieht er den Bus nach Vigàta in die Gegenrichtung fahren.

Nachdem wir unseren Besuch im Rabàtu beendet haben, kehren wir auf derselben Straße zurück, die wir auf dem Hinweg genommen haben, und sind wir erst einmal in Vigàta, begeben wir uns in den Ortsteil Cannatello (eigentlich Cannelle) [B E6], und stellen unser Fahrzeug auf Höhe der Brücke über den Fluss Salsetto ab. Hier befindet sich nach Camilleris Vorstellung das Haus von Anna Tropeano (siehe DIE STIMME DER VIOLINE – 4. Besucherweg). Jenseits der Brücke, eingerahmt von der Überführung der Staatsstraße 115, finden wir den Monte Crasto wieder (DER HUND AUS TERRACOTTA – 2. Besucherweg) und die lange, nie fertiggestellte Straße, die in den Berg hineinführt.

Montalbano beauftragt Fazio, den Fahrscheinverkäufer des Busses Vigàta-Fiacca aufzutreiben, weil er eine Bestätigung für die Überlegung braucht, die er weiterverfolgt.

ORTSTEIL CANNATELLO,
BRÜCKE ÜBER DEN FLUSS SALSETTO [B E6]

Er brauchte länger als eine Stunde nach Vigàta. Kurz vor der Stadt, fünf Minuten vom Büro, beschloss das Auto plötzlich zu streiken. Es tat keinen Muckser mehr. Montalbano stieg aus, öffnete die Motorhaube und warf einen Blick auf den Motor. Das war eine rein symbolische Geste, eine Art rituelle Geisterbeschwörung, denn er hatte keinen blassen Schimmer vom Innenleben eines Autos. (S. 171)

»*Signor Lopipàro, kennen Sie die Witwe Lapecora, die Signora, deren Mann umgebracht wurde?*«

»*Klar kenn ich die! Sie gehört zu meinen Stammkunden. Mindestens dreimal in der Woche fährt sie nach Fiacca und zurück. Sie besucht ihre kranke Schwester, und auf der Fahrt redet sie immer von ihr.*«

»*Jetzt bitte ich Sie, Ihr Gedächtnis anzustrengen.*«

»*Wenn Sie mir befehlen, mich anzustrengen, dann strenge ich mich an!*«

»*Haben Sie Signora Lapecora am Donnerstag letzter Woche gesehen?*«

»*Da muss ich mich gar nicht anstrengen. Natürlich habe ich sie gesehen. Ich habe sogar mit ihr gestritten!*«

»*Sie haben mit Signora Lapecora gestritten?*«

»*Allerdings! Signora Lapecora ist ziemlich geizig, wie jeder weiß. Also, Donnerstagfrüh nahm sie den Sechs-Uhr-dreißig-Bus nach Fiacca. Aber in Cannatello sagte sie zu meinem Kollegen Cannizzaro, dem Fahrer, sie müsste wieder zurück, weil sie etwas vergessen hätte, was sie ihrer Schwester mitbringen wollte. Cannizzaro ließ sie aussteigen, das hat er mir am selben Abend noch erzählt. Fünf Minuten später kam ich auf dem Weg nach Vigàta da vorbei, ich hielt in Cannatello, und die Signora stieg in meinen Bus ein.*«

»*Und warum haben Sie mit ihr gestritten?*«

»*Weil Sie mir die Fahrkarte für die Strecke Cannatello-*

*Vigàta nicht geben wollte. Sie fand, sie bräuchte nicht zwei-
mal zahlen, nur weil sie was vergessen hätte. Aber ich muss
so viele Fahrkarten haben, wie ich Fahrgäste dabei habe.
Signora Lapecora wollte, dass ich ein Auge zudrücke, aber das
geht doch nicht!«*

*»Natürlich nicht!«, sagte Montalbano. »Aber eine Frage
noch: Angenommen, die Signora braucht eine halbe Stunde,
um das, was sie angeblich zu Hause vergessen hat, zu holen.
Wie kommt sie dann am Vormittag noch nach Fiacca?«*

*»Sie nimmt den Bus, der von Montelusa nach Trapani
fahrt. Der ist um Punkt halb acht in Vigàta. Dann kommt sie
nur eine Stunde später an.«*   (S. 193–194)

Mehr braucht Montalbano nicht zu hören: An diesem
Punkt konzentrieren sich sämtliche Vermutungen über den
Mord an Lapecora auf Signora Antonietta Palmisano. Der
Commissario beauftragt daher Fazio, aus Lapecoras Wohnung eine kleine Mokkatasse aus einem Vitrinenregal zu
holen und von Jacomuzzi das Messer, das bei dem Mord
benutzt wurde.

Padre Jannuzzo erkennt die Tunesierin in den Nachrichten der *Retelibera*. Er war auf dem Fahrrad unterwegs
von Montelusa zurück nach Hause, als er sie in einem grau-
metallicfarbenen BMW gesehen hatte, von dem er sich die
Autonummer notieren konnte.

Während Montalbano erneut nach Mazara fährt, wo
Valente mit wichtigen Neuigkeiten auf ihn wartet, vertraut
er sich dem Polizeipräsidenten an und hofft, bald Zugang
zur Identität des Autobesitzers zu erhalten.

Während des Verhörs kommt heraus, dass Angelo Pres-
tìa, der Kapitän des Fischkutters *Santopadre*, gezwungen

wurde, Ben Dhahab an Bord zu nehmen und nicht den Fischer, den seine Kooperative ihm zugeteilt hatte, und zwar wegen des Drucks, der vom Kabinettschef der Präfektur von Trapani auf ihn ausgeübt worden war.

Und als wäre das noch nicht genug, gehört der BMW, dessen Autonummer Montalbano erhalten hatte, dem italienischen Geheimdienst, und es wird äußerst schwierig sein, Informationen über das Fahrzeug zu erhalten. Das Bild der Ereignisse wird immer deutlicher: Der Terrorist Ahmed Moussa, der eine Basis auf Sizilien unterhält, die von Fahrid unter dem Deckmantel von Lapecoras Aktivität geleitet wird, vertraut sich einem der italienischen Geheimdienste an, um eine wichtige Begegnung zu organisieren, die auf dem Meer zwischen Italien und Tunesien stattfinden wird. Leider weiß er nicht, dass die Geheimdienste bereits eine Vereinbarung mit Tunis getroffen haben, ihn beiseitezuschaffen, indem sie sich Fahrids bedienen. Auf diese Weise findet Moussa den Tod an Bord des Fischkutters *Santopadre*.

Nun hat Montalbano die Befürchtung, dass wer auch immer Moussa und möglicherweise auch Karima getötet hat, versuchen könnte, auch den kleinen François umzubringen. Von Mazara aus erteilt er seinen Leuten genaue Anweisungen. Galluzzo vergewissert sich, dass Aisha bei ihrer Freundin in Montelusa bleibt. Mimì Augello fällt die schwierigste Aufgabe zu: die Spuren des Jungen verschwinden zu lassen und ihn in sichere Hände zu geben. Wer Camilleris andere Romane gelesen hat, weiß bereits, dass der kleine Junge ein neues Zuhause und eine Familie in Calapiano findet (siehe 4. Besucherweg – DIE STIMME DER VIOLINE), bei Mimìs Schwester. Fazio dagegen hat die Aufgabe, das Gerücht in Umlauf zu setzen, der Junge sei entlaufen und man habe nichts mehr über ihn erfahren. Zu Tode betrübt zwingt Montalbano Livia, einen Flug zu buchen, der sie unverzüglich nach Boccadasse zurückbringt.

Als es schon Abend ist, kehrt Montalbano ins Büro zurück und ist fest entschlossen, den Fall Moussa bis zur äußersten Konsequenz voranzutreiben. Daher bittet er schriftlich um den Namen des Besitzers des BMW, den Fahrid gefahren hatte, in der Hoffnung, dass »der Zuständige« sich zu erkennen gibt.

In diese Gedanken ist er versunken, als ihn eine traurige Nachricht erreicht: Aus Villaseta wird er informiert, dass Aisha tot aufgefunden wurde. Montalbano hegt keinerlei Zweifel daran, dass die arme Aisha umgebracht worden ist, um eine gefährliche Zeugin aus dem Weg zu räumen.

Bevor er ins Büro zurückkehrt, macht Montalbano Zwischenstation in der Kanzlei des Notars Cosentino, um ihm das wertvolle Inhabersparbuch zu übergeben, das Karima gehört hat und fünfhundert Millionen Lire wert ist. Er will sichergehen, dass das Geld dem kleinen François zukommt, sobald dieser volljährig ist.

Wir befinden uns auf den letzten Seiten der Geschichte, und Antonietta Palmisanos Schicksal steht kurz vor seiner Erfüllung. Für Montalbano ist es ein Leichtes, die Frau in die Enge zu treiben, indem er ihr das Messer zeigt, mit dem ihr Mann umgebracht worden ist, sowie die kleine Mokkatasse, die Fazio in der Wohnung der Lapecoras sichergestellt hat, und ihr erklärt, dass beide Gegenstände ihre Fingerabdrücke aufweisen. Als sie sich überführt sieht, gesteht die Frau: Am Morgen des furchtbaren Mordes hatte sie, während sie sich zurechtmachte, bemerkt, dass Karima Moussa im Arbeitszimmer ihres Mannes versteckt war. Ohne sich etwas anmerken zu lassen, ging sie zunächst hinunter, um den Bus nach Fiacca zu nehmen, kehrte dann allerdings zurück, wie es auch vom Fahrscheinverkäufer Lopiparo bestätigt worden war, um ihren Mann umzubringen, der gerade das Haus verlassen wollte, möglicherweise, um Karima zu treffen, die inzwischen weggegangen war. Hinter der furchtbaren Tat verbarg sich kein Eifersuchtsanfall, sondern die beachtliche Geldsumme von zweihundert Millionen Lire, die Aurelio Lapecora für die Tunesierin vom Bankkonto abgehoben hatte.

Die schlimmen Nachrichten sind damit noch nicht zu Ende: Wie ein Dolchstoß trifft Montalbano der Brief von Arcangelo Prestifilippo, dem Geschäftspartner seines Vaters. Er schreibt darin über den Gesundheitszustand des Vaters, dem vielleicht noch ein Monat Leben vergönnt ist.

Montalbano muss hinausgehen und einen Spaziergang an der Ostmole machen.

Auch wir begeben uns zum Hafen von Vigàta. Von der Brücke über den Fluss Salsetto [B E6] kehren wir in die Stadt zurück, halten mit unserem Fahrzeug in der Nähe des Hafens und gehen von dort zu Fuß weiter. Nachdem wir den Zugang – gekennzeichnet durch den Turm Karls v. [D F5] – hinter uns gelassen haben, begeben wir uns zur Ostmole, bis zum Leuchtturm, einem kleinen Bauwerk, von wo aus man das gesamte Wohngebiet von Vigàta mit einem Blick erfassen kann. Und hier ist der Ort, an dem wir über den Ausgang der Geschichte nachdenken.

HAFEN, LEUCHTTURM UND FLACHKLIPPE [D M5]
Montalbanos Hände zitterten leicht, und er hatte Mühe, den Brief in den Umschlag zurückzuschieben und in die Tasche zu

stecken. Eine bleierne Müdigkeit hatte ihn befallen, sodass er sich mit geschlossenen Augen im Stuhl zurücklehnen musste. Das Atmen war auf einmal mühsam, als ob keine Luft mehr im Zimmer wäre. Schwerfällig stand er auf und ging zu Augello hinüber.

»Was ist denn?«, fragte Mimì, als er sein Gesicht sah.

»Nichts. Hör zu, ich hab zu tun, das heißt, ich brauche eine Zeit lang Ruhe und will allein sein.«

»Kann ich dir irgendwie helfen?«

»Ja. Kümmere dich um alles. Wir sehen uns morgen. Und keine Anrufe zu mir nach Hause!«

Er ging in seinen Laden, kaufte eine große Tüte càlia e simènza *und machte sich auf den Weg entlang der Mole. Tausend Gedanken gingen ihm durch den Kopf, aber er konnte keinen einzigen festhalten. Als er am Leuchtturm ankam, blieb er nicht stehen. Am Fuß des Leuchtturms befand sich ein großer Felsen, der mit glitschigem grünem Moos bewachsen war. Da kletterte er hinauf, wobei er bei jedem Schritt fast ins Wasser fiel, und setzte sich mit seiner Tüte in der Hand hin. Aber er machte sie nicht auf, er spürte eine Art Welle, die ihm von irgendwoher aus seinem Körper in die Brust stieg und dann weiter zur Kehle, wo sie einen Knoten bildete, der ihm die Luft nahm. Er hatte das dringende Bedürfnis zu weinen, aber er konnte nicht. Und dann drängten sich in dem Wirrwarr von Gedanken, die ihm durch den Kopf gingen, ein paar Worte mit Gewalt vor, bis sie einen Vers bildeten:*

»Padre che muori tutti i giorni un poco…

Vater, der du jeden Tag ein wenig stirbst…«

Was war das? Ein Gedicht? Aber von wem? Woher kannte er es? Leise wiederholte er den Vers:

»Padre che muori tutti i giorni un poco…«

*Und da kam aus seiner Kehle, die bis dahin wie zuge-
schnürt war, endlich der Schrei, aber es war weniger ein
Schrei als vielmehr der durchdringende Klagelaut eines ver-
letzten Tieres, und ihm folgten sofort die unaufhaltsamen
und befreienden Tränen.* (S. 251–252)

Als Montalbano nach Hause zurückkehrt, sieht er, dass ein
BMW in Graumetallic auf ihn wartet. Der Commissario
braucht keine Bestätigungen, das Nummernschild ist das
von Fahrids Wagen. Der Besitzer stellt sich vor: Er heißt
Lohengrin Pera, Oberst der Geheimdienste. Es ist der
Augenblick, in dem sich alle Vermutungen Montalbanos
bewahrheiten, bis hin zur Wiederaufnahme von Lapecoras Tätigkeit als Deckmantel für die Geschäfte von Ahmed
Moussa. Montalbano bringt den Oberst dazu, unverhüllt zu
sprechen, und zeigt ihm erst am Ende, dass alles Gesagte
von Zitos kleiner Videokamera aufgezeichnet wurde. Damit
will Montalbano erzwingen, dass Lohengrin Pera unverzüglich die Auffindung von Karima Moussas Leiche in die Wege
leitet und diese identifizieren lässt. Der Commissario sagt es
zwar nicht, aber dies ist die Bedingung dafür, dass François
die fünfhundert Millionen Lire auf Karimas Sparbuch erben
kann.

Die schwerwiegenden Ereignisse der letzten Tage drängen Montalbano zu einer wichtigen Entscheidung: Er wird
Livia heiraten, damit sie François adoptieren können. Allerdings sind die Dinge – wie all jene wissen, die die folgenden
Romane gelesen haben –, leider (oder zum Glück) anders
verlaufen.

Hier, am Hafen von Vigàta findet unser Besucherweg
sein Ende, während Montalbano, gedrängt durch einen wei-

teren Brief von Arcangelo Prestifilippo, beschließt, sich seiner größten Angst zu stellen, und sich zum Krankenhaus begibt, wo sein Vater die letzten Stunden seines Lebens zubringt. Wie wir wissen, wird er zu spät dort eintreffen.

4. Besucherweg

DIE STIMME DER VIOLINE

Dieser Besucherweg führt uns, während wir den mysteriösen Mord an Michela Licalzi entwirren, zur Entdeckung von Vigàta und lässt uns schließlich die Auflösung
des Geheimnisses um DIE STIMME DER VIOLINE erleben.

Unser Weg beginnt am Eingang zum Hafen von Vigàta
[D F6], dem symbolträchtigen Ort der Ereignisse um Commissario Montalbano. Wir warten auf das Auto, das Gallo
und Montalbano von Marinella [B E6] nach Floridia in der
Provinz von Syrakus bringen soll, zum Begräbnis der Gattin des stellvertretenden Polizeipräsidenten Tamburrano.
Der alles andere als heitere Anlass und der Anblick des auf-
gewühlten Meeres versetzen Commissario Montalbano
augenblicklich in schlechte Laune. Die vor ihnen liegende
Reise ist außerdem besonders weit, weil sie über die lange
Staatsstraße fahren müssen, die sich parallel zur Südküste
von Sizilien fast bis zum äußersten Osten hinzieht. Wir folgen also diesem Auto, das von Gallo gesteuert wird, fahren
die Via Empedocle in Richtung San Leone entlang und lassen den Turm Karls V. hinter uns.

HAUS DES COMMISSARIO MONTALBANO,
MARINELLA [B F8]

*Mit diesem Tag war überhaupt nichts anzufangen, das wuss-
te der Commissario sofort, als er die Fensterläden des Schlafzimmers öffnete. Es war dunkel, bis zum Morgengrauen dauerte es mindestens noch eine Stunde, doch war die Dunkelheit*

*nicht mehr ganz so undurchdringlich, immerhin war schon,
voller dicker Regenwolken, der Himmel zu erkennen und
jenseits des hellen Sandstrandes das Meer, das aussah wie ein
Pekinese. Seit ihn einmal ein winziges, mit Schleifchen ver-
ziertes Exemplar dieser Hunderasse nach einem wütenden,
als Bellen ausgegebenen geifernden Krächzen schmerzhaft
in die Wade gebissen hatte, nannte Montalbano das Meer so,
wenn es von kurzen, kalten Windstößen aufgewühlt wurde
und auf den unzähligen kleinen Wellen lächerliche Schaum-
büschel saßen. Und da er an diesem Vormittag etwas Un-
angenehmes zu tun hatte, wurde seine Laune noch schlechter.
Er musste nämlich auf eine Beerdigung.* (S. 5)

Gallo, der am »Indianapolis-Komplex« leidet, nutzt den
Schlaf des Commissario, um mit Höchstgeschwindigkeit
dahinzujagen, und nicht einmal eine Viertelstunde nach der
Abfahrt von Marinella kracht er gegen einen Twingo, der vor
einer kleinen Villa in der Contrada Tre Fontane geparkt ist.
Im Roman liegt die Villa nicht weit von Vigàta entfernt, die
Stadt ist von dort aus bereits zu sehen. Das ist das Ereignis,
das die gesamte Ermittlung auslöst. Die beiden hinterlassen
an dem beschädigten Auto eine Telefonnummer des Kommissariats und fahren weiter.

Und auch wir fahren über die Straße, die an der verlas-
senen Fabrik an der Mànnara [D D9] vorbeiführt. Von Vigàta
aus folgen wir den Hinweisschildern nach Fela (Gela)
[A C3] und San Leone und fahren über die Küstenstraße
Luigi Pirandello. Nach dem Tunnel erfreuen wir uns an
einem der berühmtesten und faszinierendsten Ausblicke
der Welt: dem Hügel mit den Tempeln. Wir sehen den
Tempel der Juno, der fast senkrecht über dem Abgrund er-

baut ist, und in der Ferne den Tempel der Concordia. Wenn wir die Staatsstraße 115 erreicht haben, biegen wir nach links ab und folgen den Hinweisen, die zum Tal der Tempel [B E10] führen. Die Strecke, die wir gerade zurückgelegt haben, umschreibt das Gebiet von Montelusa [B F8], der antiken Nekropole, deren ältester Teil auf das 6. Jahrhundert v. Chr. zurückgeht und deren Name jedem Leser von Camilleris Romanen bestens vertraut ist.

Während Montalbano Gallo nach Fela begleitet, können wir ihre Abwesenheit dazu nutzen, die Tempel zu besichtigen. Nach dem Besuch dieser einzigartigen archäologischen Stätte kehren wir nach Vigàta zurück und begeben uns zum Kommissariat [D C7] in der Via Lincoln. Um wieder nach Vigàta zu kommen, nehmen wir die Staatsstraße 115, doch dieses Mal folgen wir den Hinweisen nach Villaseta [B E8], fahren durch diesen Weiler und erreichen kurz darauf Vigàta [B E7]. Um zum alten Kommissariat zu gelangen, fahren wir über die Via Spinola [D C6] in die Stadt hinunter, bis wir zur Via Lincoln [D C7] kommen.

Eigentlich ist das Kommissariat vor einigen Jahren in die Oberstadt umgezogen, hinter den Hügel, der Vigàta beherrscht, doch im Zusammenhang mit unserer Geschichte müssen wir es uns immer noch hier denken.

Der Unfall und der darauf folgende Besuch im Krankenhaus von Fela sorgen dafür, dass Montalbano erst nach erfolgter Bestattung in Syrakus eintrifft, die ganze Reise also umsonst gemacht hat.

Auf dem Rückweg bemerken Gallo und Montalbano, dass der flaschengrüne Twingo immer noch dasteht und niemand den Zettel an sich genommen hat, den sie am gleichen Morgen dort hinterlassen hatten. Montalbanos sechster

Sinne setzt sich in Gang. Im Kommissariat gibt er Fazio den Auftrag herauszufinden, wer die Eigentümer der kleinen Villa sind, und von Catarella bekommt er die Bestätigung, dass niemand wegen der Schäden an dem flaschengrünen Twingo angerufen hat.

KOMMISSARIAT, VIA LINCOLN [D C7]

Der Commissario ließ Gallo gar nicht erst ins Büro, sondern schickte ihn sofort nach Hause, damit er sich ausruhen konnte. Sein Vice, Mimì Augello, war nicht da, er war zur Berichterstattung beim neuen Questore von Montelusa, Luca Bonetti-Alderighi, einem eifrigen jungen Mann aus Bergamo, der es innerhalb eines Monats geschafft hatte, sich überall hochgradig unbeliebt zu machen.

»Der Questore«, berichtete ihm Fazio, der Beamte, mit dem Montalbano am ehesten freundschaftlich verbunden war, »war schon ganz nervös, weil er Sie in Vigàta nicht erreicht hat. Deswegen musste Dottor Augello hin.«

»Er musste hin?«, gab der Commissario zurück. »Der hat bestimmt die Gelegenheit beim Schopf ergriffen, um sich in Szene zu setzen!«

Er erzählte Fazio von dem Unfall am Morgen und fragte ihn, ob er wisse, wem das Haus gehöre. Fazio wusste es nicht, versprach seinem Chef aber, am nächsten Morgen ins Rathaus zu gehen und sich zu erkundigen.

»Ach ja, Ihr Wagen ist in unserer Werkstatt.«

Bevor er heimfuhr, befragte der Commissario noch Catarella.

»Hör zu, und denk gut nach. Hat zufällig jemand wegen einem Auto angerufen, das wir angefahren haben?«

Kein Anruf.   (S. 14 – 15)

Er fährt nach Hause zurück, doch die merkwürdigen Ahnungen, die ihm im Hinblick auf die kleine Villa in der Contrada Tre Fontane gekommen sind, treiben ihn mitten in der Nacht dazu, noch einmal zum Unfallort zu fahren und in das unbewohnte Haus einzudringen. Die Überraschung, die auf Montalbano wartet, ist grauenvoll: die Leiche einer Frau, die erwürgt auf dem Bett des ehelichen Schlafzimmers liegt. Montalbano entschließt sich, die Ereignisse zu forcieren und dafür zu sorgen, dass die Leiche offiziell entdeckt wird.

Am nächsten Morgen informiert Fazio den Commissario im Büro, dass die kleine Villa einem gewissen Emanuele Licalzi gehört, einem Arzt aus Bologna, der mit einer jungen Frau verheiratet war, die in Vigàta aufgrund ihrer Schönheit ganz sicher nicht unbemerkt blieb. Vom Kommissariat begibt Montalbano sich zur Salita Granet [D D5], um Signora Clementina Vasile Cozzo den Auftrag zu erteilen, einen anonymen Anruf zu tätigen, der das Polizeipräsidium über die Ermordung der Frau informiert.

Wir, die wir in der Via Lincoln vor dem ehemaligen Sitz des Kommissariats [D C7] geblieben sind, folgen ihm, indem wir zu Fuß zur Via Roma [D D5] gehen. In der Nähe der Bar Albanese [D D5] biegen wir in die Salita Granet ein. Dort erfährt Montalbano etwas über Signora Clementinas neue Leidenschaft: die Konzerte, die Maestro Cataldo Barbera jeden Freitagmorgen für sie allein in der Wohnung über ihr gibt.

WOHNUNG VON CLEMENTINA VASILE COZZO [D D5]

In Vigàta wusste jedermann von der Existenz des Maestro Cataldo Barbera, aber nur die wenigsten hatten ihn je zu Gesicht bekommen. Als Sohn eines Eisenbahners hatte der zukünftige Maestro vor fünfundsechzig Jahren in Vigàta das Licht der Welt erblickt, die Stadt, als er noch keine zehn Jahre alt war, jedoch verlassen, weil sein Vater nach Catania versetzt wurde. Von seiner Karriere hatten die Vigatesi aus der Zeitung erfahren: Cataldo Barbera hatte Violine studiert und war innerhalb kurzer Zeit ein weltberühmter Konzertgeiger geworden. Doch auf dem Höhepunkt seines Ruhmes hatte er sich aus unerfindlichen Gründen nach Vigàta zurückgezogen und sich dort eine Wohnung gekauft, in der er als freiwilliger Gefangener lebte.

»Was spielt er denn?«, fragte Montalbano.

Signora Clementina reichte ihm ein kariertes Blatt Papier. Der Maestro pflegte der Signora am Tag vor dem Konzert das mit Bleistift geschriebene Programm zu schicken. Die Stücke jenes Tages waren die Danza spagnola von Sarasate und die Scherzo-Tarantella op.16 von Wieniawski. Als das Konzert zu Ende war, steckte Signora Vasile Cozzo das Telefon wieder ein, wählte eine Nummer, legte den Hörer auf die Ablage an ihrem Rollstuhl und applaudierte. Montalbano tat es ihr von ganzem Herzen nach: Er verstand nichts von Musik, aber eines wusste er sicher: dass Cataldo Barbera ein großer Künstler war.

»Signora«, fing der Commissario an, »mein Besuch bei Ihnen ist eigennützig, ich muss Sie um einen Gefallen bitten.«

Er fuhr fort und erzählte ihr alles, was ihm tags zuvor passiert war – der Unfall, das verwechselte Begräbnis, der heimliche nächtliche Besuch in der kleinen Villa, die Entdeckung der Leiche. Als er fertig war, zögerte der Commissario, er wusste nicht, wie er seine Bitte formulieren sollte.

Signora Clementina, die abwechselnd amüsiert und erschüttert war, ermutigte ihn:

»Nur zu, Commissario, raus mit der Sprache. Was wollen Sie von mir?«

»Ich möchte, dass Sie einen anonymen Anruf tätigen«, sagte Montalbano in einem Atemzug. (S. 24 – 25)

Sein Plan funktioniert: Dottor Lattes informiert ihn nämlich, dass gerade eine Frau angerufen und von dem Mord in der Contrada Tre Fontane erzählt habe. Nachdem auch der Richter Tommaseo informiert wurde, fährt Montalbano, der endlich ermächtigt wurde, die Tatumstände in Augenschein zu nehmen, mit Fazio, Gallo und Galluzzo zu der kleinen Villa. Vor Ort hat Montalbano eine besonders stürmische Auseinandersetzung mit Vanni Arquà von der Spurensicherung wegen eines Handtuchs, das Montalbano voller Mitleid über den Körper der armen Frau gebreitet hat. Nachdem auch der Besuch von Dottor Pasquano zu Ende ist, gilt unter tausend Zweifeln und Geheimnissen eines als gewiss: Nirgendwo im ganzen Haus sind die Kleider der Frau vorhanden.

Nachdem er sichergestellt hat, dass der Gatte von Michela Licalzi über die Umstände informiert wurde, begibt Montalbano sich mit Fazio zum Jolly Hotel in Montelusa, wo Signora Licalzi während ihrer Aufenthalte in Sizilien logierte. Montalbano nimmt von diesem Ort ein immer klareres Bild der Eigenschaften und Gewohnheiten der Verstorbenen mit, einer vermögenden Frau mit vielen Freundschaften, »sowohl zu Frauen wie auch zu Männern«, vollauf damit beschäftigt, die Arbeiten in der kleinen Villa in der Contrada Tre Fontane zu Ende zu bringen. Montalbano beschlagnahmt die im Hotel vorhandenen Papiere und entdeckt zu Hause, dass Signora Licalzi am Abend ihres Todes ein

Abendessen mit den Eheleuten Vassallo geplant, sich aber unerklärlicherweise entschlossen hatte, nicht zu der Verabredung zu gehen, sondern sich an den Ort ihres tragischen Todes zu begeben.

Am folgenden Tag kommt es zur Begegnung mit Anna Tropeano, einer engen Freundin von Michela Localzi, und diese bringt neue Einzelheiten über die Persönlichkeit der Ermordeten ans Licht. Reich und attraktiv, war Michela Licalzi, obwohl die Männer ihr zu Füßen lagen, immer nur »ihrer einzigen Untreue« treu, eben jenem Guido aus Bologna, der nach dem Abend des Verbrechens wieder und wieder vergebens versucht hatte, Signora Licalzi telefonisch zu erreichen.

Dank Anna erfährt Montalbano etwas über einen anderen »Anwärter« von Signora Licalzi, einen gewissen Maurizio Di Blasi, einen jungen Mann, der »etwas langsam von Begriff« war und sich, seit Michela sich das erste Mal mit der Familie Blasi, entfernten Verwandten ihres Gatten, in Verbindung gesetzt hatte, unsterblich in sie verliebte. Eigentümlicherweise weiß man auch von Maurizio Di Blasi seit der Nacht des Verbrechens nichts mehr. Ein Anruf Pasquanos informiert ihn darüber, dass Michela tatsächlich durch jemanden erstickt wurde, der es verstanden hat, nicht identifiziert werden zu können. Jemand, der fähig war, Michela Licalzi kaltblütig während des Liebesaktes zu erwürgen. Da nun hält Montalbano den Augenblick für gekommen, etwas über jenen Maurizio Di Blasi in Erfahrung zu bringen, der sich so unsterblich in Michela Licalzi verliebt hatte.

Auch wir können Montalbano zum Haus Di Blasi [D D5] begleiten. Von der Salita Granet gehen wir weiter nach links bis zur Via Laporta [D D5]. Diese enge Straße endet in der

Piazza Chiesa Vecchia [D E5], einem Platz, an dem sich die Überreste der Chiesa della Madonna del Buon Consiglio befinden. Die Häuser auf dem Weg dorthin, die Gassen und Innenhöfe erzählen uns noch heute etwas über die Vergangenheit des einstigen Fischerdorfs Vigàta (Porto Empedocle).

WOHNUNG DER EHELEUTE DI BLASI, VIA LAPORTA [D D5]

In der Via Laporta 8 stand an der Sprechanlage: »Ing. Aurelio Di Blasi«, weiter nichts. Er schellte, eine Frauenstimme antwortete.

»Chi è?«

Es war besser, sie nicht vorzuwarnen, die Bewohner dieses Hauses schwitzten bestimmt schon Blut und Wasser.

»Ist der Ingegnere da?«

»Nein. Aber er kommt bald. Chi è?«

»Ich bin ein Freund von Maurizio. Kann ich reinkommen?«

Einen Augenblick lang fühlte er sich wie ein omo di merda, *ein Scheißkerl, aber das war sein Job.*

»Oberste Etage«, sagte die Frauenstimme.

Eine Frau um die sechzig, ungekämmt und verstört, öffnete ihm die Tür des Fahrstuhls.

»Sie sind ein Freund von Maurizio?«, fragte die Frau mit banger Ungeduld.

»Ja und nein«, antwortete Montalbano und spürte, wie ihm die Scheiße bis zum Hals stand.

»Setzen Sie sich.«

Sie führte ihn in ein geschmackvoll eingerichtetes großes Wohnzimmer und wies auf einen Sessel, sie selbst setzte sich auf einen Stuhl und schaukelte, in stummer Verzweiflung, mit dem Oberkörper vor und zurück. Die Fensterläden waren geschlossen, spärliches Licht drang durch die Ritzen, und Montalbano kam sich vor wie bei einem Beileidsbesuch. Er dachte, dass auch der Tote da war, wenn auch unsichtbar, und dass er Maurizio hieß. (S. 80 – 81)

Der Besuch bei den Di Blasis bestätigt einige Vermutungen Montalbanos: Die Verlegenheit der Familie war enorm, als sie von der Liebe erfuhren, die Maurizio für Michela Licalzi empfand. Aber noch viel schwerer wog, dass man selbst einige Tage nach dem Verschwinden des Jungen in derselben Nacht, in der das Verbrechen geschah, immer noch nicht die geringste Spur von ihm hatte. Ein Anruf fügt diesem Puzzle ein wichtiges Mosaiksteinchen hinzu, das sich nach und nach deutlicher herausbildet: Ein gewisser Gillo Jacono schwört, dass er am Abend des Verbrechens in der Contrada Tre Fontane Signora Licalzi in Begleitung eines Mannes gesehen habe, den zu identifizieren er jedoch nicht in der Lage war.

Montalbano kehrt nach Marinella zurück, doch genau vor dem Haus von Anna Tropeano [B E6] hält er an, und ohne zweimal nachzudenken, klopft er an die Tür des Mädchens. Auch wir gelangen an diesem Punkt von der Via Laporta [D D5] zur Piazza Kennedy [D E4], einem Platz hinter der Hauptkirche, die 1904 erbaut und dem SS. Salvatore, dem Allerheiligsten Erlöser, geweiht wurde. Von dort fahren wir, nachdem wir auf die Hauptstraße zurückgekommen sind, mit unserem Auto in Richtung Lidi. Unser vorläufiges Ziel ist die Brücke über den Fluss Salsetto im Ortsteil Cannelle. Dort nämlich befindet sich das Haus von Anna Tropeano [B E6]. Auf der anderen Seite der Brücke finden wir, eingerahmt von der Überführung der Staatsstraße 115, den

Monte Crasto (DER HUND AUS TERRACOTTA – 2. Besucherweg) und die lange, nie fertiggestellte Straße, die in ihn hineinführt.

HAUS VON ANNA TROPEANO [B E6]

Zu Fuß machte Montalbano sich auf den Weg zur Trattoria San Calogero, wo es immer frischen Fisch gab. Plötzlich blieb er stehen und fluchte. Er hatte vergessen, dass die Trattoria seit sechs Tagen geschlossen war, weil die Küche modernisiert wurde. Er ging zurück, setzte sich in sein Auto und fuhr Richtung Marinella. Direkt hinter der Brücke sah er das Haus, von dem er jetzt wusste, dass es Anna Tropeano gehörte. Es war stärker als er, er fuhr an den Straßenrand, bremste und stieg aus.

Es war ein hübsches zweistöckiges Haus, sehr gepflegt, mitten in einem Gärtchen. Er trat ans Tor und drückte auf den Knopf der Sprechanlage.

»Chi è?«

»Commissario Montalbano. Störe ich?«

»Nein, kommen Sie herein.«

Das Tor ging auf, und gleichzeitig wurde die Haustür geöffnet. Anna hatte sich umgezogen, ihr Gesicht war wieder rosig.

»Wissen Sie was, Dottor Montalbano? Ich war sicher, dass ich Sie im Lauf des Tages wiedersehen würde.« (S. 85 – 86)

Montalbano lädt Anna nach Marinella ein, wo sie Gelegenheit haben, noch einmal über Maurizio Di Blasis krankhafte Leidenschaft für Signora Licalzi zu sprechen. Auf Montalbanos Vermutungen antwortet Anna überzeugt: Maurizio wäre niemals in der Lage gewesen, Michela umzubringen, nicht einmal, wenn er vom Wahnsinn getrieben worden wäre. Außerdem deuten doch die Ergebnisse der Spurensicherung darauf hin, dass Michela an jenem Abend einverstanden war, in ihrer Villa die Person zu empfangen, die ihr dann das Leben nahm. Von der Brücke über den Fluss Salsetto fahren wir also weiter in Richtung Lidi, zu den Badestränden. Auch wir kommen nach Marinella [B E6] und blicken auf das herrliche Meer, in dem Montalbano stets Entspannung und Erfrischung findet. Hier können wir versuchen, Montalbanos Haus unter den zahlreichen eingeschossigen kleinen Häusern zu finden, deren Veranden sich zum Meer hin öffnen.

MARINELLA [B E6]

»Ich war zur Villa gefahren, um Michela zu helfen. Abends duschte sie und kam dann nackt in den Salon herunter. Es war sehr heiß. Sie mochte es, durchs Haus zu gehen und nichts anzuhaben. Sie setzte sich in einen Sessel, und wir fingen an zu plaudern. Plötzlich hörte ich draußen eine Art Stöhnen. Ich wandte mich um, da sah ich Maurizio, der mit dem Gesicht am Fenster klebte. Bevor ich ein Wort sagen konnte, machte er ganz gekrümmt ein paar Schritte nach hinten. Da begriff ich, dass er masturbierte.«

Sie machte eine Pause, betrachtete das Meer und seufzte. »Armer Kerl«, sagte sie leise.

Einen Augenblick lang war Montalbano ganz ergriffen. Venus' großer Schoß. Diese einzigartige, ganz und gar weibliche Fähigkeit, zutiefst zu verstehen, sich in Gefühle hineinzuversetzen, gleichzeitig Mutter und Geliebte, Tochter und Ehefrau sein zu können. Er legte seine Hand auf Annas Hand, und sie zog sie nicht zurück. (S. 89 – 90)

Das lange Gespräch mit Anna überzeugt Montalbano davon, dass er nicht nach Maurizio Di Blasi suchen muss, um die Wahrheit herauszufinden, sondern vor allem nach dem Grund dafür, dass Michela Licalzi die Verabredung mit den Vasallos nicht einhielt und stattdessen ihrem tragischen Ende entgegenging.

Nach seiner Rückkehr ins Kommissariat hat Montalbano gerade so viel Zeit zu erfahren, dass sein Stellvertreter, Mimì Augello, durch einen Steinwurf am Zementwerk von Vigàta [D A9] verletzt wurde, bevor er Dottor Emanuele Licalzi, der direkt aus Bologna gekommen war, zur kleinen Villa in der Contrada Tre Fontane begleitet. Im Verlauf des Besuchs erfährt Montalbano etwas über die besonderen Umstände, die die Grundlage der »Vernunftehe« zwischen dem Dottore und Michela bildeten. Außerdem entdeckt der Commissario die vom Ehemann bewusst gleichgültig ertragene Beziehung zwischen Signora Michela und Guido Serravalle. Die kleine Villa in der Contrada Tre Fontane war, mit den Worten von Dottor Licalzi, der Zufluchtsort, den die arme Michela sich nach einem nicht gerade ruhigen Leben ausgesucht hatte. Abgesehen von den nicht vorhandenen Kleidern kündete in der Tat jeder Gegenstand im Haus von dem Willen Michelas, ihre ganze Welt nach Vigàta zu verfrachten. So auch die alte, in ihren Geigenkoffer eingeschlossene Violine, die Dottor Licalzi jetzt Montalbano zeigt.

Nachdem Montalbano wieder zurück im Kommissariat ist, wird er dringend ins Polizeipräsidium am Piazzale Aldo Moro [C B4] in Montelusa gerufen. Das ist das Ereignis, das auf äußerst dramatische Weise die Auflösung des Geheimnisses beschleunigen wird. Wir, die wir in Marinella [B E6] geblieben sind, können versuchen, Montalbano zum Polizeipräsidenten zu begleiten, und dafür kehren wir in Richtung Vigàta [B E7] zurück. Im Zentrum angekommen, fahren wir die Via Spinola [D C7] hinauf und, nachdem wir die Staatsstraße 115 bis zur Kreuzung von Villaseta [B E8] gefahren sind, biegen wir, ohne in die Ortschaft hineinzufahren, nach links in Richtung Agrigent ab. Wir befinden uns so auf dem Viadukt Morandi und am Ende hinter der Chiesa dell'Addolorata, der Kirche der Schmerzensmutter, an den Toren des Rabàtu [D A1], einem Viertel von Montelusa, das uns schon in anderen Ermittlungen begegnet ist (siehe 1. Besucherweg – DIE FORM DES WASSERS, 2. Besucherweg – DER HUND AUS TERRACOTTA, und den 3. Besucherweg – DER DIEB DER SÜSSEN DINGE). Wir fahren auf der Via Garibaldi [D A1] weiter und biegen in der Nähe der Via Pirandello [D B2] in die Via Empedocle [D B2] ein. So gelangen wir zum Hauptbahnhof von Agrigent (Piazza Marconi). Links vom Bahnhof befinden sich, auf dem Piazzale Aldo Moro [D B4], die Büros des Polizeipräsidiums.

POLIZEIPRÄSIDIUM VON MONTELUSA, PIAZZALE ALDO MORO [C B4]

»Ich will in aller Offenheit mit Ihnen reden, Montalbano. Ich schätze Sie nicht besonders.«

»Ich Sie auch nicht«, sagte der Commissario rundheraus.

»Gut. Dann ist die Situation zwischen uns ja klar. Ich habe Sie rufen lassen, um Ihnen zu sagen, dass ich Ihnen die Ermittlungen im Mordfall Licalzi entziehe. Ich habe sie Dottor Panzacchi übergeben, dem Chef der Mordkommission, dem diese Ermittlungen übrigens von Rechts wegen auch zustehen.«

Ernesto Panzacchi war ein Paladin von Bonetti-Alderighi; er hatte ihn nach Montelusa mitgebracht.

»Darf ich fragen, warum, obwohl mir die Angelegenheit völlig egal ist?«

»Sie haben unüberlegt gehandelt und damit die Arbeit von Dottor Arquà schwer behindert.«

»Hat er das in seinem Bericht geschrieben?«

»Nein, er hat es nicht im Bericht geschrieben, er wollte Ihnen großzügigerweise nicht schaden. Aber dann hat er es bereut, si è pentito, und mir alles gestanden.«

»Ah, diese pentiti!«, sagte der Commissario.

»Haben Sie was gegen pentiti?«

»Lassen wir das.«

Montalbano ging grußlos hinaus.

»Die Angelegenheit wird Konsequenzen haben!«, schrie Bonetti-Alderighi hinter ihm her.   (S. 108–109)

Im Polizeipräsidium wird Montalbano mit einer bitteren Überraschung konfrontiert. Nicht einmal die Zeugenaussage von Gillo Jacono, der sich von dem bewussten Abend des Verbrechens noch an eine weitere Einzelheit erinnert, ist in der Lage, seine Moral zu heben: Der Mann, der Michela Licalzi begleitet hatte, trug einen großen Koffer bei sich, doch der schien angesichts der Leichtigkeit, mit der er getragen wurde, leer zu sein.

Nur ein fabelhaftes Essen kann ihn an diesem Punkt die heftige Begegnung mit dem Polizeipräsidenten vergessen lassen. Und so macht Montalbano sich auf den Weg nach Ioppolo Giancaxio, einer etwa zwanzig Kilometer entfernten kleinen Ortschaft, um dort in eine Osteria zu gehen, »die er verdient hatte«.

Am folgenden Tag versucht Montalbano, die Ereignisse der vorigen Tage zu vergessen, und entschließt sich, Franca, die Schwester von Mimì Augello, und den kleinen François in Calapiano zu besuchen. Das wird für Salvo Montalbano die nächste von ungezählten Gelegenheiten für Krisen und Verwirrung.

Camilleris Beschreibungen nach zu urteilen, könnte das Gebiet von Calapiano, wo Francas und Aldos Familie beheimatet ist, mit dem Gebiet in der Nähe des Dorfes Santa Margherita zwischen Gagliano-Castelferrato und Troina in der Provinz von Enna identisch sein. Wir wollen den Reisenden nicht so weit vom Zentrum der Handlung forttreiben und bleiben deshalb in Montelusa – nicht zuletzt weil an diesem Punkt der Geschichte sich die Ereignisse auf dramatische Weise ohne Atempause überstürzen.

CALAPIANO [A B3]

»Ich mach dir noch einen Kaffee«, sagte Franca.

Montalbano war nervös, er hatte gesehen, wie Aldo, bevor er hinausging, mit seiner Frau einen flüchtigen Blick des Einverständnisses gewechselt hatte. Franca servierte dem Commissario den Kaffee und setzte sich vor ihn hin.

»Es ist eine ernste Sache«, schickte sie voraus.

In diesem Augenblick kam François herein, entschlossen, die Hände an der Hosennaht und zu Fäusten geballt. Er blieb vor Montalbano stehen, sah ihn streng und fest an und sagte mit zitternder Stimme:

»Du bringst mich nicht von meinen Brüdern weg.«

Er wandte sich um und stürzte hinaus. Das war ein schwerer Schlag für Montalbano, sein Mund war wie ausgetrocknet. Er sagte das Erste, was ihm durch den Kopf ging, und das war leider Schwachsinn:

»Wie gut er Italienisch gelernt hat!« (S. 120)

Von Calapiano zurückgekehrt hält der Commissario am Haus von Anna, wo er, verloren in Gedanken, die um François kreisen, entdeckt, dass Panzacchi den Ingegnere Di Blasi ins Polizeipräsidium gebracht hat. Daraus folgert Montalbano, dass mit Panzacchi, der Maurizio Di Blasi unmittelbar verdächtigt, nicht viel Zeit vergehen wird, bis etwas nicht Wiedergutzumachendes passiert. Die »Bombe« platzt dann auch bald. Kurz darauf wird Montalbano von Annas verzweifelter, schmerzerfüllter Stimme informiert, dass Maurizio in einem Feuergefecht mit Panzacchis Männern erschossen worden ist. Zweideutig und unlogisch sind die Einzelheiten der Tötung, mit dem Jungen, der »Bestraft mich doch! Bestraft mich doch!« rufend die Männer der Mordkommission mit einer Waffe bedroht, bevor er von einem Maschinengewehrfeuer fast in zwei Teile zerschossen wurde. Noch schwerwiegender ist Fazios Version: Einer seiner Freunde von der Mordkommission hat ihm enthüllt, dass die von Maurizio Di Blasi geschwungene Waffe nichts anderes war als sein rechter Schuh.

Montalbano bleibt nur eins, nämlich Nicolò Zito zu informieren und ihn aufzufordern, Panzacchi während der Pressekonferenz auf die Probe zu stellen, indem er ihn fragt, mit welcher Art von Waffe der Junge die Männer der Mordkommission bedroht habe. Panzacchis Antwort ist überraschend: Der Mordkommission zufolge hat Maurizio Di Blasi eine noch aus dem Krieg stammende Waffe in der Hand gehabt, eine Handgranate, die er zwischen Daumen und Zeigefinger gehalten habe. Montalbano, der die Wahrheit kennt, will als großer »Vortäuscher« Panzacchi in Schwierigkeiten bringen und geht daher zu Nicolò Zitos Studio. Montalbanos Plan ist raffiniert: Zito soll in den Nachrichten der

Retelibera erklären, es gebe jemand Anonymen (natürlich ist der nur eine Erfindung), der beim Tod Maurizios anwesend war und bereit sei zu beschwören, dass die Dinge anders gelaufen seien, als vom Chef der Mordkommission dargestellt.

Da wir nicht wissen, wo die Studios von *Retelibera* liegen, können wir uns an einen anderen, für das Werk Camilleris symbolträchtigen Ort begeben, nämlich zur Piazza S. Francesco [C B4] in Montelusa, um die Entwicklung der Ereignisse von dort aus besser verfolgen zu können. Hier, vor dem Gymnasium, ist, wie Camilleri selbst mehrfach erzählt hat, die Idee von Vigàta entstanden, als er zehn und mehr Kinder beobachtet hatte, die, wie er, aus anderen Ortschaften kamen und die Piazza mit Geschichten, Anekdoten, mit wahren und erfundenen Ereignissen, mit tragischen und grotesken Figuren erfüllten.

Das ist jetzt der richtige Schauplatz, um die verwickelte, groteske Geschichte der STIMME DER VIOLINE weiterzuverfolgen. Von der Piazza Aldo Moro [C B4] gehen wir durch die Porta di Ponte [C B4] (auch Porta Atenea, die im 19. Jahrhundert an der Stelle des aus dem Mittelalter stammenden Tores wiederaufgebaut wurde) und kommen in die Via Atenea [C B3], Hauptstraße der Stadt und Rückgrat der Altstadt. Links öffnet sich die Via S. Francesco [C B4], die in die Piazza gleichen Namens mündet, auf der die im 18. Jahrhundert wiedererbaute Chiesa di S. Francesco steht, deren Vorgängerin aus dem 13. Jahrhundert stammte.

PIAZZETTA S. FRANCESCO [C B4]

»Einverstanden. Heute Nachmittag hat dich nach der Pressekonferenz einer angerufen, der ganz nah bei der Stelle, wo sie Maurizio Di Blasi erschossen haben, auf der Jagd war. Er hat

gesagt, es sei nicht so gewesen, wie von Panzacchi dargestellt. Dann hat er wieder aufgelegt, ohne seinen Namen zu nennen. Er hatte eindeutig Angst. Du erwähnst diesen Vorfall nur flüchtig und erklärst souverän, dass du ihm nicht zu viel Bedeutung beimessen willst, weil es sich ja um einen anonymen Anruf handelt, und dass es dir deine journalistische Pflicht verbietet, anonyme Unterstellungen zu verbreiten.«

»Aber gesagt habe ich es bereits.«

»Entschuldige, Nicolò, aber ist das bei euch Journalisten nicht gang und gäbe – den Stein zu werfen und die Hand zu verstecken?« (...)

Nicolò klang kühl, Montalbanos Vorwurf hinsichtlich der Gepflogenheiten der Journalisten hatte anscheinend gesessen.

»Apropos journalistische Pflicht. Heute Nachmittag hat mich nach der Pressekonferenz ein Jäger angerufen, um mir zu sagen, es sei nicht so gewesen, wie man es dargestellt habe. Aber da er seinen Namen nicht nennen wollte, habe ich die Nachricht nicht gebracht.«

»Du verarschst mich.«

»Ich rufe die Sekretärin und spiele dir die Aufnahme des Gesprächs vor«, sagte der Journalist und erhob sich. »Entschuldige, Nicolò. Ist nicht nötig.«　　　　　(S. 140–142)

Zu seiner großen Überraschung erfährt Montalbano, dass es den Augenzeugen der Ereignisse wirklich gibt, auch wenn Nicolò Zito die Nachricht lieber nicht mitgeteilt hätte. Dieser Zeuge heißt Orazio Guttadauro und ist ein »umstrittener Strafverteidiger«. Ihm zufolge war Maurizio Di Blasi nicht nur mit seinem Schuh bewaffnet, sondern hatte die letzten Tage in der Grotte in der Nähe des Hauses seines

Vaters verbracht, ohne jemals hineingegangen zu sein. Ein Umstand, der den Vater des Jungen freisprechen würde.

Der Erzählung Guttadauros entnimmt Montalbano, dass »die Freunde« des Rechtsanwalts das Vorkommnis ausnutzen wollen, um im Polizeipräsidium einen Skandal wie eine Bombe hochgehen zu lassen: So würden auf einen Schlag der Chef der Mordkommission und Richter Tommaseo fliegen. Dabei hatte man sich unbedingt des Rachegelüstes von Montalbano bedienen wollen, dem die Ermittlung entzogen worden war. Weil der Commissario aber dieses Spiel nicht mitspielen will, fordert er Guttadauro einfach nur auf, Richter Tommaseo seine Informationen mitzuteilen, und betreibt die Ermittlung auf eigene Faust weiter. Er fragt Pasquano in der Tat, ob er an der Leiche eine Verdrehung am rechten Fuß oder etwas Ähnliches festgestellt habe, was es dem armen Maurizio unmöglich machte, einen Schuh zu tragen. Der Gerichtsmediziner bestätigt nicht nur die Hypothese des Commissario, sondern fügt ein wichtiges Detail hinzu: Pasquano wurde nicht gleich nach Maurizio Di Blasis Tötung gerufen, das heißt um sechs Uhr morgens, sondern erst vier Stunden später.

Auf dem Weg nach Hause denkt Montalbano daran, einen kurzen Aufenthalt an einem der symbolträchtigen Orte der Romane einzuschieben: bei der Sarazenenolive zwischen Montelusa und Vigàta. Dort hält er an, um über die Ereignisse des Tages nachzudenken.

Um die Sarazenenolive [B E9] zu finden, den Ort, an dem unser Commissario gerne nachdenkt, nehmen wir wieder unser Fahrzeug, das uns nach Montelusa gebracht hat, und fahren die Straße, die am Tal der Tempel [B D6] vorbeiführt, und weiter nach Villaseta [B E8] zurück. Zwischen dem

Tempelberg und Villaseta finden wir eine große Anzahl eindrucksvoll gewundener Olivenbäume. Insbesondere stoßen wir kurz nach der Überführung, während wir den Tempelberg hinter uns lassen, zu unserer Linken auf eine Gruppe von knorrigen Olivenbäumen, unter denen wir Exemplare von unverwechselbarer Schönheit antreffen. Und genau auf einen von ihnen klettert Montalbano, um dort seine verdrehten Gedanken zu entwirren.

SARAZENENOLIVE [B E9]

Von Montelusa nach Vigàta konnte man auch auf einem einsamen Sträßchen fahren, das der Commissario sehr mochte. Diesen Weg schlug er ein, und als er an eine kleine Brücke über einen Bach kam, der seit Jahrhunderten kein Bach mehr war, sondern eine Furche voller Steine und Kiesel, hielt er an, stieg aus und bahnte sich seinen Weg zu einer mit Macchia bewachsenen Stelle, aus deren Mitte ein gewaltiger olivo saraceno *aufragte, einer jener Olivenbäume, die schief und krumm wachsen und wie Schlangen auf dem Boden entlangkriechen, bevor sie sich gen Himmel erheben.*

Er setzte sich auf einen Ast, steckte sich eine Zigarette an und begann, über die Ereignisse des Vormittags nachzudenken. (S. 160 – 161)

Nachdem Montalbano zurück im Kommissariat ist, beauftragt er Augello herauszufinden, ob die vermeintlich aus dem Besitz der Familie Di Blasi stammende Handgranate vielleicht auch aus dem Waffendepot des Polizeipräsidiums stammen könnte. Natürlich ist die Ahnung des Commissario richtig: Mithilfe eines bereitwilligen Polizisten hat Panzacchi den Sprengkörper verwenden und nachträglich auf ihm die Fingerabdrücke des ermordeten Jungen anbringen können. Bleibt noch das Problem des Skandals, der über das Polizeipräsidium hereinzubrechen droht. Und noch einmal ist es das Glück, das Montalbano weiterhilft: Guttadauros Freunde vermochten Panzacchi auf seine Verantwortung festzunageln, indem sie das Ereignis der Ermordung Maurizios mit der Videokamera festgehalten haben. Rechtsanwalt Guttadauro macht das Spiel mit und lässt Montalbano eine Kassette mit der Aufnahme zukommen. Mit ihr kann Montalbano zu Panzacchi gehen, ihn mit der offensichtlichen Unwiderlegbarkeit der Fakten konfrontieren und ihn auffordern, endlich die Waffe zu entladen, die die Mafia auf den Chef der Mordkommission, auf Richter Tommaseo und auf den Polizeipräsidenten gerichtet hat. Kurz darauf gibt das Polizeipräsidium eine Erklärung heraus: Man habe Panzacchi seines Amtes enthoben und die Ermittlung wieder Commissario Montalbano übertragen, der sich jetzt frei bewegen und versuchen könne, der Sache auf den Grund zu gehen.

Neue Fakten entlasten den armen Maurizio. Am Abend des Verbrechens hat nämlich der Besitzer der Bar-Trattoria Il camionista (der Lastwagenfahrer) Signora Licalzi ein paar belegte Brötchen verkauft, und er ist bereit zu schwören, dass der Mann, der sie begleitet hatte, nicht Maurizio Di Blasi war.

Ein anderer Zeuge, ein Tankwart von der Tankstelle unmittelbar außerhalb von Montelusa bestätigt, dass Signora Licalzi am Abend des Verbrechens, nachdem sie den flaschengrünen Twingo hatte auftanken lassen, mit Höchstgeschwindigkeit in die andere Richtung von Montelusa abgebraust sei. Es ist klar, dass es sich um ein Verhalten jenseits aller Logik handelt, weil Signora Licalzi für denselben Abend in Vigàta eine Verabredung mit dem Ehepaar Vassallo hatte.

Die Sache wird immer undurchsichtiger, aber es ist ausgerechnet Michela Licalzi, die ein neues Licht auf die Ermittlungen wirft. Denn als Montalbano die Dokumente dieser Frau noch einmal durchliest, entdeckt er, dass gut hundertfünfzehn Millionen Lire in dem Scheckheft, in dem Michela die Summen verzeichnete, um die sie ihren Mann bitten wollte, den nicht geringen Unterschied zu den Summen ausmachen, die für den Bau der kleinen Villa in der Contrada Tre Fontane nötig sind. Für was oder für wen diente dieses zusätzliche Geld?

Ein Besuch bei Signora Clementina Vasile Cozzo wird Montalbano endlich auf die richtige Fährte bringen.

Auch wir kehren also nach Vigàta zurück und warten in der Umgebung der Salita Granet auf Montalbano. Vielleicht nutzen wir die Nähe der Bar Albanese [D E5] und stärken uns dort ein bisschen.

Montalbano ist bereits im Haus von Clementina Vasile Cozzo [D D5] verschwunden, wo ihn eine schöne Überraschung erwartet.

WOHNUNG VON CLEMENTINA VASILE COZZO [D D5]

Signora Clementina bat ihn ins Esszimmer, den Fernseher schaltete sie aus.

»Hier, sehen Sie. Das ist das Programm für das morgige Konzert, das Maestro Cataldo Barbera mir gerade hat bringen lassen.«

Montalbano nahm das aus einem karierten Heft heraus-

gerissene Blatt, das ihm die Signora reichte. Deshalb hatte sie ihn so dringend sehen wollen?

Da stand mit Bleistift geschrieben: »Freitag, neun Uhr dreißig. Konzert zum Gedenken an Michela Licalzi.«

Montalbano fuhr zusammen. Hatte Maestro Barbera das Opfer gekannt?

»Deshalb wollte ich, dass Sie herkommen«, sagte Signora Vasile Cozzo, die ihm die Frage von den Augen ablas. Der Commissario sah sich das Blatt noch mal an. »Programm: G. Tartini, Variationen über ein Thema von Corelli; J. S. Bach, Largo; G. B. Viotti, aus dem Konzert 24 in e-moll.«

Er gab der Signora das Blatt zurück.

»Wussten Sie denn, dass die beiden sich kannten?«

»Ich hatte keine Ahnung. Und es ist mir ein Rätsel, wie sie sich kennengelernt haben könnten, der Maestro verlässt ja nie das Haus. Als ich den Zettel las, war mir sofort klar, dass Sie das interessieren könnte.«

»Dann gehe ich jetzt hinauf und rede mit ihm.«

(S. 209 – 210)

Es gab also eine Verbindung zwischen Michela Licalzi und Maestro Barbera. Die Frau hatte nämlich einige Zeit zuvor dem Maestro die von der Familie ererbte Violine zur Begutachtung vorgelegt, um etwas über ihren möglichen Wert zu erfahren. Dem erfahrenen Blick des Maestro aber bot sich eine wertvolle Guarnieri von unschätzbarem Wert dar. Nachdem er Michela überzeugt hatte, das Instrument nicht unbewacht in der kleinen Villa in Tre Fontane zu lassen, hatte er das Objekt in seine Obhut genommen, um dessen Echtheit mit einem Experten seines Vertrauens festzustellen. In den Geigenkasten wurde anstelle der Guarnieri eine alte Violine des Maestro gelegt. Die Entdeckung ist zu wichtig, um noch weiter Zeit zu verlieren: Montalbano fährt mit Fazio zur Villa in der Contrada Tre Fontane, um die Violine an sich zu nehmen, die Dottor Licalzi ihm ein paar Tage zuvor gezeigt hatte. An der Villa lässt er Fazio auf einen Baum klettern, der vor dem Haus steht, und findet heraus, dass von dort aus jeder den Mord an Michela Licalzi unbeobachtet hätte verfolgen können.

Als er wieder in der Salita Granet angelangt ist, zeigt er Maestro Barbera wie zur Bestätigung einer inneren Stimme, eines unbewusst wahrgenommenen Details, den Inhalt des Geigenkastens. Der Schreck, der Maestro Barbera ins Gesicht gemalt ist, wird zum letzten Beweis: Die Violine ist nicht die, die Maestro Barbera Michela Licalzi anstelle der Guarnieri gegeben hatte, sondern ein gewöhnliches Stück aus einer Massenproduktion.

Wir sind auf den letzten Seiten der Geschichte, und die Beerdigung von Michela Licalzi kennzeichnet den Beginn des letzten Aktes, bei dem wir nicht fehlen dürfen. Von der Bar Albanese aus folgen wir der Hauptverkehrsstraße von Vigàta, der Via Roma [D E5], an der die repräsentativsten Gebäude von Porto Empedocle stehen. Zu unserer Rechten finden wir die Statue Luigi Pirandellos, des berühmten Dramatikers, der wenige Kilometer von Vigàta entfernt, in der Contrada Kaos [B E8], geboren wurde, und etwas weiter den Palazzo del Municipio, das Rathaus [D E5], dessen hervorstechendes Merkmal ein von acht schlichten Säulen ohne Kapitell getragener Portikus ist.

Unser Ziel ist die Chiesa Madre von Vigàta, die Hauptkirche [D E4], die dem Erlöser geweiht ist. Dort ist die Bestattungsfeier bereits im Gange.

Die Kirche wurde 1904 aus dem porösen roten Stein aus der Umgebung gebaut (es gibt noch einen Steinbruch oberhalb von Vigàta, der nach wie vor genutzt wird) und präsentiert einen an die Renaissance angelehnten Prospekt, in dem der Eingang durch einen gebrochenen, von zwei ionischen Säulen gestützten Sims gekennzeichnet ist und außerdem von zwei symmetrischen Wandpfeilerpaaren eingerahmt wird. Auf der rechten Seite erhebt sich der hohe Glockenturm. Über dem Portal verläuft eine zweite Reihe ionischer Wandpfeiler. Die Kirche ist einschiffig und besitzt eine Apsis. Im Inneren ist die Quergliederung des Raumes acht Nischenpaaren überlassen, die von Wandpfeilern im Kompositstil klar begrenzt werden und Bilder oder Holzstatuen enthalten. Gleich nach dem Eingang finden wir auf der rechten Seite die Statue des heiligen Calogero, des maurischen Schutzpatrons von Montelusa, Vigàta und von zahlreichen anderen Gemeinden in der Umgebung.

Vor der Kirche macht Montalbano die Bekanntschaft von Guido Serravalle.

CHIESA MADRE DI VIGÀTA, HAUPTKIRCHE [D E4]

Endlich erblickte Montalbano, mitten unter der sich auflösenden Menge, Anna Tropeano, die mit einem hochgewachsenen, geschniegelten Vierzigjährigen sprach. Das musste Guido Serravalle sein. Da sah er Giallombardo die Straße entlanggehen und rief ihn zu sich her.

»Wo gehst du hin?«

»Nach Haus zum Essen.«

»Tut mir leid für dich, aber du gehst nicht.«

»Madonna, ausgerechnet heute, wo meine Frau pasta' ncasciata *für mich gemacht hat!«*

»Die kannst du heute abend essen. Siehst du die beiden da, die dunkelhaarige Signora und den Signore, die miteinander reden?«

»Sissi.«

»Du darfst ihn nicht aus den Augen lassen. Ich fahre nachher ins Kommissariat, informier mich jede halbe Stunde. Was er macht, wohin er geht.«

»Na gut«, sagte Giallombardo schicksalsergeben. Montalbano ließ ihn stehen und trat zu den beiden. Anna hatte ihn nicht kommen sehen und strahlte über das ganze Gesicht, anscheinend war sie von Serravalles Gegenwart genervt.

»Salvo, wie geht's?«

Sie stellte die beiden einander vor.

»Commissario Salvo Montalbano, Dottor Guido Serravalle.«

Montalbano spielte seine Rolle wunderbar.

»Aber wir haben doch schon miteinander telefoniert!«

»Ja, ich hatte mich Ihnen zur Verfügung gestellt.«

»Natürlich, ich erinnere mich. Sind Sie wegen der armen Signora gekommen?«

»Ich musste einfach.«

»Ich verstehe. Reisen Sie heute noch ab?«

»Ja, ich verlasse mein Hotel gegen siebzehn Uhr. Mein Flug geht um zwanzig Uhr ab Punta Ràisi.«

»Gut, gut«, sagte Montalbano. Er schien sich zu freuen, dass alle glücklich und zufrieden waren, weil man unter anderem mit pünktlich startenden Flugzeugen rechnen konnte.

(S. 222 – 224)

Montalbano verifiziert einige Eindrücke und Hypothesen, die er hinsichtlich des Falles aufgestellt hatte: Er ruft das

Polizeipräsidium von Bologna an und fragt Filiberto Guggino, einen vertrauenswürdigen Polizisten, ob in den Archiven der Opfer von Wucherern auch ein gewisser Guido Serravalle auftaucht; als er die Autovermietung anruft, die in Punta Ràisi Autos vermietet, erhält Montalbano die Bestätigung, dass Serravalle tatsächlich ein Auto von ihr gemietet hat, um nach Vigàta zur Beerdigung zu kommen, während es keinen Hinweis darauf gibt, dass er am Abend des Verbrechens ein Auto von ihr gemietet hatte.

Gugginos Antwort lässt nicht lange auf sich warten, und Montalbano begibt sich unverzüglich zum Albergo della Valle, um den Exgeliebten von Michela Licalzi zu verhören. Mit dem Geigenkasten, der die billige Geige enthält, dort angekommen wird Montalbano von der Telefonistin informiert, dass am Vormittag ein gewisser Eolo aus Bologna versucht hat, sich mit Guido Serravalle in Verbindung zu setzen. Genau jener Eolo, der mit Nachnamen Portinari heißt und am Abend des Verbrechens ein Auto in Punta Ràisi gemietet hat. Während wir es Camilleri überlassen, uns die Rekonstruktion der Ereignisse zu erzählen, die Guido Serravalle mit seiner Verantwortung als Geliebter, Wucheropfer und Mörder konfrontiert, können wir einen wohltuenden Spaziergang zum Hafen, zum Leuchtturm und zur Flachklippe machen [D M 5].

HAFEN, LEUCHTTURM UND
FLACHKLIPPE [D M 5]

»Wo war ich stehen geblieben?«

»Bei der Frau, die sehr an ihrem Geliebten hing.«

»Ach ja. Leider hat unser Held ein schlimmes Laster. Er ist Glücksspieler, er setzt hohe Summen. In den letzten drei

Monaten wurde er dreimal in illegalen Spielhöllen erwischt. Stellen Sie sich vor, eines Tages landet er sogar im Krankenhaus, nachdem er brutal zusammengeschlagen worden ist. Er behauptet, das Opfer eines Raubüberfalls gewesen zu sein, doch die Polizei vermutet – ich wiederhole: vermutet –, dass es sich um eine Warnung wegen nicht gezahlter Spielschulden handelt. Wie auch immer, für unseren Helden, der weiterspielt und weiterverliert, wird die Lage immer prekärer. Er vertraut sich seiner Geliebten an, und diese versucht für ihn zu tun, was in ihrer Macht steht. Sie hatte die Idee gehabt, sich hier eine kleine Villa bauen zu lassen, weil ihr die Gegend gut gefiel. (...)

Eines Tages lernt Michela in Vigàta einen berühmten Solisten kennen, einen Geiger, der hier zurückgezogen lebt. Die beiden sind sich sympathisch, und die Signora erzählt dem Maestro, sie besitze eine alte Geige, ein Erbstück ihres Urgroßvaters. Zum Spaß – wie ich glaube – zeigt Michela sie dem Maestro, und diesem ist auf den ersten Blick klar, dass er ein Instrument von ungeheurem Wert, und zwar in musikalischer wie finanzieller Hinsicht, vor sich hat. Irgendwas über zwei Milliarden. Als Michela nach Bologna zurückkehrt, erzählt sie die ganze Geschichte ihrem Geliebten. Wenn die Dinge tatsächlich so liegen, wie der Maestro sagt, dann ist die Geige sehr gut verkäuflich, Michelas Mann hat sie vielleicht ein- oder zweimal gesehen, und alle verkennen ihren wirklichen Wert. Man müsste sie also nur austauschen, irgendeine miese Geige in den Kasten legen, und Guido wäre für alle Zeiten aus dem Schneider.« (...)

»Doch es gibt keinen Zweifel, dass sich die Angelegenheit, wenn sie Michela überlassen bliebe, in die Länge ziehen würde. Nicht nur das, die Frau würde sie zwar heimlich, aber legal *verkaufen wollen, und die zwei Milliarden würden – nach Abzug verschiedener Kosten und Prozente und wegen unseres Staates, der sich wie ein Wegelagerer darauf stürzen und sein Teil verlangen würde – am Ende auf weniger als eine Milliarde zusammenschrumpfen. Doch es gibt einen Ausweg. Unser Held denkt Tag und Nacht darüber nach und spricht dann mit einem Freund. Der Freund, den wir Eolo nennen könnten …«*

»Ja, nennen wir ihn Eolo. Eolo ist sich mit unserem Helden einig, dass es nur einen Weg gibt: die Signora umzubringen, die Geige zu nehmen und durch eine minderwertige zu ersetzen. Serravalle überredet ihn, ihm dabei zu helfen. Außerdem ist ihre Freundschaft heimlich, vielleicht verbindet sie das Glücksspiel, Michela hat ihn nie gesehen. Am vereinbarten Tag nehmen beide in Bologna die letzte Maschine, die in Rom einen Anschluss nach Palermo hat.«   (S. 231 – 234)

An der Reaktion von Guido Serravalle erkennt Montalbano, dass seine Rekonstruktion nahezu perfekt mit der Wirklichkeit übereinstimmt. Das Einzige, was Serravalle nicht wusste, betrifft die Violine, die er eilig wegschaffte, nachdem er Michela Licalzi ermordet hatte. Wie uns bekannt ist, war dieses Instrument nicht die berühmte Guarnieri, sondern ein Instrument von geringem Wert. Schlagartig wird Serravalle die Schwere und die Sinnlosigkeit seiner jüngsten Handlungen klar, und vor einem völlig verblüfften Commissario nimmt er sich das Leben.

Am Leuchtturm angekommen und am Ende unseres Besucherweges, können wir das Panorama genießen, das sich uns darbietet und mit einem einzigen Blick die Stadt Vigàta und die Welt unseres Commissario Montalbano erfassen.

5. Besucherweg

DAS SPIEL DES PATRIARCHEN

Wir begleiten Commissario Montalbano bei der Aufklärung dreier mysteriöser Morde und entdecken dabei Vigàta und Umgebung. Auf dieser Reise lernen wir das Haus des Commissario kennen und die Orte, an denen er gerne nachdenkt, die Flachklippe zu Füßen des Leuchtturms und die Sarazenenolive. Wir werden aus der Ferne ein geheimnisvolles Treffen mit einem Mafioso beobachten, Camilleris Landhaus besuchen und in der Trattoria da Enzo essen.

Wir brechen von Vigàta [B E7] (Porto Empedocle) auf und folgen der Via Empedocle nach Marinella [B F8]. Auf der linken Seite können wir am Eingang zum Hafen den Turm Karls V. [D F4] sehen. Während unserer Fahrt liegt das Meer zu unserer Linken, zu unserer Rechten sehen wir hingegen die typischen weißen porösen Felsen dieser Gegend. Marinella ist der Ort, wo Commissario Montalbano wohnt. Der große Strand ist gesäumt von vielen kleinen Häusern, und aus einem von ihnen tritt unser Commissario, eben erst aufgewacht, hinaus, um schwimmen zu gehen.

HAUS DES COMMISSARIO MONTALBANO, MARINELLA [B F8]

Und was sollte er jetzt tun, nachdem er diese glorreiche Idee gehabt hatte? Sich wieder ins Bett legen und an den neuen Direktor des Interbanco denken, der, als er noch der Genosse Hammer war, öffentlich auf ein Tablett voller Zehntausend-

Lire-Scheine gekackt hatte? Oder die Badehose anziehen und im eiskalten Wasser ausgiebig schwimmen? Er entschied sich für die zweite Lösung, das Bad würde ihm vielleicht helfen, sich zu beruhigen. Er ging ins Wasser und war halb gelähmt. (S. 11)

Sofern das Wetter es zulässt, können auch wir die Gelegenheit nutzen, um es dem Commissario gleichzutun, und uns ein erfrischendes Bad im Meer gönnen. Unsere kriminalistische Reise basiert auf dem SPIEL DES PATRIARCHEN und beginnt genau an diesem herrlichen Strand. Montalbano wird nämlich mit der Nachricht über die Ermordung Nenè Sanfilippos unterhalb seiner Wohnung in Vigàta in der Via Cavour 44 [D C4] geweckt.

WOHNHAUS IN DER VIA CAVOUR 44 [D C4]

»Nonsi, Dottore. Ein Mann ist umgebracht worden. Pumm!«

»Was heißt das, pumm?«

»Dass er erschossen wurde.«

»Nein. Eine Pistole macht peng, eine Lupara macht wamm, eine Maschinenpistole macht ratatatatà, ein Messer macht fffft.«

»Peng war's, Dottore. Ein einziger Schuss. Ins Gesicht.«

»Wo bist du?«

»Am Tatort. Sagt man das so? Via Cavour 44. Wissen Sie, wo das ist?« (S. 12)

Die Via Cavour liegt auf dem Piano Lanterna, der Vigàta überragt. Das ist eine Gegend mit schachbrettartig angeordneten, hohen neuen Wohnhäusern. Der Anblick von Ermordeten verursacht uns mit Sicherheit ein mulmiges

Gefühl, daher ist es wohl ratsam, an der Flachklippe [D M5] am Ende der Ostmole, gleich unterhalb des Leuchtturms, auf Montalbano zu warten, einem Ort, an den er sich gern zum Nachdenken zurückzieht. Von Marinella aus nehmen wir die Küstenstraße nach Vigàta (mit dem Meer zu unserer Rechten) und kommen, kurz nachdem wir in die Stadt eingefahren sind, zum Hafen [D F6]. Den Turm Karls V. mit seiner wunderschönen Relief-Verzierung aus weißem Marmor lassen wir rechts hinter uns.

Für diesen Ortswechsel ist es empfehlenswert, ein Fahrrad oder Auto zu benutzen, auch wenn die Entfernungen nicht allzu groß sind. Wenn wir das Hafengebiet betreten haben, wenden wir uns gleich nach links und folgen dem Weg, der uns zur Flachklippe führt, wo wir uns wie Montalbano im Schatten des Leuchtturms hinsetzen und nachdenken und vom Meer aus den Blick auf Vigàta genießen können.

HAFEN [D F6]

Doch er beschloss, zum Hafen zu fahren. Er ließ sein Auto am Kai stehen und ging langsam, einen Fuß vor den anderen setzend, auf der östlichen Mole Richtung Leuchtturm. (…) Er mochte den Geruch des Hafens von Vigàta.

»Was redest du da? Alle Häfen stinken gleich«, hatte Livia eines Tages entgegnet.

Das stimmte nicht, jeder Ort am Meer hatte einen anderen Geruch. Der von Vigàta war eine perfekte Mischung aus nassem Tauwerk, in der Sonne getrockneten Netzen, Jod, verfaultem Fisch, lebenden und toten Algen, Teer. Und ganz im Hintergrund ein Hauch von Dieselöl. Unverwechselbar. (S. 16)

LEUCHTTURM UND FLACHKLIPPE [D M5]

Bevor er den flachen Felsen unterhalb des Leuchtturms erreichte, bückte er sich und hob eine Handvoll Kiesel auf.

Er kam zu dem Felsen und setzte sich. Er blickte aufs Wasser, und es war ihm, als sähe er verschwommen das Gesicht von Karl Martell. Mit aller Kraft schmiss er mit den Kieseln nach ihm. Das Bild zerriss, zitterte und verschwand. Montalbano steckte sich eine Zigarette an. (S. 16 – 17)

Nach kurzem Nachdenken an der Flachklippe geht Salvo Montalbano ins Kommissariat, wo er Signor Davide Griffo trifft, der das Verschwinden seiner Eltern anzeigt. Diese wohnen ebenfalls in der Via Cavour 44. Natürlich führt diese Vermisstmeldung unseren Commissario wieder in den Oberteil der Stadt. Während Montalbano über das Verschwinden der Eheleute Griffo und den Tod von Nenè Sanfilippo ermittelt, begeben wir uns in die neue Oberstadt von Vigàta. Nachdem wir den Hafen verlassen haben, fahren wir zur Piazza V. Veneto [D F4] und beginnen mit dem Aufstieg über die pittoresken Treppen, die sich auf der Rückseite der Piazza befinden. Zwischen zerstörten Häusern und vom Wind abgenutzten Mauern, zwischen denen man auf das wunderschöne Meer von Vigàta hinausblicken kann, gelangen wir zur Via Belvedere [D E3], am südlichen Rand des neuen Viertels von Vigàta, von wo aus der Blick von der Mànnara [D E8] bis nach Marinella [B F8] wandern kann. Unser Commissario beendet die Vernehmungen im Wohnblock der Eheleute Griffo ohne jedes Ergebnis. Es gelingt ihm jedoch zumindest, sich von den Eheleuten Guarnotta zum Mittagessen einladen zu lassen, die ihm ein vorzügliches Ragout anbieten.

Auch wir sind inzwischen hungrig und sollten uns daher einen Ort suchen, wo wir etwas zu essen bekommen; angesichts der Tatsache, dass es etwas schwierig sein dürfte, eine Einladung von Signora Guarnotta zu erhalten, müssen wir nach einem Restaurant Ausschau halten. Wir schlagen vor, dass wir im Oberteil der Stadt bleiben und uns, nach vorheriger Reservierung, in der Trattoria da Enzo [D C5] laben, die erst in jüngster Zeit Montalbanos Gunst erlangt hat, weil seine geliebte Trattoria San Calogero leider für immer geschlossen wurde.

Salvo Montalbano fährt fort, die Fäden seiner Ermittlungen zu verknüpfen, indem er seinen Freund Nicolò Zito in Montelusa [B D10] aufsucht und ihn bittet, die Vermisstmeldung der Eheleute Griffo in den Fernsehnachrichten des Senders *Retelibera* bekannt zu geben.

Nach diesem Ausflug nach Montelusa fährt Montalbano nach Hause nach Marinella, wo er von seinem Stellvertreter Mimì Augello aufgesucht wird, der ihm mitteilt, er habe sich entschlossen zu heiraten. Nach dem Gespräch mit Mimì schläft Montalbano ein, doch seine Ruhe währt nur kurz, denn er wird um sechs Uhr morgens von einem besorgten Anruf Fazios geweckt, der ihn über Catarellas Verschwinden informiert. Fluchend rast der Commissario unverzüglich in die Via Cavour 44, um den unermüdlichen Agatino mitzunehmen, der immer noch mit dem Computer des verstorbenen Nenè Sanfilippo zugange ist. Catarella zeigt eine besondere Geschicklichkeit im Umgang mit Computern, dennoch scheint er nichts Interessantes gefunden zu haben, außer den »Briefen von Pilo«, eine Art Roman, an dem der Arme schrieb, und Disketten, auf denen pornografisches Material gespeichert war. Nach seiner Rückkehr ins Kommissariat sammelt Montalbano die Früchte des Fernsehaufrufs vom Abend zuvor ein. Er kontaktiert die Personen, die bei *Retelibera* angerufen haben, und erfährt so, dass die Eheleute Griffo einen Ausflug nach Tyndaris (Tindari) [A A4] gemacht haben.

TYNDARIS [A A4]

Sie machen die Fahrt nicht, um, was weiß ich, die Schwarze Madonna von Tindari zu besuchen, sondern um einen Tag in Gesellschaft zu verbringen. (S. 64)

Als er seine Telefonate beendet hat, kommt Mimì Augello herein, der Montalbano von seiner Absicht erzählt, sich nach Pavia versetzen zu lassen, um seiner künftigen Frau so nahe wie möglich zu sein. Diese Nachricht trübt die Laune des Commissario. Die Ermittlungen laufen parallel, bis Montalbano von Rechtsanwalt Orazio Guttadauro kontaktiert wird, der ihm vorschlägt, den alten Mafiaboss Don Balduccio Sinagra zu treffen. Bevor er zu dem Treffen mit Don Balduccio fährt, begibt sich Montalbano zur Trattoria San Calogero. Dort spricht er – zwischen einem Risotto mit Sepiatinte und einem gegrillten Seebarsch –, mit der außergewöhnlich schönen Beatrice Dileo, die als Vertreterin für Hausrat auf der Kaffeefahrten-Buslinie nach Tyndaris arbeitet, über das Verschwinden der Eheleute Griffo. Am Ende des Mittagessens erscheint Mimì Augello in der Tür, und der Commissario arrangiert es so, dass er seinen Stellvertreter mit der schönen Beatrice zurücklässt, in dem Wunsch, dass sich die beiden jungen Leute schnell ineinander verlieben und Augello damit seinen Wunsch nach Versetzung aufgibt. Nach dem Essen wird Montalbano von Arturo, dem

knauserigen Eigentümer des Café Caviglione [D E5], eingeladen, einen Espresso in seinem Lokal zu trinken.

CAFÉ CAVIGLIONE [D E5]

*Vor dem Café Caviglione lehnte Arturo, der Wirt, am Tür-
pfosten und sonnte sich. Er war gekleidet wie ein Bettler,
Jackett und Hose abgetragen und fleckig, trotz der vier, fünf
Milliarden, die er mit Wucherzinsen gemacht hatte. Ein Geiz-
hals, der aus einer Familie legendärer Geizhälse stammte.
Einmal hatte er dem Commissario ein gelbes Schild voller
Fliegendreck gezeigt, das sein Großvater zu Beginn des Jahr-
hunderts im Lokal aufgehängt hatte:* Chi s'aseta al tavolino
devi pi forza consummare macari un bicchieri d'aqua. Un
bicchieri d'aqua consta centesimi due. *Wer sich an einen
Tisch setzt, muss auch ein Glas Wasser trinken. Ein Glas
Wasser kostet zwei Centesimi.*   (S. 99)

Auch wir können uns nach dem Essen in der Trattoria da
Enzo in den unteren Teil der Stadt begeben, wo wir – auch
wenn wir das Café Caviglione nicht mehr vorfinden, weil
es durch eine Spielhalle ersetzt wurde – in eine der zahlreichen Bars gehen können, um einen Espresso zu trinken,
und hinterher einen Spaziergang zwischen den wichtigsten
Gebäuden in Vigàta machen.

Camilleri selbst erzählt in dem Interviewbuch LA LINEA
DELLA PALMA eine Anekdote, die das Café Caviglione betrifft. In Wirklichkeit hieß es Castiglione und war in Vigàta
berühmt. Am 21. September 1986 war die Hauptverkehrsstraße in Vigàta Schauplatz eines Mafia-Hinterhalts. Camilleri war dort. An diesem Tag hatte er darauf verzichtet, wie
gewöhnlich seinen Whisky in der Bar Kennedy zu trinken

und war zur Bar Albanese gegangen, weil er im Café Castiglione nichts Hochprozentiges bekommen konnte. Der Eigentümer hatte sich geweigert, ihm dergleichen auszuschenken, weil er auf Camilleris Gesundheit bedacht war. Ausgerechnet in der Bar Albanese bricht die Hölle los. Sechs Personen sterben zwischen zerspringenden Flaschen und feuernden Maschinengewehren. Camilleri wird wenige Augenblicke vor diesem Blutbad von einem Bekannten zu einem Whisky an dessen Tisch eingeladen, und er wird kurz darauf entdecken, dass ausgerechnet sein Bekannter das Ziel dieses Anschlags war.

Die Hauptverkehrsstraße von Vigàta, die Via Roma [D E5], ist in Wirklichkeit eine geradlinige Piazza, gesäumt von den repräsentativsten Gebäuden Porto Empedocles. Die Via Roma beginnt an der Piazza V. Veneto [D F4], einer Erweiterung vor dem eigentlichen Corso. An ihrem Rand befindet sich eine Art Stadttor. Wenn wir den Corso betreten haben, sehen wir zu unserer Linken die Chiesa Madre von Vigàta, die Hauptkirche [D E4], die dem Erlöser geweiht ist. Die Kirche wurde 1904 aus dem porösen roten Stein der Gegend erbaut (es gibt einen Steinbruch genau oberhalb von Vigàta, der immer noch genutzt wird) und präsentiert einen Prospekt mit Renaissance-Formen. Der Eingang ist durch einen durchbrochenen Sims gekennzeichnet, der von zwei ionischen Säulen getragen und zudem von zwei Paaren symmetrischer Wandpfeiler eingefasst wird. Auf der rechten Seite erhebt sich der hohe Glockenturm. Über dem Portal befindet sich eine zweite Reihe von Wandpfeilern, ebenfalls im ionischen Stil. Der Grundriss der Kirche ist einschiffig mit Apsis. Im Inneren wird die Quergliederung des Raumes durch acht mittels Wandpfeilern im Kompositstil eingefasste Nischenpaare erreicht, die Bilder oder Holzstatuen enthalten. Gleich nach dem Eingang befindet sich rechts die Statue des heiligen Calogero, des maurischen Schutzpatrons von Montelusa, Vigàta und von zahlreichen anderen Gemeinden in der Umgebung. Wenn wir den Corso weiter entlangstreifen, treffen wir auf den Palazzo del Municipio, das Rathaus [D E5], das durch einen von acht schlichten Säulen ohne Kapitell getragenen Portikus und von dem Stil der Renaissance nachgebildeten Einfassungen mit unterschiedlicher Linienführung charakterisiert wird, die die Öffnungen der beiden oberen Stockwerke kennzeichnen. Noch etwas weiter stößt man auf die Bronzestatue Luigi Pirandellos, des berühmten Dramatikers, der nur wenige Kilometer von Vigàta entfernt, in der Contrada Kaos [B E8] geboren wurde.

Nachdem Montalbano einen Espresso im Café Caviglione getrunken hat, begibt er sich nach Montelusa. Auf halbem Weg hält er bei der knorrigen Sarazenenolive an.

SARAZENENOLIVE [B E9]

Er sah aus wie ein künstlicher Baum, ein Theaterbaum, der Fantasie eines Gustave Dore entsprungen, eine passende Illustration zu Dantes Hölle. *Die untersten Äste streiften, sich krümmend, den Boden, Äste, die es trotz aller Mühe nicht schafften, sich zum Himmel zu erheben, und die es sich, wenn sie ein Stück weitergekommen waren, anders überlegten und beschlossen, Richtung Baumstamm zurückzukehren und dabei eine Kurve wie einen Ellbogen oder sogar Knoten bildeten. Doch kurz darauf besannen sie sich wieder anders und machten kehrt, als wären sie erschrocken vor dem mächtigen, aber mit den Jahren durchlöcherten, ausgedörrten, zerfurchten*

144

Stamm. Und wenn sie kehrtmachten, folgten die Äste einer anderen Richtung als zuvor. In allem ähnelten sie Vipern, Pythons, Boas, Anakondas, die mit einem Mal eine Metamorphose zu Olivenästen vollzogen hatten. (…)

Er hatte entdeckt, dass das sich verwickelnde, verwirrende, sich windende, überlagernde Geäst, eben dieses Labyrinth, auf geheimnisvolle Weise fast spiegelbildlich wiedergab, was in seinem Kopf vorging, das Geflecht der Mutmaßungen, das Sichkreuzen der Überlegungen. Und wenn ihm irgendeine Vermutung im ersten Moment vielleicht zu voreilig, zu gewagt erschien, ließ ihn der Anblick eines Astes, der noch abenteuerlichere Wege zog als seine Gedanken, wieder zuversichtlich werden und weiterdenken. (S. 101–103)

Wenn wir die Sarazenenolive finden wollen, den Ort, an dem Commissario Montalbano gerne nachdenkt, fahren wir mit dem Auto von Vigàta in Richtung Montelusa, wobei wir die Straße nehmen, die hinter Villaseta [B E8] zum Tal der Tempel führt [B D6]. Auf der gesamten Straße finden wir eine große Zahl von Olivenbäumen mit ihren typisch gewundenen Formen. Insbesondere werden wir auf halbem Weg, wenn wir die Überführung hinter uns haben und in der Ferne den Hügel im Tal der Tempel erkennen können, auf eine Gruppe von knorrigen Olivenbäumen stoßen, unter denen wir Exemplare von unverwechselbarer Schönheit ausfindig machen können. Montalbano klettert genau auf einen von diesen Bäumen, um seine verworrenen Gedanken zu entwirren. Nachdem unser Commissario über die Ermittlungen nachgedacht hat, begibt er sich zum Haus des betagten Mafiabosses Don Balduccio Sinagra auf dem Monte Ciuccàfa [B E6].

DER CIUCCÀFA-HÜGEL [B E6]

Der Ciuccàfa-Hügel fiel durch zwei Besonderheiten auf. Die erste bestand darin, dass er sich völlig kahl und ohne den kleinsten grünen Grashalm präsentierte. Noch nie hatte es auf diesem Boden ein Baum geschafft zu wachsen, und nicht mal einem Stängel Mohrenhirse, einem Kapernstrauch, einem Bocksdorngestrüpp war es gelungen, hier Wurzeln zu schlagen. Es gab zwar eine Baumgruppe um das Haus herum, aber diese Bäume waren schon groß gewesen, als Don Balduccio sie hatte pflanzen lassen, um sich ein wenig Kühlung zu verschaffen. Und um zu verhindern, dass sie vertrockneten und abstarben, hatte er ganze Lastwagenladungen mit Spezialerde kommen lassen. Die zweite Besonderheit war, dass, abgesehen vom Haus der Sinagras, keine weiteren Häuser, ob Hütten oder Villen, zu sehen waren, von welcher Seite aus man die Abhänge des Hügels auch betrachtete. (S. 114)

Dieser befindet sich in geringer Entfernung zum Monte Crasto [B E6] und bildet mit ihm zusammen das Flusstal des Salsetto. Der Monte Ciuccàfa [B D6] ist dadurch gekennzeichnet, dass er, wie von Camilleri beschrieben, fast völlig ohne Vegetation ist. Nach unserem Besuch bei der Sarazenenolive [B E9] können wir auf der Staatsstraße 115 zum Tal der Tempel weiterfahren, um diese außergewöhnliche Anlage zu besichtigen, einen der touristischen Anziehungspunkte dieser Gegend.

Nach unserem Abstecher ins Tal der Tempel begeben wir uns wieder auf die Staatsstraße 115 in Richtung Vigàta, und bei der Ankunft in der Stadt biegen wir in Höhe des Friedhofs nach rechts in die Via dello Sport ab. Auf dieser Straße fahren wir weiter, bis wir zu einem dreigeschossigen, von einer hohen Mauer umgebenen Haus kommen, zur Casa Fragapane [B D7] (die Villa von Dottor Mistretta in DIE PASSION DES STILLEN RÄCHERS). Von diesem Haus aus können wir in Richtung Meer blicken und den Monte Crasto erkennen (2. Besucherweg – DER HUND AUS TERRACOTTA) und, ein bisschen weiter im Hinterland, den Monte Ciuccàfa [B D6]. Aus Gründen der Sicherheit – die Mafiabosse haben wenig übrig für Tourismus – verfolgen wir die Szene aus einiger Entfernung. Montalbano ist die Hauptfigur einer kryptischen Unterhaltung mit Don Balduccio. Der Commissario interpretiert die Worte des Mafioso richtig, wenn auch mit einiger Schwierigkeit. Der betagte Mafiaboss möchte das Leben seines Enkels Japichinu retten, indem er ihn von Montalbano verhaften lässt. Am Tag nach der Unterhaltung mit Don Balduccio wird Montalbano zu Bonetti-Alderighi nach Montelusa einbestellt. Der Polizeipräsident schäumt vor Wut, seine Wesensart, die mehr auf die Befolgung der Regeln als auf das Verständnis der Fakten gibt, bringt ihn dazu, den Commissario von Vigàta nebst Mitarbeitern für eine »Bande von *camorristi*« zu halten. Salvo Montalbano entzieht sich der peinlichen Beschuldigung, den Mafiaboss getroffen zu haben, indem er dem Polizeipräsidenten von Don Baluccios imaginärer Absicht erzählt, Reue zu bekunden. Nach der Unterhaltung mit seinem Vorgesetzten erreicht unseren Commissario die Nachricht, dass die Eheleute Griffo in Comisini [A B2] in der Contrada Fava aufgefunden worden sind. Indessen befinden sich die Ermittlungen über die Ermordung Nenè Sanfilippos dank des Beitrags von Mimì Augello an einem Wendepunkt. Mimì deckt die Identität einer der Geliebten von Nenè auf. Zudem steht die Verhaftung des Enkels von Don Balduccio unmittelbar bevor. Montalbano begibt sich zum Postamt [D F4] am Anfang der Via Roma, um das Vermögen der Eheleute Griffo zu kontrollieren, weil er durch das Verschwinden ihres Sparbuchs argwöhnisch geworden ist.

POSTAMT [D F4]

Das Postamt war nur ein paar Schritte vom Kommissariat entfernt. Ein schauerlicher Bau, in den Vierzigerjahren begonnen, als die faschistische Architektur ihr Unwesen trieb, und dann in der Nachkriegszeit vollendet, als sich der Stil gewandelt hatte. Das Büro des Signor Direttore lag im zweiten Stock, am Ende eines Flures ohne jeden Menschen, ohne jeden Gegenstand, von erschreckender Einsamkeit und Verlassenheit. (S. 207)

Auf der Post entdeckt Montalbano, dass die Griffos außer ihren Renten an jedem Ersten eines Monats auch zwei Millionen Lire überwiesen bekommen haben. Montalbano kehrt ins Kommissariat zurück, wo er Davide Griffo über die Sondereinkünfte seiner Eltern vernimmt. Nach der Vernehmung begibt er sich nach Montelusa, um sich nach der Vergrößerung eines Fotos von dem Auto zu erkundigen, das dem Autobus während des Ausflugs der Eheleute nach Tyndaris gefolgt war. Auf dem Rückweg hält der Commissario noch einmal an der Sarazenenolive an [B E9], wo der Baum pirandellianische Gedanken in ihm heraufbeschwört. Am Ende seiner Gedanken fährt Montalbano zu der Stelle, die ihm Padre Crucillà, der Geistliche der Sinagras, bezeichnet hat, um Japichinu zu verhaften. Der Enkel von Don Balduccio wird leider schon tot vorgefunden. Auf der Stelle wird Montalbano die Falle klar, die Don Balduccio ihm bereitet

148

hatte. Die Ermordung des jungen Japichinu war von dem alten Mafiaboss beabsichtigt gewesen: Er wollte Commissario Montalbano die Leiche des Enkels finden lassen, um sich ein Alibi zu verschaffen. Das Geheimnis der Eheleute Griffo und der Tod von Nenè Sanfilippo laufen in einer einzigen Lösung zusammen. Die Vergrößerung des Fotos mit dem Auto, das dem Bus auf den Ausflug nach Tyndaris folgte, weist den armen Nenè als Fahrer aus. Der Faden der Ermittlung, der inzwischen ein einziger geworden ist, führt unseren Commissario, auf der Suche nach dem Haus der verstorbenen Schwester von Signora Griffo, nach Trapani in die Via Libertà 12.

TRAPANI, VIA LIBERTÀ 12 [A A1]

Montalbano brauchte zwei Stunden, bis er in Trapani in der Via Libertà ankam. Die Nummer zwölf war ein dreistöckiges Haus inmitten eines gepflegten kleinen Gartens. (S. 244)

Montalbano findet in dem Haus eine rüstige alte Frau vor, die ihm die Aufteilung des Erbes erklärt. Vor allem erfährt Montalbano etwas über einen Stall und ein Stück Land, die Signora Griffo in Vigàta, im Ortsteil »Il Moro« bei Monteserrato [B D7] hinterlassen worden waren. Der Commissario fährt so schnell ins Gebiet von Vigàta zurück, dass er nicht einmal in der Trattoria dal Borbone isst, die vielversprechend schien, weil sie von Lastwagenfahrern aufgesucht wird. Auch wir können, nachdem wir Camilleris Haus auf dem Land angeschaut haben, den Monteserrato erblicken, wenn wir die Längsseite der Casa Fragapane entlanggehen und etwas hinaufsteigen. Aus dieser Position können wir den Monte Crasto sehen, den Hauptdarsteller in DER HUND

AUS TERRACOTTA, den Monte Ciuccàfa und auf der entgegengesetzten Seite den Monteserrato. Diesen Orten kommt im Werk Camilleris eine besondere Bedeutung zu, weil sie Schauplätze der Jugenderfahrungen des Schriftstellers waren, wie etwa die im Vergleich zu den in den Romanen beschriebenen Orten zentrale Stellung der Casa Fragapane vermuten lässt, die den Großeltern des Schriftstellers mütterlicherseits gehörte.

MONTESERRATO (MONSERRATO) [B D7]

Monteserrato hieß eine ziemlich hohe Hügelkette, die Montelusa von Vigàta trennte. Sie begann fast am Meer und erstreckte sich fünf oder sechs Kilometer weit ins Landesinnere. Auf dem letzten Hügelkamm erhob sich ein großes altes Gehöft. Es war ein einsamer Ort. Und das war er geblieben, obwohl er in den Zeiten, als massenhaft Straßen gebaut wurden, auf der verzweifelten Suche nach einem Ort, der eine Straße, eine Brücke, eine Überführung, einen Tunnel rechtfertigen könnte, mit einem Asphaltstreifen an die Landstraße Vigàta-Montelusa angebunden worden war. (S. 252)

Nachdem er das Eigentum von Signora Griffo untersucht hat, kehrt Montalbano nach Marinella zurück, wo er der schönen Ingrid begegnet, um sie nach ihrer Freundin Vanja zu fragen, der Geliebten von Nenè. Die Schwedin versorgt die Verletzungen, die Salvo Montalbano bei seinen ungeschickten Versuchen, den Stall der Griffos aufzustoßen, davongetragen hat, und während sie das tut, erzählt sie ihrem Freund, dass Vanja Hals über Kopf nach Rumänien abgereist sei, in ihr Heimatland. Der Commissario hat längst ein klares Bild davon, wie die Ereignisse sich abgespielt haben.

Vanjas Mann, ein bekannter Arzt und Bildersammler, wird Opfer der Erpressungen der Mafia wegen der Schulden, die er gemacht hat, um seiner Leidenschaft für Bilder zu frönen. Auf diese Weise kommt der Chirurg dazu, Leute der Mafia und Begüterte zu operieren, und benutzt dabei Organe, die illegal aus anderen Ländern kommen, dank der logistischen Hilfe von Nenè Sanfilippo. Irgendwann muss jemand die Beziehung zwischen Vanja und Nenè entdeckt haben, und dies ist nach Montalbanos Ansicht das Motiv für die Morde. Tatsächlich würde die Beziehung zwischen den beiden jungen Leuten zu einer Verbindung zwischen Dottor Ingrò, Vanjas Mann, Nenè Sanfilippo und den Eheleuten Griffo geführt haben. Besser, reinen Tisch zu machen und für den Augenblick das kostbarste Stück der Organisation am Leben zu lassen, nämlich Dottor Ingrò. Montalbano findet seinen Gedanken in Nenès Manuskript bestätigt, in dem zwischen den Seiten von ICH ROBOTER von Isaac Asimow die haarsträubende Wahrheit versteckt wird. Die Ermittlung wird mit einem für Montalbano typischen Theatercoup beendet, als er Ingrò besuchen geht. Der Commissario tut so, als wäre er ein Killer der Mafia und terrorisiert den Dottore so sehr, bis er ihn schließlich überzeugen kann, ein Geständnis abzulegen und sich augenblicklich zu stellen. Unsere Reise kann nur durch eine Rückkehr nach Marinella [B E6] ihren Abschluss finden, dem Ausgangspunkt der ganzen Geschichte, wo wir noch einmal die Gelegenheit haben, im Meer zu schwimmen und über das gerade abgeschlossene Abenteuer unseres Commissario nachzudenken. Wir entlassen ihn gern, damit er seine geliebte Livia am Flughafen in Palermo abholen kann. Er träumt davon, sie vielleicht zum Wallfahrtsort der Schwarzen Madonna nach Tyndaris zu bringen. Um von der Casa Fragapane, wo wir uns befinden, nach Marinella zurückzukommen, fahren wir erneut zum Friedhof hinunter, und in dessen Höhe biegen wir rechts auf die Staatsstraße 115 ein. Die Straße führt hinunter zu den Badestränden und eröffnet ein schönes Panorama aus weißem Mergel, aus Meer und aus begonnenen, aber nie fertiggestellten Straßen.

Gleich hinter der Brücke über den Fluss Salsetto können wir eine Verschnaufpause einlegen und jetzt, wo das Gebiet sicher ist, einen Blick aus der Nähe auf den Monte Ciuccàfa werfen und uns das Haus von Don Balduccio Sinagra [B E6] vorstellen.

Bald darauf befinden wir uns wieder auf der Küstenstraße. Um nach Marinella zu kommen, müssen wir nur nach links in Richtung Vigàta abbiegen, und dann werden wir nach wenigen hundert Metern den Ort erreichen, an dem Salvo Montalbanos Haus steht.

6. Besucherweg

DER KAVALIER
DER SPÄTEN STUNDE

Im Verlauf dieses Besucherweges, der auf der Ermittlung basiert, wie sie in DER KAVALIER DER SPÄTEN STUNDE erzählt wird, begeben wir uns gemeinsam mit Montalbano auf die Suche nach zwanzig Milliarden Lire, die zusammen mit dem Buchhalter Emanuele Gargano verschwunden sind.

Andrea Camilleri ließ sich für diese Figur von einem Artikel des Journalisten Francesco La Licata mit dem Titel MULTINATIONALE MAFIA inspirieren, der den Fall Giovanni Sucato zum Thema hat, den »Magier« der Finanzen, der, nachdem er Hunderte und Aberhunderte von Personen betrogen hatte, bei der Explosion seines eigenen Autos getötet wurde.

Zusammen mit dem Commissario besuchen wir in dieser Geschichte von Betrug und Liebe das Haus Montalbanos in Marinella, die Stadt Vigàta von der Via Roma bis zur Flachklippe, wir werden die Sarazenenolive in der Nähe des Tals der Tempel und das Landhaus der Familie von Andrea Camilleri sehen. Darüber hinaus werden wir der Trattoria da Enzo und der Bar Albanese einen Besuch abstatten und unseren Weg in Marinella beschließen, wo wir ein Finale mit Sonnenuntergang erleben.

Diese Reise beginnt am Strand von Marinella [B E6], wo Montalbano seinem Pullover hinterherläuft, den Livia ihm geschenkt und der Tramontanawind fortgerissen hat.

153

Wieder zu Hause angekommen erhält er einen Anruf von Catarella, der ihm von einem Aufruhr in Vigàta vor dem Büro »König Midas« des Buchhalters Gargano erzählt.

Während der Commissario sich auf den Weg nach Vigàta macht, können wir für einen Spaziergang oder für ein sommerliches Bad am Strand zurückbleiben.

Der Lido Marinella [B E6] ist einer der Strandbadeorte in der Nähe von Vigàta, in einer weitläufigen Bucht gelegen, der im Westen in den Lido Azzurro übergeht und sich bis Punta Grande ausdehnt, während er im Osten vom Hafen von Vigàta begrenzt wird, am Fuß eines Hügels aus weißem Mergel, auf dem sich hohe Wohnblocks erheben, die dort in den letzten fünfzig Jahren gebaut wurden. Im Norden trennt die Küstenstraße den Strand von Kalksteinhügeln, die eine fortlaufende Wand bilden.

Der breite Strand beherbergt an seinem weiter hinten gelegenen Teil einen Streifen mit vorwiegend eingeschossigen Häusern mit Portikus, unter denen wir uns das Haus des Commissario Montalbano vorstellen können. Das ist der Ort des morgendlichen Bades im Meer und der langen einsamen Spaziergänge Montalbanos.

Hinter den Häusern findet man noch die Überreste der Eisenbahnstrecke, die parallel zur Küstenstraße verlief und einmal die Stadt und ihren Wirtschaftsverkehr, der an heute aufgegebene Industrien geknüpft war, mit dem Rest der Insel verband.

HAUS DES COMMISSARIO MONTALBANO, MARINELLA [B F8]

Er ging auf die Veranda und legte den Pullover auf den Tisch, damit sich der Gestank an der frischen Luft etwas verflüch-

*tigen konnte. Nachdem er sich gewaschen, rasiert und ange-
kleidet hatte, wollte Montalbano den Pullover von der Veranda holen, um ihn anzuziehen, aber er war nicht mehr da.
Ausgerechnet der nagelneue Pullover, den Livia ihm aus
London mitgebracht hatte! Wie sollte er ihr jetzt nur erklären,
dass irgendein Scheißtyp, der vorbeigekommen war, der Ver-
suchung nicht hatte widerstehen können und einfach hinge-
langt hatte? Er stellte sich wortwörtlich vor, wie das Gespräch
zwischen ihm und seiner Freundin ablaufen würde. (...)*

*In diesem Augenblick sah er den Pullover. Vom Nordwind
fortgerissen wirbelte er über den Sand, er wirbelte weiter und
weiter und kam immer näher an die Stelle heran, wo der Sand
bei jeder größeren Welle überflutet wird.*

*Montalbano sprang über das Geländer und rannte los,
sodass ihm der Sand in Socken und Schuhe drang; er kam
gerade noch rechtzeitig, packte den Pullover und entriss ihn
einer wütenden Welle, die es anscheinend auf dieses Klei-
dungsstück besonders abgesehen hatte.*

*Halb blind vom Sand, den ihm der Wind in die Augen
blies, ging er zurück und musste sich damit abfinden, dass
aus dem Pullover eine unförmige, nasse Wollmasse geworden
war. Kaum war er im Haus, klingelte das Telefon.* (S. 7–8)

Camilleri bezeichnet nicht genau die Stelle in Vigàta, wo sich
das Büro »König Midas« befindet. Während der Commissario mit dem alten Landvermesser Salvatore Garzullo zugange ist, der sich, vom verstorbenen Buchhalter Gargano
betrogen, auf die Angestellte Mariastella Cosentino ein-
schießt, in der Absicht, sein investiertes Geld zurückzu-
bekommen, begeben wir uns zur Via Roma, Hauptverkehrsstraße und Herz von Vigàta, die von Marinella aus in zehn

Minuten auf dem Motorrad oder im Auto erreicht werden kann oder in fünfundzwanzig Minuten mit dem Fahrrad.

Von Marinella aus fahren wir auf der Küstenstraße, der Staatsstraße 115, in östliche Richtung und gelangen zum Eingang der Stadt in der Contrada Cannelle. Gleich nachdem wir über die Brücke des Flusses Salsetto gefahren sind, finden wir linker Hand, vor dem alten Bahnhof, die Chiesa della Santissima Trinità, die Kirche der Allerheiligsten Dreifaltigkeit [B E6], die eine von zwei Lisenen eingerahmte Fassade zeigt. Diese stützen ein Hauptgesims mit Gebälk, darüber ein Tympanon mit einem kleinen Glockenturm.

Wenn wir weiter nach Osten fahren, finden wir auf der rechten Seite das kleine Gebäude der Gemeindebibliothek [D F2] und auf der linken die Hafenkommandantur, hinter der sich der kleine Golf des alten Hafens öffnet, der eingeschlossen ist vom Westdamm und der Crispi-Mole, der von der Mole des Turms von Karl V. [D F4] überragt und beherrscht wird, dem Verlader der ehemaligen »Marina von Girgenti«. Er ist im 16. Jahrhundert nach einem Bauplan von Camillo Camilliani errichtet worden und präsentiert sich mit seinen riesigen ausgeschmiegten Mauern und einem königlichen Wappen in weißem Marmor an der Nordfassade als eine Festung von quadratischem Grundriss. Wenn wir zur Linken der Via Gioeni einbiegen, kommen wir zur Piazza Vittorio Veneto [D F4], die von Gebäuden von beträchtlicher architektonischer Bedeutung umgeben ist. Von hier geht die Via Roma [D E5, D D5–6] mit ihren bunten kleinen Palazzi aus dem 19. und 20. Jahrhundert ab.

Während Fazio und Galluzzo den Landvermesser Garzullo ins Krankenhaus begleiten, begibt sich der Commissario mit Signorina Cosentino in die Bar gegenüber vom

Büro »König Midas«, um sie in aller Ruhe zu vernehmen. Wir können uns unterdessen in eine der zahlreichen Bars der Via Roma setzen und ein Bier trinken, wie Andrea Camilleri es gerne an den Sommervormittagen in der Bar Albanese macht. Von hier aus können wir das Denkmal für Luigi Pirandello [D D5] betrachten, das auf den Corso ausgerichtet ist, die »Geschäftigkeit« der Leute, die in die Läden an dieser Straße eilen und wieder aus ihnen herausfluten, die Alten, die im Schatten der Bäume sitzen, und auch die strengen Formen des Municipio, des Rathauses [D E5], neben der Chiesa Madre, der Hauptkirche [D E4]. Diese stammt aus dem Jahr 1904 und ist dem Erlöser geweiht. Sie ist durch ein elegantes Portal in einem der Renaissance nachempfundenen Stil gekennzeichnet, und neben ihr erhebt sich ein hoher Glockenturm. Über dem Portal sehen wir ein Hochrelief, das den Erlöser darstellt, darauf stützen zwei kleine Engel die Christusbüste.

Montalbano erhält einen Anruf vom Polizeipräsidenten Bonetti-Alderighi und macht sich auf den Weg nach Montelusa. Während der Fahrt beschließt er jedoch, beim Ristoro del Camionista, dem »Imbiss des Lastwagenfahrers«, zu halten, wo er Galluzzo und Fazio trifft, die ihn über den Tod des Landvermessers Garzullo während des Transports ins Krankenhaus in Kenntnis setzen.

Völlig in seine Gedanken eingesponnen nimmt Montalbano den falschen Weg und kehrt nach Vigàta zurück, ins Kommissariat, wo Fazio ihm die bisher gesammelten Daten zu Emanuele Gargano vorlegt. Der Buchhalter hatte drei Jahre zuvor in Bologna die Agentur »König Midas« eröffnet, die in Wirklichkeit eine Tarnung für den Betrug war, den er in Sizilien durchführen wollte. Die ungewöhnlich hohen Zinsen, die er den ersten Anlegern gezahlt hat, hatten eine große Zahl der Einwohner von Vigàta und Umgebung dazu verführt, ihm ihre gesamten Ersparnisse zu überlassen, damit er an der Börse spekulieren könnte, doch irgendwann war der »Finanzmagier« verschwunden und hatte »über zwanzig Milliarden« Lire mitgehen lassen, um auf »eine Insel in der Südsee« zu flüchten, wie einige dachten, oder von irgendeinem betrogenen Mafioso umgebracht zu werden, wie andere dachten.

Das Kommissariat von Vigàta, das sich vormals in einem Palazzo in der Via Lincoln [D C7] befunden hatte, liegt heute in der Oberstadt.

Während sich der Commissario entscheidet, welcher der beiden Fährten er folgen soll, flanieren wir weiter durch die Via Roma bis zur Salita Granet [D D5], dem Ort, wo sich die Wohnung der Signora Clementina Vasile Cozzo und die Trattoria San Calogero befinden. In Kürze wird Salvo Montalbano hier zum Essen erscheinen. Weil diese Trattoria in Wirklichkeit jedoch seit Jahren geschlossen ist, können wir in einem der vielen Restaurants zu Mittag essen, die wir zwischen der Via Roma und der Via IV Novembre finden.

TRATTORIA SAN CALOGERO [D D5]

In der Trattoria San Calogero verdrückte er hintereinander zwei Portionen gegrillten Fisch, als ersten und als zweiten Gang. (S. 34)

Nach einem guten und reichlichen Essen folgen wir dem Commissario auf seinem Spaziergang zum Hafen, zur Ostmole, bis zum kleinen grünen Leuchtturm, zu dessen Füßen die Flachklippe [D M5] liegt, inmitten anderer roter und quadratischer Felsblöcke. Das ist der Ort, wo Montalbano gern ausgiebig nachdenkt. Von hier aus können wir das Panorama der Stadt bewundern, den unteren Teil mit den alten, historischen Häusern mit wenigen Geschossen und den oberen Teil, wo auf einem Hügel aus weißem Mergel hohe Wohnblocks aus Stahlbeton entstanden sind. Links von diesem Hügel ragen schlank und einsam die beiden Schornsteine des Kraftwerks auf, während man auf der rechten Seite die Überreste der alten Fabrik an der Mànnara sehen kann, des ehemaligen Chemiewerkes Akragas der Montedison.

Um zur Flachklippe zu gelangen, begeben wir uns zum Turm Karls V., auf dessen Ostseite wir den Zugang zum Hafen finden, von wo aus die Schiffe zu den Pelagischen Inseln auslaufen.

Der Hafen ist eine künstliche Anlage und wird von zwei gebogenen Molen umschlossen. In der Mitte des großen Beckens befindet sich die Crispi-Mole, die erste, die in Vigàta zwischen 1749 und 1763 gebaut wurde und die der Antriebsmotor für das Anwachsen des ursprünglichen Dorfes wurde, das man im Gebiet nördlich der Via Roma im Bereich der Piazza Vittorio Veneto erkennen kann. Das Hafenbecken ist umschlossen von der Westmole (1885) und der Ostmole (1875), an deren äußerstem Ende sich der Leuchtturm und die Flachklippe befinden.

FLACHKLIPPE [D M3]

Danach machte er einen langen Verdauungsspaziergang auf der Mole, bis vor zum Leuchtturm. Einen Augenblick war er unschlüssig, ob er sich auf seinem gewohnten Felsen niederlassen sollte, aber es war zu windig und zu kalt… (S. 34)

Montalbano fährt nach Montelusa. Dort begibt er sich zuerst in die Redaktion des Fernsehsenders *Retelibera*, wo er um eine Kopie der Berichte über den Buchhalter Gargano bittet, danach ins Polizeipräsidium. Hier bleibt er nur wenige Minuten, weil ihm einfällt, dass er den Polizeipräsidenten von Mimì hatte anrufen lassen. Der musste, um Montalbanos Verspätung zu rechtfertigen, von dessen Verletzung – die Folge eines Unfalls – erzählen, die »mit drei Stichen an der Stirn« genäht worden war. Nachdem Montalbano nach Vigàta zurückgeeilt war, um sich von »einem befreundeten Apotheker« die vorgetäuschte Wunde verbinden zu lassen, rast er wieder nach Montelusa zum Polizeipräsidium [C B4] zurück.

Hier wird Montalbano vom Polizeipräsidenten Bonetti-Alderighi beschuldigt, sich in den Besitz »eines Inhaber-sparbuchs mit einer Summe von einer halben Milliarde Lire« gebracht zu haben, das einer tunesischen Prostituierten gehörte und, nach ihrem Tod, deren Sohn François (Hauptfigur von DER DIEB DER SÜSSEN DINGE – diesen Jungen wollten er und Livia eigentlich adoptieren, aber er ist dann schließlich doch bei der Familie von Mimì Augellos Schwester geblieben). Um sich von diesen Anschuldigungen zu befreien, eilt Montalbano nach Marinella, wo er, nachdem er das Haus auf den Kopf gestellt hat, die Empfangsbestätigung des Notars Giulio Carlentini wiederfindet, den er vor langer Zeit beauftragt hatte, das Geld bis zu François' Volljährigkeit zu verwalten. Nachdem er eine Fotokopie davon gemacht hat, geht er zur Post [D F4], um sie mit einem anonymen Begleitbrief an den Polizeipräsidenten zu schicken. Montalbano beschließt, dass er »einen Trostpreis« verdient habe und geht auf die Suche nach einer Trattoria, die ihm empfohlen wurde, Giugiù 'u carriteri, »Giugiù der Karrenkutscher«, an der Provinzialstraße nach Giardina.

Nach dem Essen begibt sich der Commissario zur Sarazenenolive [B E9], um sich auszunüchtern.

Hier werden wir zu ihm stoßen. Wir fahren mit dem Auto oder dem Motorrad durch die Via Spinola, die vom Ende der Via Roma abgeht, und gelangen zur Staatsstraße 115 in Richtung Montelusa (Agrigent).

Ein paar Kilometer hinter Villaseta, auf halbem Weg zwischen Vigàta und Montelusa, wenn wir die Überführung hinter uns haben, kommen wir zu einer Brücke, von der rechts eine kleine Landstraße abgeht. Das könnte, wie auch andere in der Umgebung, der Ort der Sarazenenolive sein, zu der Montalbano flüchtet, um nachzudenken und sich von dem knorrigen Wuchs der Äste beeindrucken zu lassen, die ihm die Lösungen der vertracktesten Fälle einzugeben scheinen. Das ganze Tal von Montelusa bis Vigàta weist diese Art von Olivenbaum auf mit seinem sehnigen, knorrigen Stamm.

Wer möchte, kann bis zu dem spektakulären archäologischen Gebiet des Tals der Tempel weiterfahren.

GROSSE SARAZENENOLIVE [B E9] UND KLEINE VILLA VON GIACOMO PELLEGRINO

Auf halbem Weg zwischen Montelusa und Vigàta sah er von weitem die Reklametafel, hinter der sich der Feldweg zu dem verfallenen Häuschen mit dem sarazenischen Olivenbaum verbarg. (...)

Als er nach rechts in den Weg einbog, glaubte er, er habe sich geirrt, denn anstelle des schmalen Feldwegs war da jetzt ein breiter Asphaltstreifen. (...)

Er fuhr auf den ehemaligen Feldweg zurück und stand nach etwa hundert Metern vor dem Zaun eines neu gebauten Landhauses. Das kleine Bauernhaus war nicht mehr da, der sarazenische Olivenbaum war nicht mehr da. Er fand sich nicht zurecht, erkannte nichts von der gewohnten Landschaft wieder. (...)

Als er hinter das Haus kam, lief er in etwas hinein, was er im ersten Moment für einen Strauch Bocksdorn hielt. Er richtete die Taschenlampe darauf, sah genau hin und stieß einen Schrei aus. Er hatte einen Toten gesehen. Besser gesagt, einen Sterbenden. Der große sarazenische Olivenbaum lag vor ihm, er lag im Sterben, man hatte ihn entwurzelt und umgestoßen. Er lag im Sterben, mit der Kettensäge hatte man ihm die Äste vom Stamm abgetrennt, der Stamm selbst war von der Axt schon schwer verwundet. Die Blätter hatten sich zusammengerollt und vertrockneten. Montalbano merkte verwirrt, dass er weinte, er zog den Rotz hoch, der ihm aus der Nase lief, und schluchzte und zitterte dabei wie ein kleines Kind. Er streckte eine Hand aus und legte sie auf das Helle einer großen Wunde, unter der Handfläche fühlte es sich noch ein wenig feucht an vom Pflanzensaft, der allmählich versiegte wie das Blut eines verblutenden Menschen. Er nahm die Hand von der Wunde, pflückte ein paar Blätter ab, die noch Widerstand leisteten, und steckte sie ein. Dann ging sein Weinen in gezielte Wut über. (S. 57 – 59)

Nachdem er den »Mord« an der Sarazenenolive entdeckt hat, beschädigt der Commissario, außer sich vor Wut, das auf dem Gelände des Baumes errichtete Haus. Ein paar Stunden später entdeckt Montalbano im Kommissariat, dass diese kleine Villa Eigentum von Giacomo Pellegrino ist, einem der Angestellten der Agentur »König Midas«, der aber leider keine Klarheit schaffen kann, weil er eine Geschäftsreise nach Deutschland angetreten hat und mindestens einen Monat lang abwesend ist.

Der Commissario entschließt sich daraufhin, Michela Manganaro zu vernehmen, die andere Angestellte von Gargano, die in einem Sozialwohnungsblock [D A4] auf dem Piano Lanterna wohnt.

Auf den Spuren des Commissario geht unsere Reise weiter, indem wir über die Staatsstraße 115 nach Vigàta zurückkehren. Die Sozialbauten, in denen Michela Manganaro wohnt, mehrstöckige Wohnblocks aus den Siebzigerjahren, kann man von der Staatsstraße 115 aus sehen, die sie vom Friedhof trennt [D A4].

WOHNUNG VON MICHELA MANGANARO [D A3]

Signorina Michela Manganaro wohnte mit ihren Eltern in einer zehnstöckigen Mietskaserne beim Friedhof. (S. 70)

Die Vernehmung oder besser das Gespräch geht im Auto weiter, nachdem sich Montalbano unter der Führung von Michela Manganaro zum Araukarienwald [B E7] aufgemacht hat, der hinter Vigàta liegt. Hier enthüllt ihm das »wunderschöne Miststück«, dass der Buchhalter Gargano und Giacomo Pellegrino eine homosexuelle Beziehung hatten, die sie vor allen verborgen hielten.

Wir können ihnen auf der Staatsstraße 115 folgen, indem wir rechts in die Via dello Sport einbiegen, die über Land führt und links, nach den Sozialbauwohnungen der schönen Michela, den Monte Crasto [B E6] erkennen lässt, der in einigen Romanen Camilleris die Hauptrolle spielt.

Nach wenigen hundert Metern stoßen wir rechts auf die Casa Fragapane [B D7]. So lautet der Name der jener Villa, die durch fünf Rundbögen am unteren Teil der Fassade charakterisiert ist und als Haus von Dottor Mistretta beim 8. Besucherweg – DIE PASSION DES STILLEN RÄCHERS – wiederkehrt. Das sind die Orte der Kindheit von Andrea Camilleri. Wir können ihn uns vorstellen, wie er als kleiner Junge die Felder, die Grotten und die Wälder in der unmittelbaren Umgebung des Hauses seiner Großeltern mütterlicherseits auskundschaftete.

Es ist nicht angebracht, sich weiter darin zu vertiefen, denn es sieht so aus, als brauche Montalbano ein bisschen Zeit und Ruhe für sich, aber wir können durchaus versuchen, den Wald, der sich hinter der Casa Fragapane erstreckt, als den Araukarienwald [B D7] zu identifizieren, der im Roman beschrieben wird.

Nachdem Montalbano noch einmal im Kommissariat vorbeigegangen ist, kehrt er zur Trattoria San Calogero zurück, die im Augenblick geschlossen ist. Daher fahren wir an der Kreuzung mit der Staatsstraße 115 auf der Via dello Sport geradeaus und dann auf der Via Garibaldi, bis wir zur Trattoria da Enzo kommen, die seit kurzem die Gunst unseres Commissario gewonnen hat. Es empfiehlt sich, dort vorher zu reservieren.

TRATTORIA SAN CALOGERO [D D5]

»Dottore, ich hätte nunnatu.« (...)

»Wie machst du sie? Mit Zitrone?«

»Nein, Dottore. Sterben müssen die nunnatu als Frikadellen in der Pfanne.«

Er wartete eine ganze Weile, aber es lohnte sich. Die Frika-

dellen, flach und knusprig, waren mit Hunderten von schwarzen Pünktchen gesprenkelt: den Augen der winzigen, frisch geschlüpften Fischchen. (S. 91)

Von hier aus hat man einen Blick auf Vigàta, das sich zu unseren Füßen ausbreitet. Nach dem Essen können wir bis zum Belvedere [B E3] spazieren, den wir zu unserer Rechten von der Via Miramare aus und dann durch die Via Trento bis zum Eingang auf der Via Napoli schlendernd erreichen. Dieses Areal, das mit Bänken, Brunnen und einer hohen Brücke versehen ist, erlaubt uns einen Blick von San Leone bis Punta Grande. Wenn wir genau vor uns schauen, können wir Commissario Montalbano erkennen, der, nachdem er aus der Trattoria San Calogero gekommen ist, auf der Ostmole zum Leuchtturm spaziert [D M5].

FLACHKLIPPE [D M3]

Vorsichtshalber ging er an den Hafen, lief bis zum Leuchtturm und stärkte sich an der Meeresluft. (S. 92)

Als er ins Kommissariat zurückkommt, umreißt er klar den Stand der Ermittlung. Gargano, der zum letzten Mal am 28. August in der Agentur in Bologna gesehen worden war, sollte sich am 1. September wieder in Vigàta einfinden, um, wie er es gewöhnlich tat, die Zinsen an seine Anleger auszuzahlen. Er sollte mit seinem Alfa 166 ankommen, den er in Neapel auf der Fähre nach Palermo eingeschifft hatte. Aber er war seit achtunddreißig Tagen verschwunden.

Während Montalbano in Marinella nach einem reichlichen Essen noch entscheidet, was er lesen soll, ob »den letzten Tabucchi oder einen Simenon«, erhält er einen Anruf von Mimì Augello, der dann persönlich erscheint und ihm zwischen zwei Whiskys über seine Zweifel und Ängste in Bezug auf seine bevorstehende Hochzeit erzählt.

Am nächsten Tag teilt Fazio ihm im Kommissariat mit, dass es einen Zeugen gebe, Antonino Tommasino, der in der Nähe von Puntasecca [B D1] den Alfa 166 des Buchhalters Gargano in der Nacht vom 31. August zum 1. September gesehen habe. Allerdings scheint dieser Zeuge im Kommissariat wegen anderer fantasievoller Beobachtungen als Traumtänzer bekannt zu sein.

Eine Stunde später betritt Mimì Augello aufgebracht das Büro des Commissario und teilt ihm mit, dass die Hochzeit verschoben sei, weil der Vater der Braut sich nicht wohlfühle.

Die Ermittlung geht weiter mit einer von Montalbano vorgenommenen Besichtigung der Wohnung, in der Giacomo Pellegrino gewohnt hat. Die Eigentümerin der Wohnung erzählt dem Commissario, dass der junge Mann die Wohnung am Morgen des 30. August verlassen und das Moped und einige Gepäckstücke mitgenommen habe.

Später begibt sich Montalbano ins Kommissariat, wo er Fazio anweist zu kontrollieren, ob Giacomo Pellegrino wirklich vom Flughafen in Palermo nach Deutschland geflogen ist. Gegen Abend geht Montalbano ins Kino, das in der Via Colombo liegt, eine Parallelstraße zur Via Roma, wo, nach einer von Schuldirektor Burgio organisierten Diskussion über »Das Für und Wider einer Brücke über die Meerenge«, der Film DAS LEBEN IST SCHÖN von Benigni gezeigt wird.

Am nächsten Tag entschließt sich der Commissario, den kleinen François zu besuchen. Zwar hatten Franca und Aldo, die Schwester und der Schwager von Mimì Augello, François vor einigen Jahren adoptiert, doch der Junge fühlt sich mit dem Commissario und Livia weiterhin eng verbunden.

Montalbano ist früh aufgestanden und geht zur Bar Albanese [D E51] in der Via Roma, um dort Gebäck für die Familie des Jungen zu kaufen. Danach setzt er sich ins Auto und fährt nach Calapiano.

Nach den Beschreibungen Camilleris könnte man das Gebiet von Calapiano, wo die Familie von Franca und Aldo wohnt, vielleicht mit dem Gebiet in der Nähe des Dorfes Santa Margherita zwischen Gagliano-Castelferrato und Troina in der Provinz von Enna identifizieren.

Während der Commissario auf dem Weg nach Calapiano ist, können wir einen Espresso in der Bar Albanese [D E5] in der Via Roma trinken. Um in die Unterstadt von Vigàta zu gelangen, fahren wir die Via Garibaldi, die Salita Lombardo und Via Spinola hinunter, bis wir wieder in der Via Roma sind.

BAR ALBANESE [D E5]

Vor der Fahrt musste er in der Bar Albanese auf die frischen cannoli *mit Ricottafüllung warten. Er kaufte dreißig Stück, dazu kiloweise* biscotti regina, mustazzoli *und Marzipanfrüchte.* (S. 124)

Nach der langen Reise nach Calapiano finden wir Montalbano im Kommissariat wieder, wo Fazio ihm erzählt, er habe, auf Bitten des Commissario, aufgedeckt, dass Pellegrino, nachdem er das Ticket für den 30. August nach Berlin storniert hatte, ein neues für den 1. September nach Madrid ausstellen ließ und danach ein weiteres nach Lissabon. Außerdem erzählt er ihm, dass Pellegrino, nachdem er »ein

Auto mit großem Kofferraum« in Montelusa gemietet habe,
zum Flughafen von Palermo gefahren und wieder zurückgekommen sei.

Einer Eingebung folgend, eilen Montalbano und Fazio
zu Pellegrinos neuer kleiner Villa. Der Commissario bleibt
einen Augenblick stehen, um zu sehen, was von der alten
Sarazenenolive übrig geblieben ist, die herausgerissen und
zersägt wurde, dann betritt er das Haus. Hier findet er in
einem Zimmer der oberen Etage eine Decke, wo Pellegrino
wahrscheinlich in der Nacht des 31. Augusts geschlafen hat,
und in der Abstellkammer zwei große Koffer voller Wäsche.

GROSSE SARAZENENOLIVE [B E9] UND
KLEINE VILLA VON GIACOMO PELLEGRINO

Während Fazio mit seinen Telefonaten begann, ging Montal-
bano zu dem gefällten Olivenbaum. Der Baum hatte die meis-
ten Blätter verloren, und sie lagen jetzt, gelb verfärbt, auf der
Erde. Sichtlich fehlte nicht mehr viel, bis er von einem leben-
digen Baum in totes Holz verwandelt wäre. Da tat der Com-
missario etwas Merkwürdiges, besser gesagt, er benahm sich
wie ein Kind: Er setzte sich vor die Mitte des gefällten Stammes
und legte sein Ohr daran, wie man es bei einem Sterbenden
macht, um zu hören, ob das Herz noch schlägt. So blieb er eine
Weile sitzen; hoffte er vielleicht, er könnte noch das Rauschen
des Pflanzensaftes vernehmen? Plötzlich musste er lachen.
Was tat er da eigentlich? Das war ja wie beim Baron Münch-
hausen, der nur sein Ohr auf den Boden zu legen brauchte, um
das Gras wachsen zu hören.   (S. 144)

Eine neue Ortsbesichtigung in Pellegrinos alter Wohnung
führt Montalbano zu der Entdeckung, dass der junge Mann

auch einen Koffer voller Dokumente und ein Notebook bei sich hatte.

Nach seiner Rückkehr ins Kommissariat sagt er Fazio, er soll in den Banken von Vigàta bezüglich Pellegrinos Geld ermitteln, und lässt sich erklären, wo der Zeuge Antonino Tommasino wohnt, auch wenn er nach Fazios Ansicht »ein völlig Irrer ist, den man nicht ernst nehmen kann«.

Am nächsten Morgen fährt Montalbano zu diesem Zeugen, der auf einem Landstück in der Nähe von Montereale wohnt.

Antonino Tommasino, der sich als Mann von großer Bildung und selten anzutreffenden fantastischen Vorstellungen erweist, die auf sein hohes Alter zurückzuführen sind, erzählt ihm, dass er in der Nacht vom 31. August auf den 1. September das Auto des Buchhalters Gargano in Punta Pizzillo gesehen habe. Montalbano lässt sich von Antonino Tommasino zu dieser Stelle führen.

Unsere Reise auf den Spuren des Commissario Montalbano führt uns nach Punta Pizzillo (Scala dei Turchi) [B E3], westlich von Vigàta. Der Ort verdient einen Besuch vom Strand her, weil die Landschaft zu jeder Jahreszeit einzigartig ist. Ein Hügel aus schlohweißem Mergel fällt steil ab und bildet dabei kleine Stufen bis ins Meer. Der Hügel blendet einen fast im Sonnenlicht, doch wenn man auf dem weichen, kompakten Boden geht und dabei das Panorama von Capo Russello [B E3] bis Vigàta [B F7] bewundert, ist das eine unvergessliche Erfahrung. Zur Scala dei Turchi gelangt man von Vigàta aus, wenn man die Via F. Crispi [D F2] und anschließend die Küstenstraße, die Staatsstraße 115bis, die an den Badestränden Marinella [B E6] und Azzurro vorbeiführt, in westlicher Richtung entlangfährt.

169

PUNTA PIZZILLO [B F4]

Sie standen auf einem kleinen Plateau wie auf einem Schiffs-bug, vollkommen öde, ohne Bäume, nur hier und da ein Büschel Mohrenhirse oder ein Kapernstrauch. Der Rand des Plateaus war etwa zehn Meter entfernt, dahinter musste ein Steilhang zum Meer hin abfallen.

Montalbano ging ein paar Schritte, dann hielt Tommasinos Stimme ihn auf.

»Vorsicht, der Boden ist brüchig. Garganos Wagen stand da, wo jetzt Ihrer steht, in der gleichen Position, mit dem Kofferraum zum Meer hin.«

»Von wo kamen Sie?«

»Von Vigàta.«

»Das ist weit.«

»Nicht so weit, wie man meint. Von hier nach Vigàta braucht man zu Fuß eine Dreiviertel-, höchstens eine Stunde. (…)   (S. 161)

Das Plateau bestand aus einer Erdschicht auf Mergel. Und tatsächlich stürzte eine glatte weiße Mergelwand senkrecht ins Meer, das dort mindestens zehn Meter tief sein musste. (…)   (S. 165)

Sie sprachen erst wieder, als sie, nach mehreren Anläufen, von der Seeseite her Punta Pizzillo erreichten, wo Montalbano am Morgen an Land gewesen war. Die Mergelwand ragte ohne Vorsprünge oder Einbuchtungen in die Höhe.   (S. 168)

Während wir dieses Vorgebirge betrachten, beginnt bei Montalbano das »wohlbekannte Glöckchen in seinem Gehirn zu klingeln«. Der Anblick der Spuren eines Autoreifens, die geradeaus bis an »den Rand des Abgrunds« führen, bringt ihn zu dem Entschluss, ins Meer unterhalb der Hochebene aus weißem Mergel einzutauchen. Gemeinsam mit Augello begibt sich Montalbano mit einem Schlauchboot an diese Stelle. Er taucht ein und beweist sich dabei, dass er durchaus nicht so alt ist, wie er sich in letzter Zeit öfter gefühlt hat, sondern dass seine Lungen auch nach Jahren des Rauchens immer noch gut in Schuss sind. Während seines Tauchgangs sieht er das »zwischen einer Wand und einem weißen Felsen« eingekeilte Auto, mit dem Moped im geöffneten Kofferraum. Nachdem das Polizeipräsidium in Montelusa anonym informiert wurde – dieser Fall gehört in ihren Zuständigkeitsbereich – finden sich innerhalb weniger Stunden die Froschmänner hier ein und bergen den Körper von Giacomo Pellegrino, der durch einen Schuss ins Gesicht gestorben ist. Am nächsten Morgen erfährt Montalbano in Marinella durch ein Interview von Nicolò Zito von *Retelibera*, dass Commissario Garnotta, der zuständige Mann für die Ermittlung, der Ansicht sei, dass Gargano, der noch nicht gefunden ist, von der Mafia zusammen mit seinem Mitarbeiter umgebracht wurde und seine Leiche nun »auf die tunesische Küste zutreibt«.

Kurz darauf eilt der Commissario ins Büro »König Midas«, um Mariastella Cosentino über die Ereignisse in Kenntnis zu setzen und ihre Reaktion zu beobachten, die entschieden kälter ist als die, die Michela Manganaro ein paar Stunden später bei einer erneuten Vernehmung im Araukarienwald zeigt.

Im Kommissariat berichtet Fazio, er habe drei Gutschriften entdeckt, die Emanuele Gargano auf das Girokonto von Giacomo Pellegrini hatte überweisen lassen, insgesamt siebenhundert Millionen Lire. Mit diesem Geld hatte Pellegrino seine kleine Villa zwischen Vigàta und Montelusa bauen lassen, die Überweisungen an die Baufirma stimmen in Datum und Summe überein.

Bleibt nur noch die Frage zu begreifen, weshalb Gargano diese Überweisungen getätigt hat. Montalbano und Augello kommen zu dem Schluss, dass diese Überweisungen Garganos aus Liebe erfolgt seien, angesichts der Beziehung, die zwischen beiden bestand, aber auch aus Angst, erpresst zu werden, weil Pellegrino die Betrügereien von Gargano entdeckt zu haben scheint. Möglicherweise hatte Giacomo sich entschieden, Gargano mit dem Geld ins Ausland abhauen zu lassen und sich mit dem Haus zufriedenzugeben, doch damit seine Person über jeden Zweifel erhaben wäre, hatte er beschlossen, einen Monat seiner Arbeit unter dem Vorwand einer angeblichen Geschäftsreise nach Deutschland fernzubleiben. Gargano hatte ihm diese Reise aufgetragen, von der er zurückkommen und erzählen würde, er hätte die Einlagen in den deutschen Banken nicht gefunden. Das System der Flugtickets diente dazu, sich sowohl vor Gargano als auch vor der Polizei zu schützen. Doch wahrscheinlich war Giacomo, »der den Augenblick gekommen sah, in dem der Betrug aufflog«, zur eindeutigen Erpressung übergegangen, indem er weiteres Geld von Gargano verlangte, bevor dieser verschwinden würde. An diesem Punkt wollte der Buchhalter ihn nicht mehr mitnehmen und gab ihm, auf Giacomos Forderung hin, die Namen und Zugangscodes der ausländischen Banken mit den Einlagen der Agentur »König Midas«, wobei er wahrscheinlich dachte, ein paar Stunden vor seinem Verschwinden die Einlagen zu anderen Banken zu transferieren. Aus Furcht vor einer derartigen

Möglichkeit hatte Giacomo ihn in der Nacht des 31. Augusts nach Vigàta gelockt und ihm gedroht, er würde alles zur Anzeige bringen, wenn sie nicht gemeinsam fliehen würden. Gargano, der mit dem Auto von Bologna nach Sizilien heruntergekommen war, hatte begriffen, dass Giacomo ihn längst in der Hand hatte. Und so hatte er ihm ins Gesicht geschossen, den kleinen Koffer an sich genommen, in dem Giacomo alle Beweise für den Betrug aufbewahrt hatte, und den Wagen mit der Leiche die Klippe hinuntergestoßen. Am Ende war Gargano, der seinen Tod vortäuschte, frei von jeder Erpressung abgehauen, und Montalbano konnte nun nichts mehr tun.

Nach seiner Rückkehr nach Marinella, erfährt der Commissario aus den Nachrichten der *Retelibera*, dass die von Dottor Guarnotta geleitete polizeiliche Ermittlung im Fall Gargano offiziell abgeschlossen sei, die Mafia habe den Mann umgebracht.

Nachdem er das Fernsehgerät ausgeschaltet hat, kommt ein anderes Problem auf Montalbano zu: Er muss dringend den Pullover verschwinden lassen, den Livia ihm geschenkt hatte. Er war ungeheuer eingelaufen, weil Montalbano ihn falsch gewaschen hatte. Er beschließt, ihn zu zerschneiden und zu vergraben.

Dann stellt sich ihm die Frage, wie sich wohl Mariastella Cosentino verhalten würde, wenn Gargano ihr einen Pullover geschenkt hätte, der Mann, den sie so liebte, dass sie nicht erkannt hatte, dass er ein Betrüger war. Er denkt wieder an die Reaktion der Frau, als sie erfuhr, dass Gargano angeblich verhaftet worden war, und an ihr Verhalten, nachdem man ihr mitgeteilt hatte, dass Pellegrinos Leiche aufgefunden worden sei. In beiden Fällen hatte er den Eindruck gehabt, »als wüsste sie genau, wo sich der Buchhalter Gargano versteckt hatte.«

Er beschließt daraufhin, mit der Frau zu sprechen. Doch zuerst sucht er andere Informationen über sie im Kommissariat, wo er entdeckt, dass die Mutter von Mariastella eine Verwandte von Clementina Vasile Cozzo ist. Nachdem er in der Trattoria San Calogero zu Mittag gegessen und einen langen Spaziergang zur Mole gemacht hat, begibt er sich zur Salita Granet, wo Signora Clementina wohnt.

FLACHKLIPPE [D M3]

Er verließ die Trattoria und machte einen Spaziergang auf der Mole bis vor zum Leuchtturm.

Er setzte sich auf seinen gewohnten Felsen und steckte sich eine Zigarette an. Er wollte an nichts denken, er wollte nur dasitzen und das Wasser zwischen den Felsen schwappen hören. Aber Gedanken kommen auch, wenn man alles tut, um sie fernzuhalten. In dem Gedanken, der ihm kam, ging es um den gefällten Olivenbaum. Ja, jetzt blieb ihm nur noch der Felsen als Refugium. Montalbano saß zwar unter freiem Himmel, aber plötzlich hatte er ein merkwürdiges Gefühl von zu wenig Luft, als wäre der Raum für sein Leben plötzlich eingeengt. Und zwar sehr. (S. 227)

Signora Clementina erzählt ihm, dass Mariastella verschlossen und zurückhaltend sei und ein Diplom in Buchhaltung erworben habe. Nachdem sie ihre Mutter im Alter von fünfzehn Jahren verloren hatte, habe sie sich ausschließlich dem Vater zugewandt. Beim Tod des Vaters habe sie, inzwischen zwanzig Jahre alt, sich sonderbar verhalten. Sie weigerte sich, seinen Tod anzunehmen, und verbot, die Leiche aus dem Haus zu transportieren. Ein paar Jahre später habe sie kurze Zeit in Montelusa gearbeitet. Seit einiger Zeit lebte Mariastella nun aber zurückgezogen in ihrer Wohnung, als Gargano ihr eine Arbeitsstelle bei »König Midas« anbot. Sie habe sich auf den ersten Blick in ihn verliebt und sofort zugesagt.

Montalbano kommt genau in dem Augenblick zum Büro von »König Midas«, als Mariastella Cosentino beim Überqueren der Straße von einem Auto angefahren wird. Der Commissario eilt ihr zu Hilfe, doch statt sie ins Krankenhaus zu bringen, nutzt er die Situation, um sie nach Hause [B E5] zu begleiten. Sie wohnt unmittelbar außerhalb von Vigàta, in einer Gegend mit zahlreichen Villen aus dem 19. Jahrhundert, die mit dem Villaggio (Dorf) Bellavista westlich vom Wohngebiet identisch ist.

HAUS VON MARIASTELLA COSENTINO [B E5]

Mariastella führte ihn aus Vigàta hinaus, auf einer Straße, an der rechts und links keine Häuser, sondern vereinzelt wenige alte Villen standen, von denen manche verlassen waren. Der Commissario war noch nie dort gewesen, da war er sicher, denn er staunte über eine Gegend, die vor der Zeit der Bauspekulation und wilden Zubetonierung stehen geblieben schien. Mariastella war das Staunen des Commissario nicht entgangen.

»Die Villen, die Sie hier sehen, wurden alle in der zweiten Hälfte des 19. Jahrhunderts gebaut. Es waren die Landhäuser reicher Bürger aus Vigàta. Wir haben Milliardenangebote abgelehnt. Meines ist das dort.«

Montalbano hob den Blick nicht von der Straße, aber er wusste, es war ein großes , fast quadratisches Holzhaus, das,

ehemals weiß, mit Kuppeln und Spitztürmchen und ver-
schnörkelten Balkonen im überladen eleganten Stil der Sieb-
zigerjahre verziert war… (S. 237)

An dieser Stelle taucht Camilleri seinen Commissario in
eine Erzählung von William Faulkner ein mit dem Titel
EINE ROSE FÜR EMILY, in der die Hauptfigur ein altes Haus
besucht, das »*nach Staub und nach Verwahrlosung roch:
ein muffiger Geruch von Abgeschlossenheit*«. Montalbano
lässt sich ins obere Stockwerk führen, wo im Gästezimmer,
eingewickelt in eine Plastikfolie, der Körper Emanuele Garganos liegt. Neben dem Bett findet der Commissario das
Köfferchen von Pellegrino mit Dokumenten, die sämtliche
Namen und Codes der ausländischen Banken enthalten. Der
Buchhalter war nach Pellegrinos Ermordung zusammen-
gebrochen und hatte sich ins Haus von Mariastella geflüch-
tet, die ihm ins Herz geschossen hatte, während er schlief.
Sie hatte es aus Liebe getan, um ihn vor der Verachtung, der
Entehrung und dem Gefängnis zu schützen. Doch jetzt hatte die Frau alles verdrängt, sie sah nicht einmal mehr den
Körper des geliebten Mannes. Montalbano ruft den Arzt der
Familie Cosentino an, der herbeigeeilt kommt und Mariastella ein Schlafmittel verabreicht. Kurze Zeit später trifft
auch Guarnotta ein, den Montalbano verständigt hatte und
der ihm alles erklärt.

Unsere Reise endet, genau wie der Roman auch, in
Marinella. Von der Scala dei Turchi [B F3] kehren wir über
die Staatsstraße 115bis nach Vigàta zurück. Nach wenigen
Kilometern sind wir wieder am Lido Marinella [B E6], wo
Montalbano, erschöpft und völlig mitgenommen, Livia an-
trifft, die den zerrissenen Pullover, das »Corpus Delicti« in

176

Händen hält, das er vergessen hatte zu vergraben. Am Fenster zum Strand können wir sie sehen, während sie den Pullover zu Boden gleiten lässt und »verzweifelt und ängstlich« ihren geliebten Mann in die Arme schließt, der, zu erschöpft, um diese Geste zu erwidern, doch dankbar für ihre beruhigende, tröstende Gegenwart ist.

7. Besucherweg

DAS KALTE LÄCHELN DES MEERES

Dieser Weg folgt Montalbano bei der Ermittlung, wie sie im Roman DAS KALTE LÄCHELN DES MEERES erzählt wird, einer der Romane, in denen die jüngste Zeitgeschichte mit außergewöhnlicher Macht in das Leben des Commissario einbricht.

Die politischen Veränderungen, die polizeilichen Unterdrückungsmaßnahmen in Genua und Neapel, verbunden mit der Anlandung illegaler Einwanderer in Vigàta (Porto Empedocle), lassen in Montalbano eine Empörung, Müdigkeit und Einsamkeit aufkommen, die ihn sogar den Entschluss erwägen lässt, seinen Rücktritt bei der Polizei einzureichen.

DAS KALTE LÄCHELN DES MEERES stellt unter den Romanen um Commissario Montalbano einen Augenblick des Überdenkens der Rolle der Polizei dar. Der Commissario leidet und wird vom Anfang bis zum Ende des Romans heftig mitgenommen. Er geht diesen Weg härtester Prüfungen auf der Suche nach einer längst verlorenen Unschuld.

Die Romanerzählung beginnt im Haus in Marinella [B F8] mit einem Montalbano, der wegen der Verhaltensweise der Polizei beim G8-Gipfel in Genua enttäuscht und verbittert ist. Das Haus befindet sich am Saum des großen Strandes von Marinella, wenige Kilometer von Vigàta [B E7] entfernt. Marinella ist eine Örtlichkeit, wo wir neben dem Haus des Commissario zahlreiche weitere eingeschossige Häuser

178

finden. Und genau hier beginnen wir unseren Besucherweg, der uns oft unmittelbar an die Seite Salvo Montalbanos bringt. Um zum Haus des Commissario zu gelangen, brechen wir in Vigàta (Porto Empedocle) auf und folgen der Via Empedocle bis nach Marinella [B F8]. Zu unserer Linken, am Eingang zum Hafen, sehen wir den Turm Karls V. [D F4]. Während der Fahrt liegt das Meer immer links von uns, während wir rechts die typischen weißen, porösen Felsen dieser Gegend sehen. Sobald wir am Lido angekommen sind, können wir unser Fahrzeug stehen lassen und, sofern die Jahreszeit es zulässt, in eines der zahlreichen Strandbäder gehen, um im Meer zu schwimmen, oder, wenn die Kälte unerträglich ist, ganz einfach einen Spaziergang am großen Strand machen.

HAUS DES COMMISSARIO MONTALBANO, MARINELLA [B F8]

Montalbano sah zum Fenster, durch das kaum Licht drang. Die Uhr zeigte fast sechs. Er stand auf und öffnete die Fensterläden. Im Osten zeichnete die aufgehende Sonne Arabesken luftiger Wolken, keine Regenwolken. Das Meer bewegte sich leicht in der Morgenbrise. Montalbano füllte seine Lungen mit Luft und spürte, wie jeder Atemzug ein wenig von dieser furchtbaren Nacht mit sich forttrug. Er ging in die Küche, setzte die Espressokanne auf und öffnete, während er auf den Kaffee wartete, die Verandatür.

Der Strand schien leer, zumindest waren bei dem Dämmerlicht weit und breit kein Mensch und kein Tier zu sehen. (S. 21)

Montalbano ist also in seinem Haus am Meer, und es wird uns keine große Schwierigkeit bereiten, es unter den zahlreichen kleinen ein- oder zweigeschossigen Häusern, die den Küstenstreifen von Marinella säumen, auszumachen. Der Commissario durchlebt einen Augenblick tiefster Krise und denkt darüber nach, ob er kündigen soll. Um seinen Kopf etwas freizubekommen, entschließt er sich, gleich vor seinem Haus schwimmen zu gehen, im Meer, das er so liebt. Während des Schwimmens erblickt er eine Leiche, die in seiner Nähe auf dem Wasser treibt. Er zieht sie an Land, wird aber von zwei alten Leuten angegriffen, die ihn für einen Mörder halten. Der Commissario verdaut die Folgen dieser Aggression bei sich zu Hause. Nachdem er den ganzen Tag im Bett verbracht hat, um sich von dem morgendlichen Abenteuer wieder zu erholen, erhält er einen Anruf von Dottor Pasquano. Er bittet Montalbano um ein Treffen in Montelusa [B D10], in einer Bar in der Via Libertà. Nach unserem Besuch in Marinella wäre es sinnvoll, wenn wir wieder Richtung Vigàta [B E7] zurückfahren würden, wo wir, nachdem wir uns gestärkt haben, am Eingang zum Hafen auf den Commissario warten. Montalbano wird nämlich bald von seinem Gespräch mit dem Chef der Gerichtsmedizin in Montelusa zurück sein, der ihm seine Eindrücke und seine Ratlosigkeit hinsichtlich des vor kurzem aufgefundenen Toten deutlich gemacht hat.

HAFEN VON VIGÀTA [D F5]

Montalbano fuhr zum Hafen, parkte und ging an den Kai, wo ein paar Fischkutter vertäut waren, die anderen waren längst hinausgefahren. Er hatte Glück, die Madre di Dio *lag da, der Motor wurde überholt. Ciccio Albanese, der Kapitän und Eigentümer, stand an Deck und überwachte die Arbeiten.* (S. 50 – 51)

Nach besagtem Treffen mit Dottor Pasquano macht sich der Commissario bei seinem Freund, dem Fischer Ciccio Albanese, über die Strömungsverhältnisse im Golf von Vigàta kundig.

Kurz nach diesem ersten Besuch im Hafen ist unser Held gezwungen, noch einmal dorthin zurückzukehren, um dem stellvertretenden Polizeipräsidenten Riguccio eine neue Brille zu bringen, und bei dieser Gelegenheit erlebt er das Eintreffen illegarer Einwanderer, die vom Meer kommen. Während sie an Land gehen, entflieht ein Kind den Kontrollen und verbirgt sich zwischen den Silos in der Nähe des Hafens.

VERSTECK DES JUNGEN
IM HAFEN VON VIGÀTA [D G7]

Während sich zwei Polizisten an die Verfolgung machten, sah Montalbano den Kleinen mit dem Instinkt eines gejagten Tieres auf den am schlechtesten beleuchteten Abschnitt des Kais zurennen, wo die Überreste eines alten Silos standen, das aus Sicherheitsgründen mit einer Mauer umgeben war.

(S. 59 – 60)

Der Hafen von Vigàta ist einer der Topoi der Vorstellungswelt von Camilleri: Seine Gerüche, seine Geschmäcke (meistens begibt sich unser Commissario mit einer Tüte voll gerösteter Kichererbsen und Samenkörner dorthin), sein Anblick sind mehrfach in Montalbanos Abenteuern beschrieben worden.

Der Besuch des Hafens von Vigàta, des Ausgangspunktes für Reisen zu den Pelagischen Inseln, allerdings auch des Ankunftspunkts für die zahlreichen Menschen aus Afrika, die in Italien einen Ort zu finden hoffen, an dem sie besser leben können, kann nur am Turm Karls V. [D F4] seinen Anfang nehmen. Dieser Festungsbau aus dem 16. Jahrhundert, ein Werk von Camillo Camilliani, weist einen viereckigen Grundriss mit einer pyramidenstumpfgleichen Raumgestaltung auf. Er wurde auf Anweisung Karls V. gebaut, um den Notwendigkeiten einer Verteidigung der alten Hafenanlage von Girgenti zu entsprechen.

Vom Hafeneingang am Turm Karls V. spazieren wir über die Ostmole. Entlang dieses Wegs können wir in den hohen Silos für das Verladen verschiedenartigster Materialien das Versteck des kleinen Jungen erkennen und schließlich bis zur Flachklippe [D M5] vorgehen. Dies ist der Ort, an den Commissario Montalbano sich flüchtet, um über seine innersten, tiefsten Probleme nachzudenken und sich vom Meer wichtige Inspirationen zu holen, damit er seine Ermittlungen fortsetzen kann, die an einem toten Punkt angelangt sind.

LEUCHTTURM UND FLACHKLIPPE [D M5]

Montalbano setzte sich auf seinen Felsen unterhalb des Leuchtturms. Er steckte sich eine Zigarette an und rauchte genüsslich. Als er fertig geraucht hatte, warf er die Kippe ins Meer. Sie bewegte sich leicht im schwappenden Wasser und berührte mal den Felsen, auf dem Montalbano saß, mal den direkt daneben. (S. 84)

Nach einigen Zwischenfällen gelingt es Montalbano, mit Ciccio Albanese über die Strömungsverhältnisse in der Umgebung von Vigàta zu sprechen. Der Fischer erzählt Montalbano von einer Oberflächenströmung, die von Capo Passero

[A C4] in der Gegend von Pachino bis nach Marinella (Porto Empedocle) [A B2] reicht, und von einer stärkeren Strömung als der ersten, die sie in Höhe von Bianconara (Falconara) [A C3] kreuzt und neutralisiert und damit jedwedes Ding ins Meer vor Bianconara treibt und dann auf den Golf von Fela (Gela) [A C3] zu. Außerdem führt Albaneses Erklärung den Commissario zu der Annahme, die Ermittlungen ließen sich auf einen Küstenabschnitt von siebzig Kilometern eingrenzen. Diese präzisen geografischen Angaben stimmen genau mit der Identifikation von Vigàta mit Porto Empedocle überein.

Montalbano ist auch weiterhin enttäuscht darüber, dass seine Nachforschungen so wenig Erfolg haben. Die Ermittlungen über den in Marinella gefundenen Leichnam sind an einem toten Punkt angelangt, und das Verhalten des kleinen Jungen am Hafen von Vigàta ergibt keinen Sinn. Und was die augenblickliche Stimmung des Commissario noch weiter drückt, ist der Verlust der geliebten Trattoria San Calogero [D D5] (die auch im wirklichen Porto Empedocle schon seit langem geschlossen ist).

Nach verschiedenen kulinarischen Reinfällen findet Montalbano schließlich eine neue zufriedenstellende Trattoria, nämlich die Trattoria da Enzo [D C4], die sich im oberen Teil der Stadt befindet.

Je nach Uhrzeit können wir über die vielen Treppengassen hinaufkraxeln, die den Piano Lanterna mit dem alten Teil von Vigàta verbinden, und die lokalen Köstlichkeiten in der Trattoria probieren. Oder wir suchen einfach den Park des Belvedere [D E3] auf, wo wir Vigàta von oben betrachten und uns damit vergnügen können, die Orte ausfindig zu machen, die Montalbano so lieb und teuer sind.

TRATTORIA DA ENZO [D C4]

Von außen wirkte der Speiseraum wie eine Konstruktion aus Wellblech, und die Küche befand sich anscheinend in einem Nebengebäude. Das hatte etwas Provisorisches, Zusammengebasteltes, was Montalbano gefiel. Er trat ein und setzte sich an einen freien Tisch. Ein hagerer Sechzigjähriger mit sehr hellen Augen, der das Hin und Her der beiden Kellner beaufsichtigte, kam auf ihn zu und stellte sich vor ihn hin, ohne ein Wort zu sagen, er begrüßte ihn nicht mal. Er grinste nur. (S. 82)

Jetzt kann unser Weg nur noch zum Gebiet östlich von Vigàta führen. Denn genau dort wird der kleine Junge getötet, der im Hafen von Vigàta an Land gegangen und von unserem Commissario bei seinem Fluchtversuch beobachtet worden ist.

Die Entdeckung dieses hinterhältigen Mordes ergibt sich rein zufällig: Montalbano erfährt die Nachricht aus dem lokalen Fernsehsender, während er in einer Bar in der Nähe des Kommissariats einen Espresso zu sich nimmt. Montalbano beschließt, unverzüglich diese Gegend aufzusuchen, und um etwas über die Identität des Jungen herauszubekommen, fährt er ins Krankenhaus von Montechiaro (Palma di Montechiaro) [A B2].

Die Gelegenheit, dem Commissario in dieses heitere Dorf zu folgen, ist zu verlockend, als dass wir uns sie entgehen lassen sollten. Daher lassen wir Vigàta (Porto Empedocle) [B F7] hinter uns und begeben uns nach Montelusa (Agrigent) [B D10] und fahren auf der Staatsstraße 115 in Richtung Fela (Gela) [A C3] weiter nach Montechiaro (Palma di Montechiaro) [A B2].

MONTECHIARO
(PALMA DI MONTECHIARO) [A B2]

Falls die Reifen, längst glatt wie ein Babypopo, überhaupt noch Straßenhaftung hatten, falls der Tank nicht endgültig durchbrach, falls der Motor eine Geschwindigkeit von mehr als achtzig Stundenkilometern durchstand, falls wenig Verkehr herrschte, dann konnte Montalbano seiner Berechnung nach in anderthalb Stunden in Montechiaro am Krankenhaus sein. (s. 110 – 111)

Montechiaro wird von Camilleri zwar nur beiläufig beschrieben, trotzdem sollten wir diesen Ort unbedingt besuchen. Palma di Montechiaro ist eine Gründungsstadt: solche Gründungsstädte sind in erster Linie ein sizilianisches Phänomen und ab dem 16. Jahrhundert auf der gesamten Insel entstanden. Damals beschloss der spanische König Philipp II. (Sizilien gehörte damals und noch für weitere Jahrhunderte zur spanischen Krone), den sizilianischen Adeligen die Möglichkeit zu gewähren, auf Grund der »licentia populandi« Städte zu gründen, um so die landwirtschaftliche Produktion besser kontrollieren zu können. Der Grundriss des Ortes Palma, eine viereckige Piazza (Piazza Domenico Provenzani), von der aus sich ein schachbrettartiges Muster entwickelt, spiegelt in vollkommener Weise das Konstruktionsprinzip der Gründungszentren wider. Wenn man Palma, das allmählich näher rückt, von der Staatsstraße aus sieht, empfindet man ein wachsendes Unbehagen. Die zahlreichen, niemals fertig gebauten Häuser verbergen einen Ort von ausgefeilter Schönheit. Nicht zu versäumen ist die Hauptkirche gleich am Orteingang, zu der man über eine lange Treppe (Salita Duomo) von der Piazza S. Rosalia hinaufsteigt. Diese Treppe unterstreicht die bühnenbildartige Wirkung. An der Piazza liegen das Rathaus und der strenge Herzogliche Palast, in dessen Inneren wir wunderbare Holzdecken aus dem 17. Jahrhundert finden. Ein weiterer Anziehungspunkt von Palma ist die herrliche Landschaft des Tales in Richtung Meer, die man zwischen den einzelnen Häusern immer wieder betrachten kann. Wenn wir auf der Via Turati weiterschlendern, stoßen wir nach wenigen Metern auf die Piazza Domenico Provenzani, an der sich das einmalig schöne Bauwerk der Kirche der Heiligen Rosalia erhebt, das erste in Palma errichtete Gebäude.

Im Krankenhaus von Montechiaro erhält Montalbano leider genau die Bestätigungen, die er befürchtet hatte. Er beschließt, an den Orten weiterzuermitteln, an denen sich die Tragödie des Jungen ereignet hat, nämlich an der Küstenstraße, die die beiden illegal errichteten Ortsteile Tricase und Spigonella miteinander verbindet.

Nach dem Besuch in Montechiaro können auch wir in Richtung Meer hinunterfahren, bis wir nach Spigonella und Tricase (Marina di Palma) [A B2] kommen. Diese Orte sind bereits Schauplätze der Ermittlungen Fazios gewesen, als dieser die Identität der »schwimmenden Leiche« herausfinden wollte.

TRICASE UND SPIGONELLA [A B2]

Bei der Verkehrspolizei erklärte man ihm, wo der Unfall passiert war: vier Kilometer von Montechiaro entfernt, auf dem illegal ausgebauten und nicht asphaltierten Verbindungsweg zwischen Spigonella, einem illegal errichteten Dorf am Meer, und Tricase, ebenfalls am Meer und ohne Baugenehmigung hingestellt. Das Sträßchen verlief nicht gerade, sondern mach-

te einen weiten Umweg landeinwärts und führte zu den eben-falls schwarzgebauten Häusern von Leuten, die lieber in den Hügeln als am Meer wohnten. (...)

Der Weg war nicht nur nicht asphaltiert, ihm war auch anzusehen, dass es sich um einen alten Karrenweg handelte, dessen unzählige Löcher schlecht und nur teilweise aufgefüllt waren. (...)

»Spigonella liegt auf einem Felsplateau, wenn man ans Meer will, muss man in den Stein gehauene Stufen runter-gehen, da ist man im Sommer reif für einen Herzinfarkt. Man kann aber auch mit dem Auto ans Meer, wenn man die Straße nimmt, auf der Sie hergekommen sind, dann nach Tricase abbiegt und von dort hierher zurückfährt. (s.113–114)*«*

»Tricase liegt direkt am Wasser, aber es ist ganz anders.« (...)

»Hier in Spigonella haben sich Leute mit Geld Villen hingestellt, Anwälte, Ärzte, Geschäftsleute, in Tricase steht ein Häuschen neben dem anderen, da wohnen kleine Leute.«
(s. 155)

Fahren wir also nach Marina di Palma hinunter, wo wir uns die Häuschen von Tricase anschauen, die, wie Fazio sagt, »vertrauten Umgang miteinander haben, es scheint, als ob sie miteinander reden«. Ebenso sehen wir uns die imposan-ten Villen in Spigonella an, die von weiteren Umzäunungen eingefriedet sind.

Wenn wir Montechiaro verlassen, fahren wir zur Staats-straße 115 hinunter, und am Kreisverkehr, etwa vier Kilo-meter von der Ortschaft entfernt, fahren wir in Richtung Marina di Palma auf der Provinzialstraße 55 weiter. Die Ortschaft ist als das von Camilleri beschriebene Tricase erkennbar. Marina di Palma befindet sich in der Nähe der Mündung des Flusses Palma, auf der linken Uferseite. Auf einer kleinen Anhöhe steht zum Zeichen, dass der Ort hier endet, der Turm San Carlo aus dem 17. Jahrhundert. Der Grundriss in quadratischer Form wurde auf Wunsch und Willen von Carlo Tomasi angelegt, einem Vorfahr von Giuseppe Tomasi di Lampedusa, dem Autor des GATTOPARDO, und diente der Verteidigung. Je nachdem, zu welcher Zeit wir hier unseren Besuch machen, könnte sich auch die Gelegenheit zu einem erfrischenden Bad auf dem kleinen Ufer gegenüber des Dorfes bieten, wenn man so umsichtig ist und den Teil des Ortes wählt, der am anderen Ende der Flussmündung liegt. Das ist der, von dem Montalbano wegfährt, um die Küste auf der Suche nach der Villa von Baddar Gafsa zu erforschen.

Von Tricase (Marina di Palma) nehmen wir die kleine Straße, die am Hügel Capreria vorbeiführt und uns zum Schloss von Montechiaro bringt. Auf eben dieser Straße wurde der in Vigàta an Land gegangene Jungen ermordet, und in der Tat können wir in den zahlreichen, auf dem Hügel Capreria erbauten Häusern das von Camilleri beschriebene Spigonella erkennen. Bemerkenswert ist das zum Meer hin liegende Bauwerk, das mit seinen Pfeilern völlig vom Boden abgehoben wirkt. Unser Besuch in den Ortschaften von Tricase und Spigonella findet seinen Abschluss am Schloss von Montechiaro, das kürzlich restauriert worden ist. Das Bauwerk aus dem späten 15. Jahrhundert weist einen viereckigen Grundriss auf, der auf der nordwestlichen Seite durch eine Antonio Gagini zugeschriebene Statue der Heiligen Gottesmutter gekennzeichnet ist.

Wenn wir nach Montechiaro zurückfahren, können wir uns spaßeshalber damit beschäftigen herauszufinden, welche wohl die Villa von Baddar Gafsa sein könnte, die im Epilog des Romans eine wichtige Rolle spielt, und welche die weiß-rote Villa am Anfang von Spigonella, die als logistische Basis für die Operation dient, die zum Abschluss dieses Unternehmens führt. Besonders die Fahrt hinunter nach Tricase auf der dem Turm San Carlo gegenüberliegenden Seite eröffnet viele Ausblicke vor allem auf das, was mit der Morphologie der Küste zu tun hat.

SPIGONELLA, VILLA VON BADDAR GAFSA [A B2]

Bei der auf dem Hinweg aufgenommenen Sequenz waren die Felsen unterhalb der Villa wie eine unregelmäßige untere Zahnreihe angeordnet, einer stand weiter vorn, ein anderer weiter hinten, einer war klein, der nächste höher, einer stand quer, einer wieder gerade. Auf dem Rückweg mit Zoom aufgenommen, wiesen die Felszähne eine Lücke auf, eine zwar nicht sehr breite, aber immerhin ausreichende Passage für ein Schlauchboot oder ein kleines Motorboot. (...) (S. 170–171)

Etwa zehn Meter weiter rechts war eine schmale, steile Treppe in den Fels gehauen, deren Bewältigung schon bei Tageslicht ein gebirgsjägerähnliches Unterfangen gewesen wäre, und dann erst mitten in der Nacht! (S. 245)

Am Ende unseres Besuchs in den Küstenorten von Montechiaro kehren wir auf der Staatsstraße 115 wieder nach Vigàta zurück. Der Commissario hat während seiner Erkundungen am Meer entdeckt, dass sich der Küstenstreifen von Montechiaro bestens als Versteck für noch nicht eindeutig klare Schiebereien eignet. Zurück in Vigàta entdeckt Montalbano ganz zufällig, dass die tragische Geschichte mit dem in Vigàta an Land gegangenen Jungen und die mit der schwimmenden Leiche, die er vor seinem Haus gefunden hat, in dieselbe Richtung deuten. Montalbano trifft sich mit Ingrid, die auf dem Foto die Leiche eines ihrer verflossenen Liebhaber erkennt. Von dieser Enthüllung ausgehend rekonstruiert Montalbano die wahre Identität des Toten: Es handelt sich um den flüchtigen Kalabresen Ernesto Errera, auch bekannt als Ninì Lococo, der sich als tot ausgegeben hatte, um freie Hand für seine illegalen Geschäfte zu haben.

Zu Ingrids hilfreichen Hinweisen kommen die Enthüllungen des Journalisten Sozio Melato – der eine sonderbare Ähnlichkeit mit einem dicken Strauß Lilien aufweist – über die Geschäfte mit illegalen Einwanderern. Seine Geschichte macht dem Commissario das tragische Schicksal des kleinen Jungen begreiflich, und das bringt ihn bei seinen Ermittlungen einen Schritt weiter. Das entscheidende Versatzstück wird ihm allerdings erst durch das Geständnis von Gaetano Marzilla geliefert, dem Krankenwagenfahrer, der den eben an Land gegangenen Jungen in seinen Krankenwagen lud und ihn im Grunde seinen Mördern auslieferte. Marzilla enthüllt Montalbano, dass bei der nächtlichen Anlandung in der Umgebung von Capo Russello [B E3] auch ein hohes Tier der Organisation dabei war, der zahnlose Jamil Zarzis. Natürlich erfordert eine derartige Wende der Ermittlungen ein langes Nachdenken seitens des Commissario.

Wir könnten diese Gelegenheit nutzen, einen Streifzug über die Hauptverkehrsader von Vigàta zu machen, die Via Roma, eine ausgesprochene Straßen-Piazza, wo wir uns damit amüsieren können, die Orte ausfindig zu machen, die den Schauplätzen für die Abenteuer Montalbanos als Anregung dienen. Beginnen wir unseren Besuch am Eingang zum Hafen, danach kommen wir zur Piazza Vittorio Veneto [D F4], an der sich das Postgebäude aus der Zeit des Faschismus befindet. Die Piazza erweitert sich noch einmal vor dem eigentlichen Corso und zeigt an ihrem Rand eine Art Stadttor. Wenn wir dann auf dem Corso, der Hauptverkehrsstraße Via Roma, sind, stoßen wir linker Hand auf die Hauptkirche von Vigàta [D E4], die dem Allerheiligsten Erlöser geweiht ist. Die 1904 aus dem porösen roten Stein dieser Gegend erbaute Kirche (gleich oberhalb von Vigàta gibt es einen noch genutzten Steinbruch) weist einen auf die Formensprache der Renaissance zurückgehenden Prospekt auf, in welchen der Eingang von einem geteilten, auf zwei ionischen Säulen ruhenden Sims gekennzeichnet wird, der wiederum von zwei symmetrischen Wandpfeilerpaaren eingerahmt ist. Auf der rechten Seite erhebt sich der hohe Glockenturm. Das Portal wird von einer zweiten Reihe ebenfalls im ionischen Stil gefertigter Wandpfeiler bekrönt. Die Kirche hat einen einschiffigen Grundriss mit Apsis. Im Inneren ist die Quergliederung des Raumes acht Nischenpaaren überlassen, die von Wandpfeilern im Kompositstil eingefasst werden und Holzplastiken und Bilder enthalten. Gleich nach dem Eingang finden wir auf der rechten Seite die Statue des heiligen Calogero, des maurischen Schutzheiligen von Montelusa, Vigàta und zahlreichen anderen Gemeinden der Umgebung.

Auf unserem weiteren Weg über die Via Roma stoßen wir auf den Palazzo di Municipio, das Rathaus [D E5], das durch einen Portikus charakterisiert wird, den acht schlichte Säulen ohne Kapitelle tragen, und durch Einfassungen, deren gemischtlinige Formen typisch für die Renaissance sind. Diese Einfassungen bezeichnen die beiden oberen Etagen. Noch etwas weiter begegnen wir der Bronzestatue von Luigi Pirandello, dem berühmten Dramatiker, der nur wenige Kilometer von Vigàta entfernt, in der Contrada Kaos [B E8], geboren wurde.

Nach diesem Besuch in Vigàta können wir uns nach Capo Russello aufmachen, einem Strandbadeort unterhalb von Montereale, um uns die Gegend um den Landeplatz von Jamil Zarzis anzuschauen. Montalbano überwacht unterdessen das Gebiet der Contrada Lampisa und wartet darauf, dass das von Marzilla gesteuerte Auto vorbeikommt. Von Vigàta aus nehmen wir die Küstenstraße in Richtung Marinella, und wenn wir diesen Strandbadeort hinter uns haben, biegen wir rechts auf die Staatsstraße 115 in Richtung Montereale (Realmonte) [B D3] ab. Nach unserer Ankunft in dem kleinen Ort folgen wir den Richtungsschildern zum Lido Rossello [B E3]. Wenn wir am Meer ankommen, befinden wir uns in einer ausladenden Bucht. Wir können in dem großen Strand den Landeplatz von Jamil Zarzis erkennen, dem furchtbaren Verbrecher und Chef der Gegend Baddar Gafsas, der im Mittelpunkt schmutziger Geschichten von illegaler Einwanderung steht.

Der Besuch des Lido Rossello schließlich bietet uns die Gelegenheit, zwischendurch ein erfrischendes Bad im Meer zu nehmen, sofern das Klima und die Wassertemperatur es zulassen.

Der Lido Rossello öffnet sich auf eine weitläufige Bucht, die rechts vom mächtigen Capo Russello mit dem gleichnamigen Leuchtturm gekennzeichnet wird, und links vom unverwechselbaren weißen Umriss der Scala dei Turchi (Türkentreppe).

CONTRADA LAMPISA [B E3]

Sie folgten Catarellas Wegbeschreibung und verfuhren sich kein einziges Mal. Eine halbe Stunde, nachdem sie in Marinella losgefahren waren – in dieser halben Stunde konnte Montalbano Ingrid alles erklären –, erreichten sie die Eichenallee, an deren Ende im Scheinwerferlicht die Ruine eines großen Landhauses auftauchte.

»Jetzt geradeaus, fahr nicht den Weg weiter und bieg nicht links ab. Wir verstecken das Auto hinter der Villa.«

Ingrid tat, was Montalbano sagte. Hinter der Villa erstreckte sich das offene Land. Ingrid schaltete das Licht ab, und sie stiegen aus. Der Mond schien taghell, und es war beängstigend still, nicht einmal ein Hund bellte.

»Und jetzt?«, fragte Ingrid.

»Wir lassen das Auto hier stehen und gehen an eine Stelle, von wo aus man die Allee überblickt. Da können wir sehen, welche Autos vorbeifahren.«

»Was für Autos denn?«, fragte Ingrid, »Hier kommt doch nicht mal eine Grille vorbei.«

Sie gingen los.

»Wir können es ja wie im Film machen«, sagte Ingrid.

»Und wie geht das?«

»Komm, Salvo, das weißt du doch! Wenn zwei Polizisten, Männlein und Weiblein, auf der Lauer liegen, spielen sie Liebespaar. Sie umarmen und küssen sich und observieren dabei.«   (S. 233)

Montalbanos Plan, den zahnlosen Verbrecher Zarzis zu verhaften, macht gute Fortschritte. Der Commissario und die treue Ingrid folgen dem von Marzilla gefahrenen Jaguar bis zum Unterschlupf von Spigonella, dem Schauplatz des tragischen Romanepilogs.

Denn bei der Verhaftung des zahnlosen Verbrechers wird Montalbano von einem Pistolenschuss verwundet und muss dieses Abenteuer in einem Bett im Krankenhaus von Montechiaro beenden.

Auch für uns ist damit die Reise, auf der wir unseren Commissario zwischen Montechiaro, Vigàta und Capo Russello begleitet haben, an ihrem Ende angelangt.

8. Besucherweg

DIE PASSION DES STILLEN RÄCHERS

Auf diesem Besucherweg begleiten wir Commissario Montalbano bei seiner Ermittlung an Orte von tausendjähriger Faszination und werden am Ende das Geheimnis entwirren, das sich hinter der PASSION DES STILLEN RÄCHERS verbirgt.

Unsere Reise beginnt in Marinella [B E6], wo Montalbano sich immer noch von den Ereignissen erholen muss, wie sie in DAS KALTE LÄCHELN DES MEERES erzählt wurden. Noch bevor er wieder richtig genesen ist, wird er zuerst von Catarella – auf seine besondere Weise – und dann von Fazio informiert, dass in der Nähe einer Landvilla unter mysteriösen Umständen ein Mädchen entführt wurde, eine gewisse Susanna Mistretta.

Der Lido von Marinella ist einer der Strandbadeorte in der Umgebung von Vigàta, der in einer Bucht liegt und sich bis Punta Grande ausdehnt, während er im Osten vom Hafen von Vigàta zu Füßen eines Hügels aus weißem Mergel abgeschlossen wird, auf dem sich hohe Wohnhäuser erheben, die in den letzten vierzig Jahren gebaut wurden. Im Norden trennt die Küstenstraße den Strand von einer fortlaufenden Wand gipshaltiger Hügel.

HAUS VON COMMISSARIO MONTALBANO, MARINELLA [B F8]

»Dottori, hab ich Sie vielleicht geweckt?«
»Catare, es ist Punkt sechs!«

»Auf meiner Uhr ist es aber drei nach sechs.«

»Dann geht deine Uhr eben ein bisschen vor.«

»Echt, Dottori?«

»Ganz echt.«

»Dann stell ich sie drei Minuten zurück. Danke, Dottori.«

»Bitte.«

Beide legten auf, und Montalbano wollte ins Schlafzimmer zurück. Nach ein paar Schritten blieb er fluchend stehen. Was war denn das für ein bescheuertes Gespräch? Rief Catarella in aller Herrgottsfrühe an, um festzustellen, ob seine Uhr richtig ging? Da läutete es wieder, der Commissario machte kehrt und nahm noch beim ersten Klingeln ab.

»Dottori, bitte verzeihen Sie, aber bei der Uhrzeit hab ich vergessen, dass ich ja angerufen hab, weil ich Sie wegen was anrufen wollte.«   (S. 23)

»Worum geht's denn?«

In Gallos Begleitung begibt Montalbano sich an die Orte. Wir folgen ihm und fahren über die Küstenstraße in Richtung Trapani. An der Kreuzung mit der Staatsstraße 115 kehren wir um in Richtung Agrigent. Wir kommen damit in den oberen Teil von Vigàta, zum Piano Lanterna, der miterlebt hat, wie die Stadt in unkontrolliertem Ausmaß gewachsen ist und mittlerweile jeden Winkel dieses Gebiets auf dem Hügel oberhalb des Hafens ausgefüllt hat. Kurz vor dem Viadukt über den Fluss Salsetto biegen wir nach links ab und kommen zu einer Anhöhe, auf der ein Bauwerk aus dem 19. Jahrhundert steht, die Villa Ciuccàfa [B E6], die mit der Villa Mistretta aus dem Roman übereinstimmt. Von diesem Ort aus führt ein Feldweg, der sich in äußerst schlechtem Zustand befindet, unter dem Viadukt hindurch und verbindet die Anhöhe mit Vigàta. Überlassen wir es nun Camilleri, diese Villa zu beschreiben.

VILLA MISTRETTA [B E6]

Die zweistöckige Villa musste einmal sehr schön gewesen sein, doch mittlerweile waren die Anzeichen von Verwahrlosung nur allzu sichtbar. Häuser spüren es, wenn man sich nicht mehr um sie kümmert, man könnte fast meinen, sie alterten absichtlich frühzeitig. Das schwere, schmiedeeiserne Tor war angelehnt.

Der Commissario betrat einen großen Salon, der mit dunklen, massiven Herrenzimmer-Möbeln eingerichtet war und auf den ersten Blick wie ein Museum wirkte, denn er war vollgestopft mit afrikanischen Masken und antiken Statuetten aus Südamerika, Reiseandenken des Geologen Salvatore Mistretta. In einer Ecke des Salons standen zwei Sessel, ein Tischchen mit Telefon, ein Fernseher. Fazio und ein Mann, der Mistretta sein musste, saßen in den Sesseln und starrten auf das Telefon. Als Montalbano eintrat, sah der Mann Fazio fragend an.

»Das ist Commissario Montalbano. Signor Mistretta.«

(S. 32–33)

Wenige Meter vor der Villa verlassen Montalbano und Gallo die Straße, auf der sie hergekommen sind, um rechts auf dem erwähnten Feldweg weiterzufahren, der wieder nach Vigàta führt. Dort wurde die Vespa des entführten Mädchens aufgefunden. Alles deutet darauf hin, dass Susanna Mistretta für die Heimfahrt den Feldweg gewählt hat und dort, wenige Meter vom Haus entfernt, ihren Entführern direkt in die Arme fuhr. Das ist ein Punkt, der nicht stimmig ist, denn für sie wäre es wesentlich leichter gewesen, über die asphaltierte Straße heimzufahren, zumal der Feldweg in einem Zustand ist, der das Befahren besonders schwierig macht.

Auch wir können für eine kurze Strecke diesen Feldweg befahren und versuchen, die Stelle ausfindig zu machen, an der die Entführung erfolgte, während Montalbano die Villa betritt, um Fazio und den Vater des entführten Mädchens dort zu treffen.

Salvatore Mistretta kann die Handlungsweise der Entführer überhaupt nicht verstehen. Seit Jahren nämlich ist seine mäßige Finanzlage in Vigàta allgemein bekannt. Erschwerend kommt in dieser Situation noch der Gesundheitszustand von Susannas Mutter hinzu, die im Sterben liegt. Montalbano vermutet zunächst, dass die Entführung nichts mit der Forderung nach Lösegeld zu tun hat, sondern die Handlung eines Triebtäters ist. Von Signor Mistretta erfährt Montalbano wichtige Einzelheiten über das Mädchen, das immer einen starken, entschlossenen Charakter besessen hat, trotz der plötzlichen Verschlechterung des Zustandes ihrer Mutter. Die letzte sichere Tatsache ist, dass Susanna am Nachmittag vor der Entführung zu ihrer Freundin Tina Lofaro in Vigàta gefahren ist, um gemeinsam mit ihr zu lernen.

Montalbano lässt Fazio in der Villa zurück und fährt in Gallos Begleitung nach Vigàta, wo er Susannas Studienfreundin vernehmen will. Begeben auch wir uns auf den Weg, indem wir wieder die Staatsstraße 115 in Richtung Agrigent nehmen und dann rechts in Richtung Porto Empedocle abbiegen. Damit gelangen wir über die Via Spinola nach Vigàta, eine Straße, die vor Zeiten einmal die »abschüssige Straße der Kette« genannt wurde (siehe 2. Besucherweg – DER HUND AUS TERRACOTTA), weil sich hier in bourbonischer Zeit eine Zollstation befand, die den Eintritt zum Wohngebiet markierte. Camilleri siedelt das gesuchte Haus in der Via Roma [D E 5] an, dem eigentlichen Zentrum des städtischen Lebens, Hauptverkehrsader und zugleich verlängerte Piazza von Vigàta.

Der Autor sagt nicht genau, welches der Häuser aus dem 19. Jahrhundert, die sich hier befinden, das Haus von Tina Lofaro wäre. Daher nutzen wir die Gelegenheit, während Montalbano eine heikle Vernehmung bei dem Mädchen durchführt, um über den Corso bis zur Piazza Vittorio Veneto [D E4] und zum Hafeneingang zu flanieren, der durch das eindrucksvolle Bauwerk des Turms von Karl V. charakterisiert wird [D E4].

WOHNUNG VON TINA LOFARO, VIA ROMA [D E5]

Er ließ sich von Gallo bei Tina Lofaro absetzen, Susannas Studienkollegin, die in der Hauptstraße von Vigàta wohnte. Das dreistöckige Haus war ziemlich alt, wie alle Häuser im Zentrum. Der Commissario wollte gerade an der Sprechanlage klingeln, als die Tür aufging und eine etwa fünfzigjährige Frau mit einem leeren Einkaufswagen herauskam.

»Sie können offen lassen«, sagte Montalbano. (…)

Die Tür ging auf, vor ihm stand eine ungepflegte Zwanzigjährige mit rabenschwarzem Haar, klein, pummelig und mit dicken Brillengläsern. (…)

Er beschloss, die Sache mit Tina in weniger als zehn Minuten zu erledigen. Er verbrannte sich die Lippen mit dem heißen Espresso und stellte seine Fragen. (…)

»Richtige Freundinnen eigentlich nicht. Wir haben uns an der Uni kennengelernt. Als wir feststellten, dass wir beide aus Vigàta sind, dachten wir, wir könnten uns zusammen auf unsere erste Prüfung vorbereiten, und so kommt sie seit ungefähr einem Monat jeden Tag von fünf bis acht zu mir.«

»Ja, ich glaube, sie liebt Francesco sehr.«

»Nein, sie hat nie etwas von anderen Jungs erzählt.«

»Nein, sie hatte sonst keine Verehrer.« (...)

»Nein, gestern Abend ist sie wie immer losgefahren. Wir haben uns für heute um fünf verabredet.«   (S. 40 – 43)

Die gerade beendete Vernehmung hat nichts wirklich Neues erbracht, außer vielleicht, dass Susannas starke Persönlichkeit besser zum Vorschein kam. Sie war ein entschlossenes und selbstsicheres Mädchen, unfähig, der doch immerhin schwierigen häuslichen Situation zu entfliehen.

Nachdem er das Haus von Tina Lofaro verlassen hat, geht Montalbano zum Kommissariat, wo er durch einen Anruf vom Polizeipräsidenten informiert wird, dass die Ermittlung offiziell Commissario Fifì Minutolo übertragen wurde, während Montalbano sich lediglich mit unterstützenden Tätigkeiten beschäftigen darf. Und weil Montalbano nicht unter dem Druck der Ermittlungen steht, nutzt er diese Freiheit für einen Besuch in der Trattoria da Enzo [D C5], um sich genüsslich zwei Portionen Couscous einzuverleiben. Weil wir aber die gute Laune des Commissario nicht durch eine unangebrachte Störung verdunkeln wollen, gehen wir ihm von der Via Roma aus zum Hafen voraus, wo Montalbano sich nach dem Mittagessen hinbegibt, um einen langen Verdauungsspaziergang bis zum Leuchtturm zu machen.

Der Eingang zum Hafen ist durch das beeindruckende Bauwerk des Turms von Karl V. [D F5] gekennzeichnet, der im 16. Jahrhundert errichtet wurde. Der Leuchtturm ist eine kleine Anlage am Ende der Ostmole. Hier empfängt uns ein smaragdfarbenes Meer, das es uns erlaubt, den Blick weit in die Ferne schweifen zu lassen. Auf einer Felsenklippe sitzend, verfolgen wir weiter mit Camilleris lebendiger Stimme die Entwicklung dieser Angelegenheit.

HAFEN, LEUCHTTURM UND FLACHKLIPPE [D M5]

Montalbano nutzte seine unerwartete Freiheit und die Tatsache, dass Livia unauffindbar war, schamlos aus. »Herzlich willkommen, Dottore! Gut, dass Sie gerade heute kommen!«, sagte Enzo.

Ausnahmsweise hatte Enzo Couscous mit acht Sorten Fisch gekocht, aber nur für Gäste, die er besonders mochte. Zu ihnen gehörte natürlich der Commissario, der den Tränen nahe war, als der Teller vor ihm stand und der Duft ihm in die Nase stieg. Enzo merkte es, missverstand es zum Glück aber.

»Commissario, Ihre Augen glänzen so! Sie haben doch nicht etwa Fieber?«

»Doch«, log Montalbano, ohne zu zögern.

Er verputzte zwei Portionen. Danach verkündete er dreist, dass ihm auch noch ein paar kleine Meerbarben zusagen würden. Der Spaziergang zum Leuchtturm war für die Verdauung unerlässlich.

Als er wieder im Kommissariat war, rief er Livia an. Erneut meldete das Handy, der gewünschte Gesprächspartner sei nicht erreichbar. Egal.

Galluzzo kam und berichtete über eine Sache in Zusammenhang mit einem Einbruch im Supermarkt.

»Ist denn Dottor Augello nicht da?«

»Doch, Dottore, er ist drüben.«

»Dann geh rüber und erzähl ihm die Geschichte, bevor er zum großen Koordinator wird.«

Er brauchte sich nichts vorzumachen, Susannas Verschwinden machte ihm allmählich ernsthaft Sorgen. Seine größte Angst war, dass ein Triebtäter die junge Frau in seiner Gewalt hatte. Vielleicht sollte er Minutolo vorschlagen, unverzüglich die Suche nach dem Mädchen zu organisieren und nicht auf einen Anruf zu warten, der womöglich nie kam.   (s. 48 – 49)

Im Kommissariat trifft Montalbano Francesco Lipari, den festen Freund von Susanna, und erfährt von ihm neue aufschlussreiche Einzelheiten. So zum Beispiel, dass Susanna an jenem Nachmittag eine beträchtliche Geldsumme von der Bank abgeholt hat. Dem Vater zufolge war das Mädchen an besagtem Tag ohne Geld. Wozu sollten die dreitausend Euro dienen? Und wie kommt es, dass der Vater keine Kenntnis von alldem zu haben schien?

Bevor er zur Villa der Mistrettas zurückfährt, wo er ein paar Dinge überprüfen möchte, erhält Montalbano einen Anruf von Livia, die gerade im Garten der Kolymbetra im Tal der Tempel gewesen ist, ein Ort, den wir im Verlauf unseres Weges noch besuchen werden.

Der bedauernswerte Geologe Mistretta kehrt, obwohl in einem Zustand völliger Verwirrung, in Gedanken zum Tag der Entführung zurück und erinnert sich nun, dass Susanna das Haus verlassen hat, um zur Bank zu fahren und dort ungefähr dreitausend Euro abzuheben, mit denen sie die Schulden in einer Apotheke in Vigàta begleichen wollte. Außerdem weiß er jetzt wieder, dass Susanna gar nicht in die Apotheke gegangen ist, um die Schulden zu begleichen, sondern den Nachmittag mit ihrem Freund verbracht hatte. Bei der Vorstellung, dass ihre Entführer sie mit dem gesamten Geld in der Tasche gefunden haben, erschrickt er zutiefst, zumal er bereits eine Erklärung im lokalen Fernsehsender *Televigàta* abgegeben und erzählt hatte, dass er wirtschaftlich völlig am Boden sei.

Montalbano ist über dieses Interview außer sich, das seiner Meinung nach nicht gesendet werden darf, und kehrt nach Marinella zurück. Dann muss er aber doch noch einmal zur Villa Mistretta zurückkehren, weil sich die Entführer inzwischen gemeldet haben.

Am Telefon lässt ein Mann mit verstellter Stimme Susannas Stimme hören, die um Hilfe bittet. Die Verbindung endet mit einer Geldforderung, die Höhe der Summe wird jedoch nicht genannt.

Zurück im Kommissariat, macht Montalbano sich gemeinsam mit Francesco Lipari Gedanken und gelangt zu einigen Schlussfolgerungen: Angesichts der Tatsache, dass die Straße, die zur Villa führt, etwas vorher mit dem ländlichen Ortsteil »La Cucca« aufhört, kann es auch sein, dass die Entführer Personen sind, die für das Mädchen ganz normale Bekannte sind, weil sie, wie Susanna selbst, jeden Tag diesen Weg von Vigàta aufs umliegende Land nehmen. Doch auch andere Folgerungen werfen ein Licht auf die Entführung. Wie beispielsweise die nicht allzu ferne Möglichkeit, dass die Vespa von den Entführern nur deshalb auf den Feldweg gebracht wurde, um die Ermittlungen zu verwirren, während das Mädchen für den Heimweg durchaus die Straße gewählt haben mag, die sie jeden Tag fährt. Während er diese Überlegungen zusammen mit Francesco anstellt, bekommt Montalbano plötzlich einen Anruf von Nicolò Zito, der ihn unverzüglich in den Studios der *Retelibera* erwartet.

Kaum ist Montalbano dort eingetroffen, teilt der Journalist ihm mit, dass auch sie die Aufzeichnung des anonymen Anrufs erhalten haben. Montalbano kann Zito dazu überreden, sich nicht auf das Spiel der Entführer einzulassen und die Nachricht nicht auszustrahlen. Also sichert sich *Televigàta*, der Konkurrent von *Retelibera*, den Knüller und bringt auf Biegen und Brechen in einer Sondersendung die Nachricht von dem Anruf, begleitet von dem schändlichen Kommentar des Journalisten Pippo Ragonese.

Nach seiner Rückkehr ins Kommissariat verabredet sich Montalbano mit Dottor Carlo Mistretta, dem Onkel von Susanna, um ihn zu vernehmen und die Familie des entführten Mädchens besser kennenzulernen. Im Anschluss trifft er sich mit Livia in der Trattoria da Enzo [D C5]. Auch für uns ist, sofern wir wollen, der Augenblick gekommen, die Gerichte von Enzo zu probieren. Wir verlassen den Hafen und begeben uns erneut auf die Via Spinola. Wir fahren sie ein kurzes Stück hinauf und biegen gleich links in die Via Garibaldi [D D5] ein. Am Ende dieser steilen Steigung stoßen wir auf die Trattoria da Enzo, die uns mit köstlichen Gerichten erwartet. Wie die Bar Albanese ist dieses Lokal zu einem der Symbolorte in der Welt Montalbanos geworden, und die Beschreibung, die Camilleri in DAS KALTE LÄCHELN DES MEERES (7. Besucherweg) von ihr gibt, entspricht ganz genau der Wirklichkeit.

204

TRATTORIA DA ENZO [D C5]

Livia saß bereits am Tisch, als er die Trattoria betrat, in der er immer aß. Der Blick, mit dem sie ihn bedachte, kaum dass er sich hingesetzt hatte, sprach Bände, er konnte sich auf etwas gefasst machen.

»Wie weit seid ihr?«, fing sie an.

»Livia, darüber haben wir doch erst vor einer Stunde gesprochen!«

»Na und? In einer Stunde kann viel geschehen.«

»Findest du, das ist der richtige Ort für dieses Thema?«

»Ja. Denn zu Hause erzählst du mir nichts von deiner Arbeit. Oder möchten Sie, dass ich ins Kommissariat komme, Dottore?«

»Livia, wir tun wirklich, was wir können. In diesem Augenblick sucht ein Großteil meiner Leute, einschließlich Mimì, zusammen mit den Kollegen aus Montelusa minutiös das Umland ab…«

»Und wie kommt es, dass du gemütlich mit mir in der Trattoria sitzt, während deine Leute die Gegend durchkämmen?«

»Der Questore wollte es so.«

»Der Questore wollte, dass du beim Essen sitzt, während deine Leute arbeiten und das Mädchen die schlimmsten Ängste aussteht?«

Meine Güte, was für ein Theater!

»Livia, du brauchst dich nicht über mich lustig zu machen!«, sagte er in breitestem Sizilianisch.   (s. 100–101)

Nach dem qualvollen Mittagessen mit Livia, die wegen des Schicksals des entführten Mädchens äußerst besorgt ist, kehrt er ins Kommissariat zurück. Dort entdeckt er, dass sein Stellvertreter Augello bei seinen Ermittlungen in der

Umgebung von Gallotta in einen Steingraben gestürzt ist und ersetzt werden muss. Er lässt sich von Gallo begleiten, der es vorgezogen hätte, das Büro wegen peinlicher Verdauungsbeschwerden nicht zu verlassen. Dennoch begibt er sich mit dem Commissario nach Gallotta, um Mimì Augello zu helfen. Diese kleine Stadt, deren wirklicher Name Giardina Gallotti ist, ist schon andere Male von Montalbano besucht worden (siehe 2. Besucherweg – DER HUND AUS TERRACOTTA).

Allerdings folgen wir Montalbano nicht nach Gallotta, weil wir sonst Gefahr laufen, die Verabredung mit Dottor Carlo Mistretta nicht einzuhalten. Daher begeben wir uns von der Trattoria da Enzo zu Fuß zum Belvedere [D E3], einer modernen Terrasse, von wo aus wir mit einem einzigen Blick die Küste von San Leone bis Capo Russello erfassen und von oben aus die Altstadt von Vigàta, die Ostmole, den Leuchtturm und den Turm Karls V. betrachten können. Dort werden wir den weiteren Verlauf unserer Geschichte verfolgen.

BELVEDERE [D E3]

Sie waren seit gut einer halben Stunde unterwegs, als Gallo sich zu Montalbano wandte und sagte:

»Dottore, ich halt's nicht mehr aus.«

»Wie weit ist es noch bis zur Contrada Cancello?«

»Knapp drei Kilometer, aber ich …«

»Gut, dann halt bei der nächsten Möglichkeit an.«

Rechts ging bei einem Baum ein schmaler Feldweg ab; an den Baum war ein Brett genagelt, auf dem mit roter Farbe »Frische Eier« geschrieben stand. Das Land ringsum lag brach, von Unkraut überwuchert.

Gallo bog in den Weg ein, blieb nach wenigen Metern stehen, stieg hastig aus und verschwand hinter einem Bocksdornstrauch. Montalbano stieg ebenfalls aus und steckte sich eine Zigarette an. Etwa dreißig Meter weiter stand ein weißer Würfel, ein winziges Bauernhaus mit einem kleinen Vorplatz. Dort gab es wohl die Eier. Er stellte sich an den Wegesrand und öffnete seinen Reißverschluss. Der verklemmte sich im Hemd und ging nicht weiter auf. Montalbano senkte den Kopf, um nachzusehen, was nicht funktionierte, und bei dieser Bewegung sah er etwas aufblitzen. Als er fertig war, klemmte der Reißverschluss wieder, und die Sache wiederholte sich: Der Commissario senkte den Kopf, und wieder sah er etwas aufblitzen. Er ging dem Lichtreflex nach. Halb verborgen lag etwas Rundes unter einem Busch. Er wusste sofort, worum es sich handelte, und erreichte mit wenigen Schritten den Busch. Es war ein Motorradhelm. Ein kleiner Helm, für den Kopf einer Frau. Er konnte erst ein paar Tage dort liegen, weil er kaum staubig war. Neu und ohne jede Delle. Montalbano nahm ein Taschentuch, umwickelte seine rechte Hand einschließlich Finger, hockte sich hin und drehte den Helm um. Er legte sich auf den Bauch, damit er die Innenseite aus nächster Nähe betrachten konnte. Sie war sauber, ohne Blutflecken. Zwei oder drei lange blonde Haare waren an der schwarzen Polsterung deutlich zu sehen. Er war so sicher, dass der Helm Susanna gehörte, als stünde ihr Name darin. (s. 105–106)

Wieder einmal ist es der Zufall, der Montalbano auf die richtige Fährte bringt. Wenn es Gallo nämlich nicht so schlecht gegangen wäre, hätte man die unglaubliche Entdeckung zu spät gemacht, und das Schicksal des Mädchens hätte sich bereits vollendet. Montalbano geht also auf das Haus auf dem

Land zu und macht die Bekanntschaft mit Angela Di Bartolomeo, einer Person, deren Opferbereitschaft den Commissario tief beeindruckt. Die Frau verkauft nur offiziell Eier, eigentlich empfängt in ihrem Haus nämlich zu jeder Tages- und Nachtzeit Männer, die es ihr möglich machen, das notwendige Geld zu verdienen, das sie braucht, um die Behandlung ihres Mannes bezahlen zu können, der nach einem Unfall mit seinem Traktor ans Bett gefesselt ist. Dank der Hilfe von Dottor Carlo Mistretta, der ihr die Medikamente besorgt, kann die Frau ihren Mann zu Hause pflegen, ohne ihn in ein Krankenhaus sperren zu müssen. Montalbano fragt die Frau, ob sie an den vergangenen Tagen auf der Straße, die zum Haus führt, etwas Sonderbares bemerkt habe, und tatsächlich erinnert sich Angela, dass vor ein paar Abenden ein Auto auf ihr Haus zugefahren sei. Zunächst dachte sie, es wäre »ein Kunde«, doch dann sei der Wagen unversehens weggefahren. Mimì Augello, der ein paar gebrochene Rippen hat, betritt das Zimmer und erzählt Montalbano, dass die Carabinieri am Kilometerstein vier der Küstenstraße Vigàta-Montereale den kleinen Rucksack von Susanna Mistretta gefunden hätten. Es wird immer deutlicher, dass es sich um eine genau überlegte Strategie der Entführer handelt und dass Susanna in Wirklichkeit weitab von den Stellen festgehalten wird, an denen ihre persönlichen Sachen gefunden wurden.

Nach seiner Rückkehr ins Kommissariat begegnet der Commissario Fazio, der ihm von zwei merkwürdigen Anrufen erzählt, die er erhalten hat, während er in der Villa Mistretta war. Der erste war von einem Mann, der sich als ehemaliger Angestellter der Firma Peruzzo ausgab und Signor Mistretta aufforderte, seinen Stolz zu vergessen, um das Leben der Tochter zu retten. Der andere dagegen war von einer alten Frau, die gebeten hatte, mit Signora Mistretta sprechen zu können, um ihr mitzuteilen, dass Susannas Leben in ihrer Hand sei und es an ihr sei, »die Dinge zu vergessen und den ersten Schritt zu machen«.

Der Zeitpunkt ist gekommen, zum Treffen mit Dottor Carlo Mistretta zu gehen, dem Bruder des Geologen, der ebenfalls eine Villa auf dem Land bewohnt. Dottor Mistretta und Montalbano treffen sich in der Nähe einer Tankstelle außerhalb von Vigàta in Richtung Fela. Wir, die wir ihr Ziel bereits kennen, gehen vom Belvedere [D E3] zu unserem Auto und fahren noch einmal in Richtung der Trattoria da Enzo [D C5]. Links biegen wir in die Via Garibaldi, gelangen zur Via dello Sport [D B4] und fahren über die Kreuzung mit der Staatsstraße 115. Wir müssen die Via dello Sport ganz hinunterfahren, bis wir die vielen Sozialbauten hinter uns gelassen haben und uns schließlich vor einer beeindruckenden Villa aus dem 19. Jahrhundert befinden, der Casa Fragapane. Hier hat Camilleri als kleiner Junge einen Teil seiner Kindheit auf dem Land bei den Großeltern verbracht hat. Diese Villa ist in der Fiktion des Romans das Haus von Dottor Mistretta [B D7]. Von diesem Ort aus reicht der Blick vom Ciuccàfa-Hügel (DAS SPIEL DES PATRIARCHEN – 5. Besucherweg) bis zum Monte Crasto (DER HUND AUS TERRACOTTA – 2. Besucherweg).

HAUS VON DOTTOR MISTRETTA [B D7]

Sie starteten, einer voraus, der andere hinterher. Und so fuhren sie weiter und weiter, verließen die Nationalstraße, verließen die Landstraße, bogen in Feldwege ein. Schließlich hielten sie vor dem verschlossenen Tor einer einsam gelege-

nen Villa, die um einiges größer und gepflegter war als die des Bruders. Sie war ringsum von einer hohen Mauer umgeben. Fühlten sich die Mistrettas ohne solche Landsitze minderwertig? Mistretta stieg aus, öffnete das Tor, fuhr mit dem Auto hinein und winkte Montalbano, ihm zu folgen.

Sie parkten in der Einfahrt neben dem Garten. Der war nicht ganz so verwahrlost wie der Garten der anderen Villa, aber es fehlte nicht viel.

Rechts war ein großer flacher Bau zu sehen, vielleicht ein ehemaliger Stall. Mistretta öffnete die Haustür, schaltete das Licht ein und bat den Commissario in einen großen Salon.

»Entschuldigen Sie mich bitte, ich mache nur rasch das Tor zu.«

Man sah, dass er keine Familie hatte und allein lebte. Der Salon war sorgfältig eingerichtet und gepflegt, eine ganze Wand war mit einer prächtigen Sammlung von Hinterglasbildern behängt. Montalbano war verzaubert von den lebhaften Farben, den naiven und zugleich raffinierten Arbeiten. Eine andere Wand war zur Hälfte mit Bücherregalen bestanden. Aber es befanden sich keine medizinischen oder sonstigen wissenschaftlichen Bücher darin, wie er vermutet hatte, sondern Romane.

»Bitte entschuldigen Sie«, sagte Mistretta, als er wiederkam, »darf ich Ihnen etwas anbieten?«

»Nein, danke. Sie sind nicht verheiratet, Dottore?«

»Als junger Mann hatte ich nie die Absicht zu heiraten. Und dann stellte ich eines Tages fest, dass ich zu alt geworden war.«

»Und Sie leben allein hier?«　　　　　　　(S. 116 – 117)

Auf Drängen Montalbanos hin erzählt Dottor Mistretta die tragische Geschichte von Susannas Mutter Giulia, die in ihrem Leben alles gegeben hat, damit ihr Bruder Alberto seine Staatsexamen machen und es zu etwas bringen konnte, weshalb sie auch ihre eigene Hochzeit mit Salvatore Mistretta so lange hinausgeschoben hatte, bis ihr Bruder in geordneten Verhältnissen leben konnte. Erst da hatte sie geheiratet und war mit ihrem Mann nach Uruguay gezogen. Die Geschichte wird interessant, aber da klingelt unerbittlich das Telefon im Haus: Es ist Fazio, der sie auffordert, zur Villa Mistretta zurückzukehren, weil sich die Entführer erneut gemeldet haben.

Als sie dort ankommen, spielt Fazio noch einmal das Band des Anrufs ab. Dieses Mal sind die Entführer genauer: Sie wollen sechs Milliarden Lire.

Im Garten setzt Dottor Mistretta die Erzählung fort. Kurze Zeit nachdem die Eheleute Mistretta nach Uruguay gezogen waren, ließ Giulia auch ihren Bruder Antonio nachkommen, der weniger wegen seiner Fähigkeiten als Ingenieur als vielmehr wegen einiger Geschäfte, die er betrieben hatte, ein ansehnliches Vermögen erwarb. Diese Situation dauerte an, bis Antonio seiner Schwester mitteilte, dass er Heimweh nach Hause hatte und nach Sizilien zurückkehren würde, auch wenn es Salvatore vorkam, als wäre der Grund ein anderer, vielleicht ein Fehltritt seitens seines Schwagers. Die Eheleute Mistretta blieben Antonio aber immer eng verbunden, sodass auch er es war, den sie bei Susannas Geburt baten, Taufpate zu werden. Im Zusammenhang mit der Untersuchungswelle der »Sauberen Hände«, der *Mani pulite*, wurde auch gegen Antonio ermittelt. Weil dieser sich mit schweren Problemen konfrontiert sah, wandte er sich an seine Schwester, die sich seit kurzem wieder in Vigàta niedergelassen hatte, und bat sie, ihm zwei Milliarden Lire zu leihen, die dazu dienen sollten, ein paar kompromittierende Papiere verschwinden zu lassen. Die Mistrettas gingen leider darauf ein und brachten sich dadurch im wahrsten Sinn des Wortes an den Bettelstab, denn das geliehene Geld wurde niemals zurückgezahlt. Die Beziehungen zwischen Giulia und Antonio verschlechterten sich bis zum völligen Bruch. Von da an wurde Giulia krank. Von Antonio, der mit Nachnamen Peruzzo hieß (und hier versteht Montalbano den Grund der beiden augenscheinlich bedeutungslosen Anrufe, von denen Fazio ihm erzählte) weiß man lediglich, dass es ihm mittlerweile gelungen ist, seine Geschäfte wieder in Gang zu bringen, mehr noch, es scheint, dass er sich sogar um ein politisches Amt bewerben will, und zwar in einem »gepanzerten«, d. h. todsicheren Wahlkreis. Von Zito informiert, begibt sich Montalbano zur Bar Albanese, denn *Televigàta* ist offenbar dabei, eine neue Ausgabe der Sondersendung auszustrahlen. Pippo Ragonese informiert, dass in der Redaktion ein Foto eingetroffen ist, das die arme Susanna darstellt, wie sie von den Entführern mit einer langen Kette an den Füßen in einer Zisterne versteckt gehalten wird. Auf der Rückseite des Fotos steht geschrieben »An den Zuständigen«, und nun hat Ragonese die Möglichkeit, einen weiteren Knüller zu landen: In der Redaktion hat man verstanden, an wen das Foto adressiert ist, nämlich nicht an den Vater, sondern an den Paten, dessen Namen sie aber aus Respekt vor seiner Privatsphäre nicht nennen wollen.

Dank Minutolo kann Montalbano das Foto, von dem Ragonese gesprochen hat, aus der Nähe betrachten. Das Mädchen ist nicht angekettet, und die Zisterne scheint eines der Becken zum Auffangen von Regenwasser zu sein, wie es sie einst in den ländlichen Gegenden von Vigàta gegeben hat. In diesem Augenblick taucht Fazio auf. Er informiert die beiden Kommissare, in der Stadt hätte jeder begriffen, dass der Adressat des Fotos Susannas Onkel sei, Antonio Peruzzo. Das ist der Beginn eines Kesseltreibens der Medien, das das Leben (und die politische Karriere) des Ingenieurs auf den Kopf stellt.

Montalbano versucht, sich mit Peruzzos Firma in Verbindung zu setzen, der »Progresso Italia«, doch vergebens: Peruzzo, der nach Palermo ins Hotel Excelsior umgezogen ist, bleibt unauffindbar.

Nachdem er Gallo zu Minutolo geschickt hat, um das Foto des Mädchens zu holen, und Catarella beauftragt hat, es Cicco De Cicco für eine Vergrößerung zu bringen, kehrt Montalbano nach Marinella zurück. Oder wenigstens hatte er das beabsichtigt. Da er aber völlig in seinen Gedanken verloren ist, findet er sich unversehens vor der Villa Mistretta wieder. »Verwirrt und sprachlos« nutzt er diesen Umstand, um einen Besuch in der Villa zu machen, sich Susannas Zimmer anzusehen und, sofern es möglich ist, endlich Giulia kennenzulernen, die Mutter des Mädchens. Dies ist ein Augenblick der Geschichte, in dem die Spannung jäh steigt und fast nicht auszuhalten ist. Montalbano hatte keine Vorstellung davon, in welch ernstem Gesundheitszustand Signora Mistretta sich befindet.

Um uns selbst nicht dieser Verlegenheit auszusetzen und diese Phase der Geschichte mit der gebotenen Distanz zu verfolgen, begeben wir uns an einen Ort von großer Schönheit und Faszination, den Garten der Kolymbetra [B E10], von dem Livia Montalbano vorgeschwärmt hatte.

Vom Haus Dottor Mistrettas [B D7] kehren wir also wieder auf die Staatsstraße 115 zurück und fahren, nach links abbiegend, in Richtung Villaseta [B E8]. Wir lassen den Ort hinter uns und fahren zum Tal der Tempel [B E10]. Wenn wir auf Höhe der Eintrittskasse für das Tal der Tempel angekommen sind, parken wir unser Fahrzeug. Eine besondere Ausschilderung leitet uns bis Kolymbetra. Hierbei handelt es sich um einen wichtigen Ort, der erst seit kurzem wieder restauriert und der FAI (dem Italienischen Umweltfonds) anvertraut worden ist. Alleine schon wegen seiner ökologischen Gegebenheiten und seiner archäologischen Bedeutung ist er einen Besuch wert.

GARTEN DER KOLYMBETRA [B E10]

»Ich habe einen wundervollen Ort entdeckt!«, sagte sie. »Kolymbetra. Denk nur, das war ursprünglich ein gigantisches Wasserbecken, das die karthagischen Gefangenen ausgehoben haben.«

»Wo ist das?«

»Bei den Tempeln. Jetzt ist es eine Art riesiger Garten Eden und seit kurzem für die Öffentlichkeit zugänglich.« (…)

Montalbano beschloss, bei Susannas Vater vorbeizuschauen und sich nach dem Stand der Dinge zu erkundigen.

(S. 56 – 57)

Er riss sich zusammen, trat über die Schwelle und begann seinen persönlichen Abstieg ins Reich der Toten. Der gleiche unerträgliche Modergeruch wie im Zimmer des beinamputierten Mannes der Eierverkäuferin schlug ihm entgegen, nur war hier der Modergeruch zäher, er klebte kaum wahrnehmbar an der Haut und war von einem Gelbbraun, durch das feuerrote Blitze schossen. Die Farbe bewegte sich. Das hatte er noch nie erlebt, sonst entsprachen Farben immer bestimm-

ten Gerüchen, wie auf einem fertigen Bild. Doch jetzt malten die roten Striche eine Art Wirbel. Montalbanos Hemd war mittlerweile schweißnass. Das ursprüngliche Bett war durch ein Pflegebett ersetzt worden, dessen helles Weiß in Montalbanos Erinnerung drang und ihn in seine Krankenhauszeit zurückzuholen versuchte. Daneben standen Sauerstoffflaschen, Infusionsständer, ein komplizierter Apparat auf einem kleinen Tisch. Ein Rollwagen (ebenfalls weiß, du liebe Güte!) war übersät von Flaschen, Fläschchen, Mull, winzigen Messbechern und sonstigen unterschiedlich großen Gefäßen. Montalbano war knapp zwei Schritte hinter der Tür stehen geblieben, und von dort aus sah das Bett leer aus. Unter der glatt gestrichenen Decke zeichnete sich keine Wölbung eines menschlichen Körpers ab, es fehlten sogar die beiden kleinen Hügel, die die Füße bilden, wenn man auf dem Rücken liegt. Und dieser graue Ball, den jemand auf dem Kissen hatte liegen lassen, war zu klein für einen Kopf – vielleicht war es eine große alte Klistierspritze, deren Farbe verblasst war. Montalbano trat noch zwei Schritte vor und verharrte dann vor Schreck wie gelähmt. Das Ding auf dem Kissen war doch ein menschlicher Kopf, der jedoch nichts Menschliches mehr an sich hatte, ein verhutzelter, haarloser Kopf, ein Haufen tiefer, wie mit dem Meißel gefurchter Falten. Der Mund stand offen, ein schwarzes Loch ohne den geringsten Schimmer eines Zahns. In einer Zeitschrift hatte er mal etwas Ähnliches gesehen, da hatten Kopfjäger ihre Beute präpariert. Während er so dastand, sich nicht rühren konnte und fast nicht glaubte, was seine Augen sahen, kam aus dem Mundloch ein Ton, der aus einer trockenen, verdorrten Kehle drang:

»Ghanna …«

»Sie ruft nach ihrer Tochter«, sagte die Pflegerin.

Montalbano trat mit steifen Beinen zurück, unfähig, die
Knie zu beugen. Er musste sich an der Kommode festhalten,
um nicht umzukippen. (S. 160 – 162)

Die tiefe Enttäuschung, die das Verhalten ihres Bruders
Antonio in Giulia bewirkt hat, hat sich bei ihr in eine Krank-
heit verwandelt, die stetig und unaufhaltsam zum Tode
führt. Montalbano kann die bedrückende Situation nicht
länger aushalten. Er flüchtet nach Marinella, wo er völlig
verzweifelt versucht, den furchtbaren Geruch des Todes los-
zuwerden.

Als er im Kommissariat zurück ist, erhält er die von Cicco
De Cicco angefertigten Vergrößerungen und entdeckt, dass
seine Vermutungen richtig waren. Der eigentümliche Riss
in einer Wand des Beckens, das von den Entführern verwendet wurde, ist in Wirklichkeit ein Stück Kordel, an dem ein
altes Thermometer, mit dem man die Wärme des Mostes
misst, festgebunden ist. Jetzt wird Montalbano klar, dass
man das Mädchen in einem richtigen Gehöft suchen muss,
denn ganz zweifellos ist dieses Becken Teil einer Kelteranla-
ge, die sich mit aller Wahrscheinlichkeit in der Umgebung
von Vigàta befindet. Unterdessen hat *Televigàta* einen weiteren Knüller parat. Die Entführer, die inzwischen nicht mehr
mit den Mistrettas kommunizieren, sondern gleich mit dem
Fernsehen, stellen ein Ultimatum. Innerhalb des folgenden
Tages muss das Lösegeld bezahlt werden, anderenfalls ver-
schwindet Susanna für immer. In der Zwischenzeit wird das
Kesseltreiben der Medien gegen Ingegnere Peruzzo fortge-
setzt. Er ist der Einzige, der in der Lage wäre, das Problem zu
lösen und das Leben der Nichte zu retten. Ja, die Treibjagd
nimmt jetzt physische Formen an, als die Frau des Ingegnere

auf einem Parkplatz in Montelusa angegriffen wird und ins Krankenhaus eingeliefert werden muss. Und als wäre das noch nicht genug, werden zwei Lastwagen des Unternehmens von Peruzzo in Brand gesetzt.

Montalbano entschließt sich, nach Marinella zurückzukehren, als ihn ein Anruf von Zito auf der Türschwelle des Kommissariats zurückhält. *Retelibera* hat einen Bericht mit einer Erklärung des Rechtsanwalts Luna sendebereit, Peruzzos Rechtsberater. Daraufhin geht Montalbano in die nächstliegende Bar, um den Nachrichten zu folgen. Der Rechtsanwalt teilt mit, dass Peruzzo sich seit dem Tag nach der Entführung den Geiselnehmern zur Verfügung gestellt habe, ohne aber von deren Seite ein ähnliches Bemühen feststellen zu können. Wenn Susanna also immer noch nicht nach Hause zurückgekehrt sei, liege der Grund dafür nicht im Verhalten seines Mandanten, das im Übrigen untadelig sei. Das sind Erklärungen, die zeigen, wie sehr Peruzzo daran liegt, seinen guten Ruf zu wahren.

Minutolo ruft Montalbano an und beide begeben sich zur Kanzlei von Peruzzos Rechtsanwalt, weil der Richter mehr über die im Fernsehen gemachten Äußerungen Lunas erfahren will.

Leider teilt uns Camilleri nichts darüber mit, wo die Kanzlei des Rechtsanwalts liegt, doch wir gehen von der Annahme aus, dass sie sich in Montelusa befindet. Wir werden versuchen, sie im Herzen der Altstadt ausfindig zu machen. Wir kommen zur Piazza S. Francesco [C B4], dem zentralen Ort der ganzen von Camilleri erzählten Welt. Vor dem Gymnasium ist nämlich, so hat Camilleri es mehrfach in Interviews erklärt, die Idee von Vigàta entstanden, als er die vielen Jungen und Mädchen beobachtete, die, wie er, aus anderen

Orten kamen und die Piazza mit Geschichten, Anekdoten und tatsächlichen Vorkommnissen erfüllten. Diese Piazza wurde zu dem Platz, an dem Tag für Tag die Nachrichten aus der gesamten Provinz die Runde machten.

Wir kommen nach Montelusa, lassen die Tempel hinter uns, ebenso das Museum und das hellenistisch-römische Viertel, fahren durch die Via Crispi, an der Wohnhäuser und Bauwerke aus dem 19. Jahrhundert zum Tal hin schauen. Die Straße endet an der Piazza Marconi, in der Nähe des Hauptbahnhofs. Hier stellen wir unser Fahrzeug ab und bewegen uns zu Fuß zur nahen Piazza Aldo Moro [C B4], wo sich unter anderem die Büros des Polizeipräsidiums befinden.

Wenn wir durch die Porta di Ponte gehen (oder Porta Atenea, die im 19. Jahrhundert an der Stelle des mittelalterlichen Stadttors rekonstruiert wurde), gelangen wir auf die Via Atenea [C B3], die Hauptverkehrsstraße der Stadt und das Rückgrat der Altstadt. Wir flanieren die Via Atenea entlang bis zur Treppe, die sich zu unserer Linken auf die Via S. Francesco [C B4] und die gleichnamige Piazza öffnet. Sie wird überragt von der Kirche S. Francesco, die im 18. Jahrhundert auf den Überresten früherer Bauten aus dem 13. Jahrhundert errichtet wurde.

PIAZZA S. FRANCESCO [C B4]

»Wo waren wir stehen geblieben?«, fragte Luna, der aus dem Konzept gekommen war.

»Wir hatten noch gar nicht losgelegt«, sagte Montalbano.

Luna musste spüren, dass er verarscht wurde, aber er ließ sich nichts anmerken. Montalbano begriff, dass der Anwalt verstanden hatte, und beschloss, keine Scherze mehr zu machen.

»Ah ja. Mein Mandant hat am Tag nach der Entführung seiner Nichte um zehn Uhr morgens einen anonymen Anruf erhalten.«

»Wann bitte?!«, fragten Minutolo und Montalbano wie aus einem Munde.

»Um zehn Uhr am Tag nach der Entführung.«

»Also knapp vierzehn Stunden später?«, fragte Minutolo, der es immer noch nicht glauben konnte.

»Exakt«, fuhr Luna fort. »Eine Männerstimme erklärte, den Entführern sei bekannt, dass die Mistrettas das Lösegeld nicht aufbringen könnten, und man halte ihn für die einzige Person, die ihre Forderungen erfüllen könne. Sie würden sich um drei Uhr nachmittags wieder melden. Mein Mandant…«

Wenn er »mein Mandant« sagte, machte er immer ein Gesicht wie eine Krankenschwester, die am Bett eines Sterbenden wacht und ihm den Schweiß von der Stirn wischt.

»…suchte mich unverzüglich auf. Wir kamen schnell zu dem Schluss, dass mein Mandant geschickt hereingelegt worden war. Und dass die Entführer alle Fäden in der Hand hatten, um ihn in die Sache hineinzuziehen. Wenn er sich der Verantwortung entzogen hätte, wäre das ein schwerer Schlag für sein Image gewesen, das übrigens in der Vergangenheit bereits unter einigen unschönen Vorkommnissen gelitten hat. Seine politischen Ambitionen wären zum Scheitern verurteilt gewesen. Was, wie ich fürchte, bereits geschehen ist. Eigentlich wollte er sich vor den nächsten Parlamentswahlen in einer Hochburg seiner Partei aufstellen lassen.«

»Welche das ist, brauche ich wohl nicht zu fragen«, sagte Montalbano und sah auf das Foto des Ministerpräsidenten im Jogginganzug.

»In der Tat«, sagte der Avocato barsch, ehe er fortfuhr. »Ich

habe ihm einige Ratschläge gegeben. Um drei Uhr rief der Ent-
führer wieder an. Auf eine bestimmte, von mir vorgeschlage-
ne Frage antwortete er, der Beweis, dass die junge Frau am
Leben sei, werde öffentlich geliefert, in Televigàta. *Was dann*
auch pünktlich geschah. Sie forderten sechs Milliarden Lire.
Sie verlangten von meinem Mandanten, ein neues Handy zu
kaufen, unverzüglich nach Palermo zu fahren und außer mit
den Banken mit niemandem zu sprechen. Eine Stunde später
riefen sie wieder an, um sich die Handynummer geben zu
lassen. Mein Mandant hatte keine andere Wahl, als ihre An-
weisungen zu befolgen, und beschaffte in Rekordzeit die sechs
Milliarden. Am nächsten Abend wurde er wieder angerufen,
und er sagte, er sei bereit zu zahlen. Aber wie ich im Fernsehen
bereits sagte, hat er bisher unerklärlicherweise keine Anwei-
sungen erhalten.«   (s. 175 – 177)

Als sie Lunas Kanzlei wieder verlassen, bleibt Montalbano stehen und denkt mit Minutolo noch einmal über die
Ereignisse nach. Nur eines scheint gewiss: Während die Entführer mit der Polizei spielten und falsche Fährten legten,
führten sie die eigentliche Verhandlungen für Susannas
Befreiung unmittelbar mit Peruzzo. Wenn die Entführer
sich also noch nicht gemeldet haben, trotz der unverzüg-
lichen Antwort von Susannas Onkel, dann deshalb, weil es
ganz in ihrem Interesse ist, den Ingenieur auf kleinem Feuer
gar zu kochen und gleichzeitig seinen Namen wie auch
seinen Ruf in den Dreck zu ziehen.

Irgendetwas sagt Montalbano aber, dass das Spiel zu
Ende ist und das Mädchen bald freikommt. Wie um dem
Commissario recht zu geben, informiert Fazio ihn mitten in
der Nacht, dass Susanna nach Hause gekommen sei.

Nach seiner Ankunft im Kommissariat wirft ein Anruf von Luna ein Licht auf die Ereignisse der vergangenen Nacht. Peruzzo hat sich, wie von den Entführern gefordert, auf den Weg nach Brancato gemacht, einem kleinen Ort in der Provinz, um dort in einem Schacht unter einer Überführung den Koffer mit dem Lösegeld abzulegen.

Montalbano verliert keine Zeit und lässt sich von Catarella den besten Weg zu diesem Ort erklären. Er begibt sich dorthin, hat aber gleichzeitig die Befürchtung, dass die Spuren der Entführer verwischt oder verändert werden könnten. Doch unter dieser Überführung erwartet ihn eine furchtbare Überraschung.

Die Erfindung des Ortes Brancato mit seiner doppelten Identität, der »oberen« als einem durch Erdrutsch verlassenem Wohngebiet und der »unteren« als einer kleinen, von den Bewohnern, die hierher umgezogen sind, wiederaufgebauten Stadt, gibt Camilleri die Möglichkeit, über einen ganz bestimmten Teil des Territoriums von Agrigent zu sprechen, der in mancher Hinsicht anders ist als das *»herbe Sizilien mit wenig Grün, auf dem ein Überleben unmöglich schien (und es auch war)«*, wie wir es bereits auf der Straße nach Calapiano (siehe 4. Besucherweg – DIE STIMME DER VIOLINE) gesehen haben. Und wenn wir den Hinweisen des Autors buchstabengetreu folgen wollen, werden wir an die Tore eines wichtigen Ortes im Agrigentinischen gelangen, nach Racalmuto [A B2].

Auch Racalmuto war, wenn wir seine historischen Ursprünge betrachten, an anderer Stelle angesiedelt: Tatsächlich findet sich eine kleine Siedlung, die schon vor der jetzigen existiert hat, im Ortsbereich Casalvecchio, ungefähr einen Kilometer vom Ort entfernt.

Die Beziehungen, die Camilleri an Racalmuto binden, sind von mindestens zweifacher Art: Beachtlich waren, wie wir wissen, die Wertschätzung und die Freundschaft, die den Autor des KÖNIG ZOSIMO mit Leonardo Sciascia verbunden haben, der als jemand, der in Racalmuto geboren worden war, zum Sänger dieses Ortes wurde. Ja, eine Lesart von DIE PASSION DES STILLEN RÄCHERS, die Camilleri selbst vorgibt, ist mit DER ABBÉ ALS FÄLSCHER verbunden, Sciascias berühmtem Roman. Die andere Beziehung betrifft Camilleris kürzliche Tätigkeit als Künstlerischer Direktor des Theaters Regina Margherita, das 2003 nach vierzigjähriger Spielpause wieder eröffnet wurde.

Wenn wir Montalbano von der Piazza S. Francesco [C B4] in Montelusa nach Brancato-Racalmuto [A B2] folgen wollen, müssen wir zum Piazzale Aldo Moro zurückkehren, wo wir unser Fahrzeug besteigen und auf der Staatsstraße 189 in Richtung Palermo fahren. Wir werden auf drei verschiedene Abfahrten nach Racalmuto stoßen, doch wir biegen erst an der dritten nach rechts ab, die Racalmuto Grotte (SP 16) heißt. Wenn wir auf diese Straße gewechselt sind, fahren wir ein langes Stück, das uns trotz fehlender Hinweisschilder in eine Landschaft voller Hügel und Weinfelder bis nach Brancato-Racalmuto begleitet, wo wir darauf warten, dass Montalbano eintrifft, der sich inzwischen im Auto auf die Suche nach der Überführung gemacht hat. Wenn wir im Ort angekommen sind, müssen wir zur Piazza Municipio gehen, an der das Rathaus steht, der Palazzo del Municipio, das in den Räumlichkeiten des ehemaligen Klosters S. Chiara untergebracht ist. Es wurde nach einem Projekt von Dionisio Sciascia (1872) umstrukturiert. Von ihm stammt auch das Projekt des gleich angrenzenden Städtischen Theaters

Regina Margherita (1879). An diesem Ort hören wir mit Camilleris Stimme, wie sich die Ereignisse entwickeln.

BRANCATO [A B2], PIAZZA MUNICIPIO

Er nahm die Schnellstraße nach Palermo, auf der dichter Verkehr herrschte. Es war eine ganz gewöhnliche Straße mit zwei Fahrbahnen, die etwas breiter waren als normal, sie galt aber aus unerfindlichen Gründen als eine Art Autobahn. (…)

An der dritten Abzweigung bog er rechts ab. Die Straße war asphaltiert, aber nicht beschildert. Montalbano musste sich auf Catarellas Angaben verlassen. Die Landschaft hatte sich verändert, es ging hügelauf und hügelab, hier und da an einem Weinberg vorbei. (…) (S. 192)

Montalbano hielt etwa zwanzig Meter vor der Brücke an, stieg aus und blickte sich um. (…) (S. 194)

Er verließ die Brücke und kletterte nach unten. Er untersuchte die Platte, die den Gully verschloss. Der erschien ihm nicht groß genug, um einen Koffer aufzunehmen. Montalbano rechnete rasch: Sechs Milliarden Lire entsprachen etwa drei Komma eins Millionen Euro. Wenn ein Notenbündel aus hundert Fünfhunderterscheinen bestand, kam man im Ganzen nur auf zweiundsechzig Bündel. Es war also kein großer Koffer nötig gewesen, im Gegenteil. Die Platte hatte einen Eisenring, man konnte sie anheben. Montalbano steckte einen Finger durch den Ring und zog. Die Platte ließ sich beiseiteziehen. Montalbano traute seinen Augen nicht, als er in den Gully blickte. Da lag eine große Tasche, und sie schien nicht leer zu sein. War Peruzzos Geld etwa noch da? War

es möglich, dass die Täter es noch nicht geholt hatten? Aber
warum hatten sie Susanna dann freigelassen?

Montalbano kniete sich hin, langte in den Gully, packte die
Tasche, die ziemlich schwer wog, zog sie heraus und legte sie
auf den Boden. Er holte tief Luft und öffnete die Tasche. Sie war
mit Bündeln vollgestopft. Nicht mit Notenbündeln, sondern
mit zerschnittenen alten Illustrierten.

Er war so überrascht, dass er auf den Hosenboden fiel.

(s. 196 – 197)

Montalbano keine Erklärung für diesen Fund. Aufgrund
welcher Sicherheit hatten die Entführer Susanna freigelassen? Um der Gefahr zu entgehen, unter der Überführung
von Minutolos Männern angetroffen zu werden, macht sich
der Commissario auf den Weg nach Brancato. Wir setzen
unseren Besucherweg fort, während Montalbano auf dem
Weg zu uns ist. Vom Theater Regina Margherita kehren wir
zum Rathaus zurück und gehen weiter zu der langen Treppe, die links in der Höhe am Wallfahrtsheiligtum S. Maria
del Monte (1738) endet. Wir steigen zur Chiesa Madre, der
Hauptkirche, hinunter, die der Heiligen Jungfrau geweiht
ist (17. Jh.). Zu ihrer Rechten öffnet sich die Piazza Umberto I. Hier warten wir darauf, dass Montalbano eintrifft, und
spazieren in der Zwischenzeit ein wenig über die Piazza, an
der die Kirche S. Giuseppe und das Kastell Chiaramontano
(13. Jh.) stehen.

BRANCATO [A B2], PIAZZA UMBERTO I.

Er stopfte hastig die Tasche in den Gully, schob die Steinplatte
wieder darauf, rannte zum Auto, ließ den Motor an und wollte
schon wenden, als er doch noch mal anhielt. Wenn er den-

selben Weg zurückfuhr, begegnete er sicher der fröhlichen Autokarawane mit Minutolo an der Spitze. Nein, er fuhr am besten nach Brancato bassa weiter. Keine zehn Minuten später war er da. Ein gepflegtes kleines Dorf, eine winzige Piazza, Kirche, Rathaus, ein Café, eine Bank, eine Trattoria, ein Schuhgeschäft. Rings um die Piazza standen Granitbänke. Auf den Bänken ein Dutzend alter, uralter und hinfälliger Männer. Sie sagten nichts, sie rührten sich nicht. Für den Bruchteil einer Sekunde hielt Montalbano sie für Statuen, für ein großartiges Werk des Hyperrealismus. Doch dann sank einem aus der Kategorie der Hinfälligen plötzlich der Kopf in den Nacken und blieb auf der Rückenlehne liegen. Entweder der Mann war tot, oder der Schlaf hatte ihn jäh übermannt. (s. 199)

Camilleri spricht bei seiner Beschreibung der Alten auf der Piazza von Brancato von »Statuen« und einem »großartigen Werk des Hyperrealismus«. In diesem Satz können wir einen Hinweis auf die Statue von Leonardo Sciascia erblicken, die, ohne Sockel, in der Nähe der Piazza Umberto I. auf der Via Garibaldi »spazieren geht« und sich unter die Passanten mischt.

In Brancato wird Montalbano von Michele Zarco gastlich aufgenommen, dem stellvertretenden Bürgermeister des Ortes, der zugleich ein Cousin Catarellas ist, und während das Fernsehen die Nachricht von der Sporttasche voller Papierschnipsel verbreitet, womit das Bild und die Wertschätzung des Ingegnere Peruzzo endgültig sinkt, kehrt unser Commissario nach Hause zurück.

Nach seiner Rückkehr spricht Montalbano mit Luna am Telefon, und die Wahrheit, wie der Rechtsanwalt sie darstellt, ist grotesk: Peruzzo hat das Geld wirklich in den Gully getan, und jetzt ist er verzweifelt, weil die Entführer ihn betrogen haben, indem sie ihn in den Augen der Öffentlichkeit vernichteten. Seine politische Karriere ist beendet, noch bevor sie begonnen hat, denn er kann nicht einmal seinen guten Glauben beweisen, weil er das Geld nicht von der Bank abgehoben hat, sondern sich »nicht institutioneller« Kanäle bediente. Bei der Pressekonferenz dann wird Peruzzos Drama zur Tragödie: Die Entführer erklären bei einem Anruf, dass sie das Mädchen freigelassen hätten, obwohl Peruzzo versucht habe, sie mit gefälschten Banknoten hereinzulegen, aber sie hätten keine Leiche auf ihrem Gewissen haben wollen.

Commissario Montalbano trifft sich noch einmal mit Francesco Lipari, der, statt über die Befreiung seiner Freundin erleichtert zu sein, noch depressiver und gepeinigter ist. Susanna antwortet nämlich seit ihrer Befreiung nicht mehr auf seine Anrufe. Montalbano fordert ihn auf, Geduld zu haben und seiner Freundin Zeit zu lassen, das erlittene Trauma zu überwinden. Doch zugleich verbirgt er vor ihm, dass er eigentlich gerade angefangen hat, die Ereignisse in ganz anderer Weise zu rekonstruieren.

Er entschließt sich nämlich, zu Angela Di Bartolomeo zurückzukehren, der Frau, die Eier an der Straße nach Gallotta verkauft. Er muss sich die Geschichte mit dem Auto, das am Abend der Entführung auf ihr Haus zufuhr, dann aber ohne ersichtlichen Grund plötzlich wegfuhr, noch einmal erzählen lassen.

Nachdem auch unser Besuch in Brancato [A B2] zu Ende ist, kehren wir wieder nach Vigàta zurück. Wir folgen Montalbano auf seiner Fahrt nach Gallotta, halten jedoch in dem »ländlichen« Viertel von Vigàta, das bei Camilleri »La Cucca«

[B E5] heißt. Wir fahren also die Provinzialstraße 16 entlang und kommen zur Staatsstraße 189. Vor den Toren von Agrigent biegen wir nach rechts in Richtung Porto Empedocle ab, bis wir zur Staatsstraße 115 kommen, ohne aber in die Stadt hineinzufahren. Wir fahren weiter geradeaus und kommen wieder an der Anhöhe der Villa Mistretta [B E6] vorbei, und wenn wir etwa drei Kilometer weiterfahren, biegen wir links bei dem Hinweisschild Villaggio Bellavista ab. So heißt heute das »ländliche« Viertel von Porto Empedocle, wo sich seit der zweiten Hälfte des 19. Jahrhunderts die wohlhabenderen Bürger in Villen und ansehnlichen Häusern niedergelassen haben. Montalbano ist bereits hier gewesen, wie in DER KAVALIER DER SPÄTEN STUNDE erzählt wird, als er das Haus von Mariastella Cosentino [B E5] aufsuchte, der Angestellten bei »König Midas« (siehe 6. Besucherweg).

Wir halten auf der Höhe der Casa Spoto [B E5] an, einem Bauwerk, das heute in einem schlechten Zustand ist und auf der Kuppe der Punta Piccola liegt. Von hier aus können wir Marinella bewundern und im Hintergrund die Stadt Vigàta erkennen.

DAS LÄNDLICHE VIERTEL »LA CUCCA« [B E5]

»Angela, du musst jetzt mal versuchen, dich genau zu erinnern.«

»Für Sie mach ich das gern.«

»Du hast doch gesagt, dass eines Nachts, nachdem Susanna entführt worden war, hier ein Auto ankam und du dachtest, es sei ein Freier?«

»Ja.«

»Kannst du jetzt, wo alles vorbei ist, in Ruhe überlegen,

was du gemacht hast, als du das Motorengeräusch gehört hast?«

»Hab ich Ihnen das nicht gesagt?«

»Du hast gesagt, du wärst aufgestanden, weil du dachtest, es wäre ein Freier.«

»Ja.«

»Aber einer, der sich nicht angemeldet hatte.«

»Ja.«

»Du bist also aufgestanden, und was hast du dann gemacht?«

»Ich bin hier rein und hab Licht gemacht.«

Das war das Detail, nach dem der Commissario gesucht hatte. Demnach hatte sie also auch etwas gesehen und nicht nur gehört.

»Moment. Welche Lampe war das?«

»Die draußen, die über der Tür, die beleuchtet den ganzen Platz vor dem Haus, wenn es dunkel ist. Als mein Mann noch gesund war, haben wir im Sommer draußen gegessen. Schauen Sie, da drüben ist der Lichtschalter.«

Sie zeigte hin. Er war an der Wand zwischen der Haustür und dem kleinen Fenster.

»Und dann?«

»Dann hab ich aus dem Fenster geschaut, das war halb offen. Aber da hatte das Auto schon gewendet, ich hab's gerade noch wegfahren sehen.«

»Kennst du dich mit Autos aus, Angela?«

»Ich?!«, rief sie. »Da hab ich keine Ahnung!«

»Aber du hast dieses Auto doch von hinten gesehen, hast du gerade gesagt.«

»Ja.«

»Kannst du dich an die Farbe erinnern?«

Angela dachte eine Weile nach.

»Ich weiß es nicht, Commissario. Es kann blau gewesen sein oder schwarz oder dunkelgrün…Aber eins weiß ich sicher: Es war keine helle Farbe.«

Jetzt kam die schwierigste Frage.

Montalbano holte Luft und fragte. Angela wunderte sich, dass sie nicht vorher daran gedacht hatte, und antwortete:

»Ja. Stimmt!«

Dann machte sie ein verwirrtes, erstauntes Gesicht. »Aber… was hat…?«

»Gar nichts«, beruhigte der Commissario sie rasch. »Ich habe nur gefragt, weil das Auto, das ich suche, ganz ähnlich aussieht.«

Er stand auf und reichte ihr die Hand.

»Auf Wiedersehen.«

Angela stand ebenfalls auf.

»Möchten Sie ein ganz frisches Ei?«

Bevor der Commissario antworten konnte, hatte sie schon eines aus einem Korb genommen. Montalbano nahm es, schlug es zweimal leicht auf den Tisch und schlürfte es aus. So ein Ei hatte er sich schon seit Jahren nicht mehr schmecken lassen.   (s. 229 – 231)

Inwieweit die Frage, die er Angela gerade gestellt hat, die Hypothese des Commissario bestätigt, werden wir bald wissen. Die ganze Angelegenheit hat jetzt in Montalbanos Kopf Ordnung und Struktur erhalten.

Auf dem Rückweg von Angelas Haus fährt Montalbano, »inspiriert« von dem Ei, das er bekommen hat, nicht nach Marinella, sondern nach Montereale, wo er den Laden von Don Cosimo sucht, der Oregano, Tomatenmark und andere

Köstlichkeiten verkauft. Leider muss er feststellen, als er in den Ort kommt, dass Don Cosimo tot und der Laden seit langem geschlossen ist.

Auch wir verlassen die Casa Spoto [B E5], kehren auf die Staatsstraße 115 in Richtung Trapani zurück und machen uns nach Montereale [B D3] auf, einem kleinen, an Vigàta grenzenden Ort, dessen wirklicher Name Realmonte ist. Es handelt sich um ein bescheidenes, von Landwirtschaft geprägtes Dorf, das nur insoweit von touristischem Interesse ist, als es ganz in den Küstenabschnitt von Capo Russello und der nahe liegenden Scala dei Turchi eingebettet ist.

Wenn wir in den Ort hineinfahren, halten wir uns nicht auf, sondern folgen den Hinweisschildern und gelangen nach Capo Russello [B E3] und zum Lido, wo man in der entsprechenden Jahreszeit ein erfrischendes Bad im Meer nehmen kann. Die weitläufige Bucht ist rechter Hand gerahmt vom Vorgebirge des Capo Russello, auf dem der Leuchtturm steht, und links von der Scala dei Turchi.

CAPO RUSSELLO [B E3]

Auf dem Rückweg stand an einer Abzweigung ein Schild mit der Aufschrift »Montereale 18 km«. Er bog in die Straße ein. Vielleicht hatte ihn das Ei daran erinnert, dass er schon lange nicht mehr in dem Geschäft von Don Cosimo gewesen war, einem winzigen Laden, in dem man noch Dinge bekam, die in Vigàta längst verschwunden waren, wie zum Beispiel Oreganosträußchen, Tomatenmark aus sonnengetrockneten Tomaten und vor allem Essig, der durch die natürliche Fermentation von schwerem Rotwein gewonnen wird. Die Flasche zu Hause war fast leer. Er benötigte also dringend Nachschub.

Montalbano brauchte unglaublich lange bis Montereale, er war im Schneckentempo gefahren, zum einen, weil er über die Folgen dessen nachdachte, was Angela ihm bestätigt hatte, zum anderen, weil er die unbekannte Landschaft genießen wollte. Als er im Ort in die Gasse einbiegen wollte, die zu dem Laden führte, sah er das Einbahnstraßenschild. Das war neu, so ein Schild hatte es früher nicht gegeben. Er hätte also einen weiten Umweg fahren müssen. Da ließ er das Auto besser hier auf der kleinen Piazza stehen und ging ein paar Schritte zu Fuß. Er hielt am Straßenrand, öffnete die Tür und sah sich einem Verkehrspolizisten in Uniform gegenüber.

»Sie können hier nicht parken.«

»Nein? Warum nicht?«

»Haben Sie das Schild nicht gesehen? Parkverbot.«

Der Commissario sah sich um. Drei Autos standen auf dem Platz: ein Lieferwagen, ein VW*-Käfer und ein Geländewagen.*

»Und die?«

Der Polizist machte ein strenges Gesicht.

»Die haben eine Genehmigung.«

Warum nur musste sich jedes Dorf, auch wenn es bloß zweihundert Einwohner hatte, heutzutage mindestens für New York halten und hochkomplizierte Verkehrsregeln aufstellen, die sich alle zwei Wochen änderten?   (S. 231 – 232)

Montalbano kehrt traurig und untröstlich nach Hause zurück und folgt dabei der Küstenstraße, die Montereale mit Vigàta verbindet. Vier Kilometer vor der Stadt fällt ihm jedoch ein, dass genau in dieser Gegend der Rucksack von Susanna aufgefunden wurde. Er hält an der Stelle, und stellt fest, dass es sich nicht um irgendeinen Ort handelt. Genau gegenüber von dieser Stelle befindet sich das Eingangstor der Klinik »Il buon Pastore«. Das ist die letzte Bestätigung, die er noch brauchte.

Als er zu Hause in Marinella eingetroffen ist, erhält er einen Anruf von Francesco, der verzweifelt ist, weil Susanna ihn nicht mehr sehen will, mehr noch, sie hat die Entscheidung getroffen, mit ihrem alten Leben zu brechen. Sie will nach Afrika gehen und sich als freiwillige Helferin nützlich machen. Eigentümlicherweise hatte sie, ohne ihrem Freund etwas zu sagen, die Bewerbung zwei Monate vor der Entführung abgeschickt.

Daraufhin fasst Montalbano einen drastischen Entschluss, der den tiefen Unterschied zwischen dem, was ein »Mann des Gesetzes« tun müsste, und seinem persönlichen Gerechtigkeitssinn noch genauer kennzeichnet. Und mit dem gleichen inneren Zustand wie dem des Abbate Vella in DER ABBÉ ALS FÄLSCHER, der beschlossen hatte, die Bedeutung des arabischen Kodex zu enthüllen, bereitet er sich auf den Schlussakt dieser seltsamen Geschichte vor. Er verabredet sich mit Carlo Mistretta bei der Villa des Bruders, und nach einem fabelhaften Essen in der Trattoria da Enzo fährt er dorthin. Von Capo Russello biegen wir links nach Porto Empedocle ab und halten schließlich in der Nähe der Scala dei Turchi [B E3], weil genau in dieser Gegend Susannas kleiner Rucksack aufgefunden wurde. Diese Örtlichkeit wurde bereits im 6. Besucherweg – DER KAVALIER DER SPÄTEN STUNDE – als Punta Pizzillo beschrieben.

Bereits von der Küstenstraße aus sichtbar, kann die Scala dei Turchi, ein Hügel aus strahlend weißem Ton über dem Meer, erreicht werden, indem man rechts in Höhe des Lido Majata [B E4] abbiegt. Dann parken wir unser Fahrzeug und gelangen zu Fuß über den Strand zu dem Vorgebirge aus weißem Mergel.

Unsere Reise endet hier, und während Montalbano sich zur Villa begibt, um die Ereignisse in Susannas Anwesenheit zu rekonstruieren, lassen wir uns von Camilleri das Ende der traurigen Geschichte der Mistrettas erzählen.

SCALA DEI TURCHI [B E3]

»Ich weiß, dass es keine Entführung gegeben hat. An dem Abend fuhren Sie, Susanna, eine andere Strecke nach Hause als sonst, einen kaum befahrenen Feldweg, wo Ihr Onkel mit seinem Geländewagen wartete. Sie ließen Ihren Roller stehen, stiegen in das Auto und kauerten sich auf die Rückbank. Sie fuhren zusammen zu Ihrem Haus, Dottore. Dort war in dem Nebengebäude längst alles vorbereitet: Vorräte, ein Bett. Die Putzfrau hatte keinen Grund hineinzugehen. Und wer sollte überhaupt auf die Idee kommen, Susanna im Haus ihres Onkels zu suchen? Dort haben Sie die Nachrichten aufgenommen, wobei Sie, Dottore, mit verstellter Stimme übrigens von Milliarden sprachen, ältere Leute gewöhnen sich nun mal schwer an den Euro. Dort ist das Polaroidfoto entstanden, und Sie, Dottore, haben versucht, den Satz auf der Rückseite möglichst deutlich zu schreiben, denn Ihre Schrift ist wie bei allen Ärzten kaum zu entziffern. Ich war nicht in dem Nebengebäude, Dottore, aber ich könnte mit Sicherheit sagen, dass dort kürzlich ein Nebenanschluss installiert wurde…« (…)

»Ich weiß auch, und zwar von Ihnen, Dottore, dass es in dem Nebenhaus eine alte Kelterwanne gibt. Zu einer Kelterwanne gehört ein angrenzender Raum mit einem Becken zur Fermentation des Mostes. Und ich wette, dass dieser Raum ein Fenster hat. Das Sie, Dottore, öffneten, als Sie das Foto

machten, denn es war Tag. Zusätzlich haben Sie die Wanne mit einer Werkstattlampe ausgeleuchtet. Doch ein Detail dieser sorgfältigen und überzeugenden Inszenierung haben Sie übersehen.« (S. 247–248)

Das Detail betrifft natürlich das alte Mostthermometer, das Cicco De Ciccos Vergrößerung hatte erkennen lassen. Wie Montalbano schließlich begriff, handelte es sich um einen von Susanna und ihrem Onkel ersonnenen Plan, um das Leben und den Namen von Antonio Peruzzo zu zerstören, so wie dieser viele Jahre zuvor das Leben der Schwester zerstört hatte. Was Montalbano auf die richtige Fährte gebracht hatte, waren der Sturzhelm und der Rucksack.

Für die Stellen, an denen Carlo Mistretta Susannas Gegenstände zurückgelassen hat, hatte er nämlich ganz zufällig zwei Orte ausgewählt, die mit seinem Beruf zu tun hatten und ihm vertraut waren: die Straße, die zum Haus von Angela Di Bartolomeo führt (es war sein Auto, das Angela am Abend der Entführung gesehen hatte), und die Küstenstraße Montereale-Vigàta, in der Nähe der Privatklinik, wo er gearbeitet hatte.

DIE GEOGRAFIE MONTALBANOS

DIE LITERARISCHEN ORTE

Stadtansicht vom Hafen aus

VIGÀTA (PORTO EMPEDOCLE) (D)

Die Stadt Porto Empedocle mit ihren »Zwergwolkenkratzern«, wie wir sie heute sehen und kennen, ist etwas völlig anderes als der Ort von einst. In der Vergangenheit existierte ein Gewirr von Häusern, eine Art Kasbah, mit wunderschönen Straßennamen: Straße des Honigs, Straße des Zuckers. Diese Namen sollten die bösen Geister aus den Behausungen vertreiben. Über diese Straßen liefen auch Esel und Schafe und es gab einen ganz besonders menschlichen Geruch dort.

Wohlverstanden: einen keineswegs abstoßenden Geruch, im Gegenteil einen wunderbaren. Das alles ist für immer zerstört.
LA SICILIA DI ANDREA CAMILLERI. TRA VIGÀTA E MONTELUSA, S. 13–14, Gruppo editoriale Kalòs, Palermo 2003

»Von Februar 1941 bis Juli 1943«, fing Burruano an, »war ich, noch sehr jung, Bürgermeister von Vigàta.« (...) »Es war eine schreckliche Zeit. Die Engländer und die Amerikaner bombardierten uns täglich. Einmal habe ich zehn Bombenangriffe

Aufgang zum Piano Lanterna

in sechsunddreißig Stunden gezählt. Kaum jemand war im Dorf zurückgeblieben, die meisten waren geflohen, wir lebten in Verstecken, die wir in den Mergelhügel oberhalb des Dorfes gegraben hatten. Eigentlich waren es Schächte mit zwei Ausgängen, die guten Schutz boten. Wir hatten sogar Betten hineingestellt. (...)

Jetzt ist Vigàta gewachsen, es ist nicht mehr wie damals, ein paar Häuser um den Hafen, eine Häuserzeile zwischen dem Fuß des Hügels und dem Meer. Oben auf dem Hügel, dem Piano Lanterna, der heute mit seinen Wolkenkratzern wie New York aussieht, standen ein paar Häuser an der einzigen Straße, die zum Friedhof führte und sich dann in der Landschaft verlor. (DER HUND AUS TERRACOTTA, S. 169–170)

Andrea Camilleri hat mehrfach deutlich gemacht, dass das Vigàta von Commissario Montalbano nicht die heutige Stadt ist, verzerrt und verworren in ihrem historischen Netzwerk, sondern die seiner Erinnerungen, ein Porto Empedocle der Vergangenheit, in der es die »Zwergwolkenkratzer« des Piano Lanterna noch nicht gab.

Heute ist Porto Empedocle ein wichtiger Hafen des südwestlichen Siziliens, sechs Kilometer von Agrigent entfernt, eingebettet in den Küstenstreifen zwischen Punta Piccola und San Leone. Die Stadt besteht aus zwei genau unterschiedenen Kernbereichen, einem unteren und einem oberen, die durch die Via Garibaldi verbunden werden. Die Unterstadt im Südosten ist der älteste Bereich, ein wirres Durcheinander von Häusern, das sich in unmittelbarer Nähe zum Hafen entwickelt hat. Und dieser Teil wird von der Via Roma gewissermaßen durchschnitten. Die bedeutendsten Gebäude der Stadt liegen an dieser Hauptachse: die Chiesa Madre (Hauptkirche) von 1904 [D E4], die dem Allerheiligsten Erlöser geweiht ist; der Palazzo del Municipio (Rathaus) von 1874 [D E4]; die Hauptpost [D F4]; die Schule aus dem Jahr 1886; ebenso eine Anzahl kleinerer Palazzi vom Beginn des 20. Jahrhunderts.

Via Roma. Kirche und Rathaus

BESUCHERWEG

Wenn man hinter der Via Roma, rechts vom Rathaus, hinaufgeht, gelangt man zu einem Platz, der Piazza della Chiesa Vecchia heißt, Platz der alten Kirche [D E5]. Dort findet man die Überreste der Chiesa della Madonna del Buon Consiglio, der Kirche der Madonna vom Guten Rat (1753–1787), der ältesten Kirche des Ortes.

Die Via Roma öffnet sich im äußersten Westen zur Piazza Vittorio Veneto [D F4], von wo aus man den beein-

Turm Karls V.

drückenden Bau des Turms Karls V. (16. Jh.) bewundern kann. Er wurde nach einem Entwurf von Camillo Camilliani gebaut. Der Turm fungiert als Nabe für das System der drei Molen, die den Hafen bilden. Die älteste Mole (zwischen 1749 und 1763 gebaut) geht genau von diesem Turm aus, wohingegen sich im Westen die schmale »Abendmole« (1885) befindet und im Osten die »Morgenmole«[2] (1875), die sich der ersteren hakenförmig entgegenneigt.

[2] Hier bezeichnen »Abend« und »Morgen« Himmelsrichtungen (A.d.Ü.).

Kirche der Madonna vom Guten Rat

Der Hafen, in der Vergangenheit zunächst als Güterhafen für Schwefel genutzt, der in den Schwefelminen des Hinterlandes abgebaut wurde, dann für Steinsalz und schließlich für Düngemittel aus der Chemiefabrik Akragas des staatlichen Unternehmens Montedison (die Fabrik ist schon seit Jahren geschlossen; in ihr siedelt Camilleri den Roman DIE FORM DES WASSERS an), wird heute vorwiegend als Ausgangshafen für Fahrten zu den Pelagischen Inseln und als Ankerplatz für die Fischfangboote genutzt.

Die Unterstadt hat zwei Hügelhänge, die sich im Westen und im Osten bis zur Hauptverkehrsstraße erstrecken.

Der erste Hang, im Osten, ist ein Gebiet von unterschiedlicher und komplexer urbaner Struktur, das von der Zufahrtsstraße in die Stadt durchzogen wird, der Via Spinola, an der sich eine kleine Piazza mit der Kirche Santa Croce, Heiligkreuz, öffnet [D C7], die auch dem Stadtteil seinen Namen gibt.

Der zweite ist die Contrada[3] Cannelle im Westen, die aus einer langen Kette von Häusern besteht, die anfangs entlang der Via Francesco Crispi [D E1] stehen und nach dem Stromkraftwerk längs der Provinzialstraße nach Realmonte. An ihr erhebt sich in der Nähe der Brücke über den Fluss Salsetto ein Stadtviertel unterhalb der Hochebene Lanterna,

---

[3] Eine Contrada ist ein ländlicher, schon außerhalb des eigentlichen Stadtgebiets liegender Ortsteil (A. d. Ü.).

Oben: Panoramablick über den Hafen
Mitte: Panoramablick über das Wohngebiet
Unten: Contrada Cannelle

bestehend aus einem Gewirr von Gebäuden, unter denen sich die Chiesa della SS. Trinità, die Kirche der Allerheiligsten Dreifaltigkeit, in der Nähe der Wohnung von Anna Tropeano [D E6] befindet.

Marinella, Panorama

Wenn wir auf der Provinzialstraße weiterfahren, parallel zur alten Eisenbahnstrecke, gelangen wir auf der Meeresseite zum Lido Marinella, der aus ein- bis zweigeschossigen, direkt auf den Strand gebauten Häusern besteht. Hier beginnt eine Reihe faszinierender Strandbadeorte, die sich entlang der agrigentinischen Küste verteilen und sich, wenn man weiter in Richtung Realmonte fährt, bis zum Lido Rossello und zur Scala dei Turchi erstreckt, einem beeindruckenden Steilhang aus weißem Mergel, der in Stufen sanft zum Meer abfällt.

Die Oberstadt im Nordwesten stellt die neue Ausweitung der Stadt dar, die sich mit einem regelmäßigen Städteplanungsentwurf auf einem Hügel aus weißem Mergel, dem Piano Lanterna, ausdehnt und ein Belvedere besitzt, von dem aus man einen weiten Rundblick über die Stadt und den Hafen genießen kann. Das urbane Netz hat sich im Lauf der Jahre hinter diesem Vorgebirge weiter ausgedehnt und ist bis zum alten Friedhof und zu den Hängen des Monte Crasto vorgedrungen. Wenn man den Ort verlässt und auf die

Staatsstraße 115 in Richtung Agrigent kommt, findet man die Hinweise nach Villaseta und von dort aus zur Contrada Kaos, wo das Geburtshaus von Luigi Pirandello (1867–1936) steht, ebenso die Pinie, die im Park hinter dem Haus als Grabsäule für die Asche des großen Dramatikers dient.

BAR ALBANESE (D E5)

Vor der Fahrt musste er in der Bar Albanese auf die frischen cannoli *mit Ricottafüllung warten. Er kaufte dreißig Stück, dazu kiloweise* biscotti regina, mustazzoli *und Marzipanfrüchte.*

(DER KAVALIER DER SPÄTEN STUNDE, S. 124)

Wer Porto Empedocle zum ersten Mal auf den Spuren des Commissario Montalbano besucht, kann nur bei der Bar Albanese in der Via Roma beginnen, der Hauptstraße der Stadt. Diese Lokalität ist nämlich im Lauf der Jahre eine Anlaufstelle für die Liebhaber von Camilleris Werk geworden, und dort befinden sich verschiedenste Ausgaben der Romane in den unterschiedlichsten Übersetzungen. Der Eigentümer der Bar wird es nicht an Anekdoten über seine sehr persönliche Beziehung zu Andrea Camilleri mangeln lassen, der Stammgast dieser Bar ist.

CAFÉ CAVIGLIONE [D E4]

Vor dem Café Caviglione lehnte Arturo, der Wirt, am Türpfosten und sonnte sich. Er war gekleidet wie ein Bettler, Jackett und Hose abgetragen und fleckig, trotz der vier, fünf Milliarden, die er mit Wucherzinsen gemacht hatte. Ein Geizhals, der aus einer Familie legendärer Geizhälse stammte.

Via Roma

Einmal hatte er dem Commissario ein gelbes Schild voller Fliegendreck gezeigt, das sein Großvater zu Beginn des Jahrhunderts im Lokal aufgehängt hatte: Chi s'aseta al tavolino devi pi forza consummare macari un bicchieri d'aqua. Un bicchieri d'aqua consta centesimi due. *Wer sich an einen Tisch setzt, muss auch ein Glas Wasser trinken. Ein Glas Wasser kostet zwei Centesimi.*

(DAS SPIEL DES PATRIARCHEN, S. 99)

Dieses Café, das von Camilleri so genau beschrieben wurde und inzwischen nur noch auf den Seiten seiner Romane existiert, befand sich einmal an der Hauptstraße, der Via Roma, in der Nähe der Chiesa Madre, der Hauptkirche.

WOHNUNG VON MAESTRO CATALDO BARBERA, SALITA GRANET [D D5]

In Vigàta wusste jedermann von der Existenz des Maestro Cataldo Barbera, aber nur die wenigsten hatten ihn je zu Gesicht bekommen. (...) Doch auf dem Höhepunkt seines Ruhmes hatte er sich aus unerfindlichen Gründen nach Vigàta zurückgezogen und sich dort eine Wohnung gekauft, in der er als freiwilliger Gefangener lebte.

»Was spielt er denn?«, fragte Montalbano.

Signora Clementina reichte ihm ein kariertes Blatt Papier. Der Maestro pflegte der Signora am Tag vor dem Konzert das mit Bleistift geschriebene Programm zu schicken. Die Stücke jenes Tages waren die Danza spagnola *von Sarasate und die* Scherzo-Tarantella op.16 *von Wieniawski.*

(DIE STIMME DER VIOLINE, S. 24)

An der Hauptstraße, der Via Roma, befindet sich einer der Orte von grundlegender Bedeutung für Camilleris Romane: die Salita Granet. Entlang dieser kurzen Straße, die zum Hügel hinter dem Wohngebiet von Vigàta hinaufsteigt, hat Camilleri nämlich die Wohnung von Maestro Barbera angesiedelt, dem Nachbarn von Clementina Vasile Cozzo, einer zentralen Figur bei Montalbanos Ermittlungen, und ebenso das »Handelsbüro« von Signor Lapecora, der Hauptfigur wider Willen in DER DIEB DER SÜSSEN DINGE.

Salita Granet

WOHNUNG VON PINO CATALANO, DISCESA GRAVET 28 [D D5]

Discesa Gravet, Nummer achtundzwanzig, ein dreistöckiges Gebäude mit Sprechanlage. Die Stimme einer älteren Frau ertönte. (...) Eine würdevolle Armut, zwei Zimmer, Wohnküche, Toilette. Die Räume waren überschaubar, kaum dass man eingetreten war. Die Signora, eine schlicht gekleidete, etwa fünfzigjährige Frau, ging voran.

  »Hier entlang, in Pinos Zimmer.«

(DIE FORM DES WASSERS, S. 80)

In der Salita Granet kann man auch leicht die Discesa Gravet erkennen, den Ort, wo Pino Catalano wohnt, der zusammen mit Saro Montaperto bei der Mànnara im Roman DIE FORM DES WASSERS Luparellos Leiche findet.

WOHNUNG DES LEHRERS GIOSUÈ CONTINO, PIAZZA DANTE [D D6]

Inzwischen waren sie im Ort angekommen.

»Maestro, wo wohnen Sie?«

»Am Ende der Hauptstraße, an der Piazza Dante.« »Nehmen wir die Straße hinten herum, das ist besser.« Montalbano wollte nicht, dass der völlig durchnässte und vor Kälte zitternde alte Mann die Schaulust und Neugierde der Bewohner von Vigàta erregte.

(DIE FORM DES WASSERS, S. 99–100)

Wohnung des Lehrers Contino an der Piazza Dante

Die Piazza Dante ist eine anonyme Örtlichkeit, an der zahlreiche Wohnblocks stehen. Sie befindet sich am Ende der Via Colombo, einer Parallelstraße zur Via Roma, der Hauptstraße von Vigàta.

HAUS VON MARIASTELLA COSENTINO [B E5]

Mariastella führte ihn aus Vigàta hinaus, auf einer Straße, an der rechts und links keine Häuser, sondern vereinzelt wenige alte Villen standen, von denen manche verlassen waren. Der Commissario war noch nie dort gewesen, da war er sicher, denn er staunte über eine Gegend, die vor der Zeit der Bauspekulation und wilden Zubetonierung stehen geblieben

Haus von Mariastella Cosentino

schien. Mariastella war das Staunen des Commissario nicht entgangen.

»Die Villen, die Sie hier sehen, wurden alle in der zweiten Hälfte des neunzehnten Jahrhunderts gebaut. Es waren die Landhäuser reicher Bürger aus Vigàta. Wir haben Milliardenangebote abgelehnt. Meines ist das dort.«

Montalbano hob den Blick nicht von der Straße, aber er wusste, es war ein großes, fast quadratisches Holzhaus, das, ehemals weiß, mit Kuppeln und Spitztürmchen und verschnörkelten Balkonen im überladen eleganten Stil der Siebzigerjahre verziert war...

(DER KAVALIER DER SPÄTEN STUNDE, S. 237)

251

Die so minutiös beschriebene Villa gibt es in Wirklichkeit nicht, sie ist vielmehr ein imaginärer Ort aus William Faulkners Erzählung EINE ROSE FÜR EMILY.

Wir können uns allerdings vorstellen, das Gebiet der historischen Villen von Vigàta mit einem Areal in der Nähe des Villaggio Bellavista zu identifizieren, einem außerhalb von Porto Empedocle errichteten Viertel, wo die wohlhabenderen Bewohner von der zweiten Hälfte des 19. Jahrhunderts an stattliche Villen und Wohnungen bezogen.

WOHNUNG DER EHELEUTE DI BLASI, VIA LAPORTA 8 [D D5]

In der Via Laporta 8 stand an der Sprechanlage: »Ing. Aurelio Di Blasi«, weiter nichts. Er schellte, eine Frauenstimme antwortete.

(DIE STIMME DER VIOLINE, S. 80)

Wohnung der Di Blasis in der Via Laporta

Die Via Laporta im oberen Teil ist eine Parallelstraße zur Via Roma, zu der man von der Salita Granet aus gelangt oder von der kleinen Straße rechts am Rathaus, die auf die Piazza della Chiesa Vecchia führt. Auf diesen Platz öffnet sich die Straße, in der – in der literarischen Fiktion – die Eheleute Di Blasi wohnen, eine enge Straße mit mehrstöckigen Häusern, unter diesen ein beeindruckender Palazzetto mit neoklassizistischer Fassade.

Wohnung der Lofaros in der Via Roma

WOHNUNG VON TINA LOFARO, VIA ROMA [D E5]

Er ließ sich von Gallo bei Tina Lofaro absetzen, Susannas Studienkollegin, die in der Hauptstraße von Vigàta wohnte. Das dreistöckige Haus war ziemlich alt, wie alle Häuser im Zentrum. (DIE PASSION DES STILLEN RÄCHERS, S. 40)

Wir können uns vorstellen, dass Tina in einem der Palazzi in der Via Roma wohnt, der Hauptstraße von Vigàta, die die Bühne für einen großen Teil der von Camilleri erzählten Begebenheiten abgibt. Den Kontrapunkt dazu bilden die Jugendstilbauten und die »starken« Eindrücke der Hauptkirche und des Rathauses. Sie machen diese Straße zur eigentlichen Piazza von Vigàta und zum Zentrum des Lebens in dieser Stadt.

WOHNUNG VON MICHELA MANGANARO [D A3]

Signorina Michela Manganaro wohnte mit ihren Eltern in einer zehnstöckigen Mietskaserne beim Friedhof. Montalbano wollte sein Kommen nicht ankündigen, weder telefonisch noch über die Sprechanlage.

(DER KAVALIER DER SPÄTEN STUNDE, S. 69)

Wohnung der Manganaros

Die von Camilleri beschriebene Wohnung Michela Manganaros, Angestellte in der Agentur »König Midas«, mag sich in einer Gruppe von Hochhäusern befinden, die hinter der Hochebene Lanterna in der Nähe des Friedhofs an einer Querstraße der Via dello Sport gebaut wurden.

HAUS VON DOTTOR MISTRETTA [B D7]

Und so fuhren sie weiter und weiter, verließen die Nationalstraße, verließen die Landstraße, bogen in Feldwege ein. Schließlich hielten sie vor dem verschlossenen Tor einer einsam gelegenen Villa, die um einiges größer und gepflegter war als die des Bruders. Sie war ringsum von einer hohen Mauer umgeben. Fühlten sich die Mistrettas ohne solche Landsitze minderwertig? Mistretta stieg aus, öffnete das Tor, fuhr mit dem Auto hinein und winkte Montalbano, ihm zu folgen.

Sie parkten in der Einfahrt neben dem Garten. Der war nicht ganz so verwahrlost wie der Garten der anderen Villa, aber es fehlte nicht viel.

Haus von Dottor Mistretta vor dem Monte Crasto

Rechts war ein großer flacher Bau zu sehen, vielleicht ein ehemaliger Stall. Mistretta öffnete die Haustür, schaltete das Licht ein und bat den Commissario in einen großen Salon.
(DIE PASSION DES STILLEN RÄCHERS, S. 116)

Das »literarische« Haus von Dottor Mistretta erinnert an die Casa Fragapane, eine beeindruckende Villa aus dem 19. Jahrhundert und zugleich der Ort, an dem der ganz junge Camilleri einen Teil seiner Kindheit in Gesellschaft der Großeltern verbrachte. Um zu dieser Villa zu gelangen, müssen wir erst zur Via dello Sport in der Nähe des Friedhofs von Porto Empedocle und sie ganz hinunterfahren, bis alle Sozialbauwohnblöcke hinter uns liegen. Auf dieser Straße stoßen wir zu unserer Rechten auf die historische Casa Fragapane.

Haus von Commissario Montalbano in Marinella

HAUS VON COMMISSARIO MONTALBANO, MARINELLA [B E6]

Montalbano sah zum Fenster, durch das kaum Licht drang. Die Uhr zeigte fast sechs. Er stand auf und öffnete die Fensterläden. Im Osten zeichnete die aufgehende Sonne Arabesken luftiger Wolken, keine Regenwolken. Das Meer bewegte sich leicht in der Morgenbrise. Montalbano füllte seine Lungen mit Luft und spürte, wie jeder Atemzug ein wenig von dieser furchtbaren Nacht mit sich forttrug. Er ging in die Küche, setzte die Espressokanne auf und öffnete, während er auf den Kaffee wartete, die Verandatür.

Der Strand schien leer, zumindest waren bei dem Dämmerlicht weit und breit kein Mensch und kein Tier zu sehen. Er trank zwei Tassen Kaffee hintereinander, zog die Badehose an und ging zum Strand hinunter. Der Sand war feucht und fest, vielleicht hatte es am frühen Abend ein bisschen geregnet. Er steckte einen Fuß ins Wasser. Es war längst nicht so eisig, wie er gedacht hatte. Vorsichtig ging er weiter, hin und wieder lief

ihm ein kalter Schauer über den Rücken. (...) Mit gemäch-
lichen, ausholenden Zügen begann er zu schwimmen. Das
Meerwasser hatte einen scharfen Geruch, und kitzelte in der
Nase, beinahe wie Champagner. Und Montalbano fühlte sich
wie betrunken, denn er schwamm weiter und weiter, endlich
war sein Kopf frei von jeglichem Gedanken, und er genoss es,
dass er sich in eine Art Aufziehpuppe verwandelt hatte.

(DAS KALTE LÄCHELN DES MEERES, S. 21 – 22)

Marinella ist in den Montalbano-Romanen ein besonderer
Ort. Das Haus des Commissario steht auf dem Strand. Von
der Veranda des Hauses kann er das Meer und den Horizont sehen, der sich gegen die Küsten Afrikas verliert. Die
Stimmung des Commissario ist vollkommen eins mit der
Landschaft, die sich ihm morgens, gleich nach dem Aufstehen, darbietet. Camilleri hat sich das Haus des Commissario auf einem der schönsten Strände der agrigentinischen
Küste vorgestellt, dem Lido Marinella. Er ist etwas außerhalb von Porto Empedocle gelegen und man kann von der
Via Roma über die Via Francesco Crispi dorthin gelangen,
wenn man dann den Hinweisen nach den Lidi, den Stränden, folgt. Hat man die letzten Wohnhäuser, die die Faszination des Zerfalls ausstrahlen, und das Stromkraftwerk
hinter sich gelassen, entdeckt man eine lange Küstenlinie
mit einem goldenen Strand, auf dem kleine Häuser stehen.
Das ist der Ort, wo sich Montalbanos Haus befindet. Wir
können uns vorstellen, dass seines eins der eingeschossigen
Häuser mit drei hintereinander liegenden Zimmern und
einer überdachten Terrasse mit unverbautem Zugang zum
Meer ist, dasselbe, das unseren Montalbano so viele Male zu
seinen morgendlichen Bädern eingeladen hat.

WOHNUNG VON SARO MONTAPERTO, VIA LINCOLN 102 [D D6]

Er setzte sich ins Auto, zog das Blatt heraus, das er soeben gestohlen hatte, und was er las, stimmte ihn düster. Er ließ den Motor an und fuhr los. Via Lincoln 102.

(DIE FORM DES WASSERS, S. 82)

Via Lincoln, eine enge Straße am Ende der Via Roma, ist dieselbe Straße, in der sich früher einmal das Polizeikommissariat von Porto Empedocle befand.

WOHNUNG VON NENÈ SANFILIPPO UND DER EHELEUTE GRIFFO, VIA CAVOUR 44 [D C5]

»Peng war's, Dottore. Ein einziger Schuss. Ins Gesicht.«
»Wo bist du?«
»Am Tatort. Sagt man das so? Via Cavour 44. Wissen Sie, wo das ist?« (DAS SPIEL DES PATRIARCHEN, S. 12)

Die Via Cavour befindet sich auf dem Piano Lanterna, wenige Schritte von der Trattoria da Enzo entfernt, eine gesichtslose Straße mit Hochhäusern, die den oberen Teil der Stadt bestimmen.

HAUS VON ANNA TROPEANO, MARINELLA [B E6]

Er ging zurück, setzte sich in sein Auto und fuhr Richtung Marinella. Direkt hinter der Brücke sah er das Haus, von dem er jetzt wusste, dass es Anna Tropeano gehörte. Es war stärker als er, er fuhr an den Straßenrand, bremste und stieg aus.

Die Contrada Cannelle in der Nähe der Brücke über den Fluss Salsetto

Es war ein hübsches zweistöckiges Haus, sehr gepflegt, mitten in einem Gärtchen. Er trat ans Tor und drückte auf den Knopf der Sprechanlage.

(DIE STIMME DER VIOLINE, S. 85–86)

Verlässt man Vigàta über die Via Crispi in Richtung Lido Marinella, gelangt man zu einer kleinen Brücke über den Fluss Salsetto im Schatten einer riesigen Überführung und an eine Kreuzung mit einer niemals fertiggestellten Straße, die sich in den Monte Crasto bohrt. Dort befindet sich das Haus von Anna Tropeano. Dieses Gebiet, das Contrada Cannelle heißt, ist eine Siedlung von zumeist zwei- bis dreistöckigen Häusern, die sich vor der weißen Mergelwand des Piano Lanterna hinstrecken. Zwischen diesen Häusern ist die kleine Kirche der Santissima Trinità, der Allerheiligsten Dreifaltigkeit, mit ihrer neoklassizistischen Fassade eingefügt.

Die Wohnung von Clementina Vasile Cozzo

WOHNUNG VON CLEMENTINA VASILE COZZO, SALITA GRANET 23 [D D5]

Salita Granet 23 lag der Nummer 28 direkt gegenüber, die beiden Häuser sahen genau gleich aus.

Clementina Vasile Cozzo war eine elegant gekleidete siebzigjährige Dame. Sie saß im Rollstuhl.

(DER DIEB DER SÜSSEN DINGE, S. 69)

Clementina Vasile Cozzo ist eine Figur, die viele Male in den Montalbano-Romanen auftaucht, ebenso die Salita Granet, eine Querstraße der Via Roma, in der sich auch die Wohnung von Maestro Barbera und das »Handelsbüro« von Signor Lapecora befinden.

CHIESA MADRE, HAUPTKIRCHE [D E4]

Der Sarg wurde gerade in den Leichenwagen geladen, zahlreiche Kränze lagen in einer Reihe vor dem Kirchenportal. Emanuele Licalzi war umringt von vielen Leuten, die ihm kondolierten. Er machte einen ungewohnt verstörten Eindruck. Montalbano trat zu ihm und nahm ihn beiseite.

(DIE STIMME DER VIOLINE, S. 221)

Die Kirche des Allerheiligsten Erlösers aus dem Jahr 1904 prägt mit ihren strengen Formen aus neoklassizistischen Linien die Hauptstraße, die Via Roma, und bildet einen Kontrapunkt gegenüber dem »leichteren« Charakter vieler

Chiesa Madre, Hauptkirche

kleiner Palazzi im Jugendstil, die es trotz der vernichtenden Überschwemmung von 1971, die einen großen Teil der ursprünglichen Wohngegend zerstörte, immer noch gibt. Der in zwei Reihen gegliederte Prospekt schließt mit einem dreieckigen Tympanon ab, wohingegen das Eingangsportal von zwei Säulen gekennzeichnet ist, die ein kleines Tympanon tragen. Dieses wird von einem Hochrelief unterbrochen, das den von zwei Cherubinen gestützten Erlöser darstellt.

CIUCCÀFA-HÜGEL [B D6]

Der Ciuccàfa-Hügel fiel durch zwei Besonderheiten auf. Die erste bestand darin, dass er sich völlig kahl und ohne den kleinsten grünen Grashalm präsentierte. Noch nie hatte es auf diesem Boden ein Baum geschafft zu wachsen, und nicht mal einem Stängel Mohrenhirse, einem Kapernstrauch, einem Bocksdorngestrüpp war es gelungen, hier Wurzeln zu schlagen. Es gab zwar eine Baumgruppe um das Haus herum, aber diese Bäume waren schon groß gewesen, als Don Balduccio sie hatte pflanzen lassen, um sich ein wenig Küh-

Ciuccàfa-Hügel

lung zu verschaffen. Und um zu verhindern, dass sie vertrockneten und abstarben, hatte er ganze Lastwagenladungen mit Spezialerde kommen lassen. Die zweite Besonderheit war, dass, abgesehen vom Haus der Sinagras, keine weiteren Häuser, ob Hütten oder Villen, zu sehen waren, von welcher Seite aus man die Abhänge des Hügels auch betrachtete.

(DAS SPIEL DES PATRIARCHEN, S. 114)

Nordwestlich vom Monte Crasto liegt der Monte Ciuccàfa, der sich mit einem Hügel in Richtung Vigàta absenkt. Hier können wir uns die Villa des Mafiabosses Balduccio Sinagra denken.

KOMMISSARIAT, VIA LINCOLN [D C7]

Um sieben Uhr früh war er im Kommissariat, so früh, dass der diensthabende Beamte ihn besorgt ansah. »Dottore, is was?«

»Nein, nichts«, beruhigte er ihn. »Ich bin nur früh aufgewacht.«

Er hatte sich die beiden Tageszeitungen der Insel gekauft und begann darin zu lesen. (...)

Indessen war der Brigadiere Fazio eingetroffen. Montalbano führte mit ihm ein langes Gespräch über die laufenden Ermittlungen.

(DIE FORM DES WASSERS, S. 78–79)

Das Kommissariat von Porto Empedocle, heute im Oberteil der Stadt, befand sich bis vor einigen Jahren in der Via Lincoln, etwas abseits vom

Kommissariat in der Via Lincoln

Stadtzentrum und nicht weit von der alten Trattoria San Calogero und vom Hafen entfernt.

TANKSTELLE AN DER STRASSE NACH MARINELLA, DER ORT, AN DEM DER LASTWAGEN AUFGEFUNDEN WURDE [D E6]

Auf dem Weg nach Marinella stellte Montalbano fest, dass die Benzinanzeige aufleuchtete. Er hielt an der Tankstelle, wo vor einiger Zeit eine Schießerei stattgefunden und er den Tankwart hatte vernehmen müssen, um alles in Erfahrung zu bringen, was dieser gesehen hatte. Der Tankwart trug es ihm nicht nach und begrüßte ihn gleich, als er ihn sah; seine Stimme klang so aufdringlich, dass es Montalbano schauderte.

(DER HUND AUS TERRACOTTA, S. 41)

Die Erwähnung dieses Ortes dient der besonderen Hervorhebung der geografischen Kohärenz der camillerischen Architektur, sofern das überhaupt noch nötig ist. Die in DER HUND AUS TERRACOTTA erwähnte Tankstelle befindet sich tatsächlich an der Straße zwischen dem Kommissariat und Marinella.

Tankstelle auf der Straße nach Marinella

MÀNNARA [D E8] UND ALTE FABRIK [D D9]

(...) Pino Catalano und Saro Montaperto, zwei jungen Landvermessern, (...) wurde das als Mànnara bezeichnete Gebiet

264

zugeteilt, so genannt, weil dort vor undenklichen Zeiten angeblich ein Hirte seine Ziegen gehütet hatte. Die Mànnara war ein breiter Streifen mediterraner Macchia am Rande des Städtchens, zwischen dem Meeresstrand und den baulichen Überresten einer großen Chemiefabrik, die der allgegenwärtige Abgeordnete Cusumano eingeweiht hatte, als ein neuer, frischer Wind wehte, der eine glänzende und vielversprechende Zukunft zu verheißen schien. Aber jener Wind war schnell zu einer leichten Brise abgeflaut und schließlich gänzlich abgeklungen: Allerdings hatte er größere Schäden angerichtet als ein Tornado, indem er ein Heer von Kurzarbeitern und Arbeitslosen hinterließ. Um zu verhindern, dass die im Ort umherstreichenden Scharen von Schwarzen und weniger Schwarzen, von Senegalesen und Algeriern, Tunesiern und Libyern sich in der Fabrik einnisteten, hatte man rundherum eine hohe Mauer gezogen, hinter der die von Unwettern, Meeressalz und allgemeiner Vernachlässigung angefressenen Bauten weiterhin emporragten und dabei mehr und mehr aussahen wie die Architektur eines Gaudí im Drogenrausch. (DIE FORM DES WASSERS, S. 5–6)

Mànnara und alte Fabrik

Die Mànnara, ein Areal zwischen der ehemaligen Chemiefabrik und dem Meer, ist der Hauptschauplatz im ersten Montalbano-Roman. Die Beschreibung, die Camilleri von der Fabrikanlage gibt, ist äußerst wirklichkeitsgetreu. Sie

265

hieß Akragas, wie der alte griechische Name für Agrigent, und ist seit Jahrzehnten geschlossen. Dort befinden sich große Silos, die von Elementen überzogen sind, die an Spitzbögen gotischer Kathedralen erinnern. Der Reiz des Niedergangs, den die alte Fabrik in der zitierten Textstelle aussendet, findet man hier genauso wieder, an einem Ort, der den tragischen Kontrapunkt zu der Schönheit des Strandes von Marinella bildet, der auf der anderen Seite des Städtchens liegt.

MONTE CRASTO UND CRASTICEDDRU
[B E6 – 7]

Der Crasto, der sich selbst nicht mal im Traum für einen Berg halten würde, war ein ziemlich kahler Hügel, erhob sich westlich von Vigàta und war keine fünfhundert Meter

Monte Crasto

vom Meer entfernt. Mitten hindurch führte ein Tunnel, der jetzt mit Holzbrettern verschlossen war; der Tunnel sollte Teil einer Straße sein, die aus dem Nichts kam und ins Nichts führte – sehr nützlich für die Schöpfung nichtgeometrischer tangenti. *Sie hieß in der Tat Tangenziale. (…) Am Berg klebte, auf der dem Meer abgewandten Seite, eine Art kleine Felsschanze,* u crasticeddru *genannt: Bis hierher waren die Bagger und Laster nicht gekommen, die Gegend war von einer eigenen wilden Schönheit.*

(DER HUND AUS TERRACOTTA, S. 22)

Hinter dem Piano Lanterna, auf dem die letzten Ausläufer von Porto Empedocle aufragen, befindet sich der Monte Crasto, an den sich längst schon ringsherum gesichtslose Sozialwohnungsbauten festgekrallt haben. Dieser Ort stellt einen der natürlichen Aussichtspunkte auf dem Territorium von Porto Empedocle dar, von dem aus man die herrliche Küste von Agrigent und die Scala dei Turchi bewundern kann. Die Beschreibung, die Camilleri vom Monte Crasto gibt, ist, wie gewohnt, von »topografischer« Genauigkeit: die Staatsstraße, die ihn auf unterschiedliche Weise umgürtet und durchschneidet, der Mangel an Vegetation auf der Kuppe, die Entfernung zum Meer und die Lage im Verhältnis zu Vigàta.

Dieser Ort ist für Camilleri bedeutsam und voller Geschichte, wir finden ihn beispielsweise im Roman KÖNIG ZOSIMO als Behausung von Padre Uhu wieder. Wie im Roman DER HUND AUS TERRACOTTA handelt es sich auch da um eine aus zwei Kammern bestehende Grotte, die durch einen engen Korridor voneinander getrennt sind, aber in KÖNIG ZOSIMO enthält die zweite Kammer eine »mystische«

Wasserquelle. In Wirklichkeit ist die Grotte leider seit Jahren eingebrochen, und die letzte Information, über die wir verfügen, geht auf die Vierzigerjahre zurück, als sie als Luftschutzraum und Wohnung für immerhin vierzehn Familien diente.

Rathaus

RATHAUS [D E4]
Er hielt vor dem Rathaus und ging zum Einwohnermeldeamt hinauf. Er kannte den Angestellten, Signor Crisafulli.
(DAS SPIEL DES PATRIARCHEN, S. 242)

Das Rathaus befindet sich an der Hauptverkehrsstraße, der Via Roma, neben der Chiesa Madre und wurde 1874 nach einem Entwurf des Ingenieurs Grimaldi gebaut. Es handelt sich um ein dreigeschossiges Gebäude mit neoklassizistischer Fassade, einem kleinen Eingangsportikus und einer Uhr, die nach seiner Fertigstellung oben angebracht wurde.

VERSTECK DES JUNGEN AUS
DAS KALTE LÄCHELN DES MEERES,
OSTMOLE [D G7]
(...) Montalbano sah den Kleinen mit dem Instinkt eines gejagten Tieres auf den am schlechtesten beleuchteten Abschnitt des Kais zurennen, wo die Überreste eines alten Silos standen, das aus Sicherheitsgründen mit einer Mauer umgeben war.
(DAS KALTE LÄCHELN DES MEERES, S. 59 – 60)

Silos an der Ostmole

Die Silos auf dem Kai der Ostmole sind nicht mehr in Gebrauch und Teil der Hafenlandschaft von Vigàta, ein Ort, an den der Commissario immer wieder zurückkehrt und seine meditativen Spaziergänge unternimmt, in aller Regel immer im Anschluss an eine üppige Mahlzeit, die er in der Trattoria San Calogero genossen hat. Mit DAS KALTE LÄCHELN DES MEERES lässt Camilleri die dramatische Wirklichkeit der illegalen Einwanderer, die von den afrikanischen Küsten flüchten und sich übers Meer aufmachen, um auf der Insel Lampedusa oder an den Küsten Siziliens an Land zu gehen, in die Ruhe der Touristenmole einbrechen.

AUTOWERKSTATT VON ANTONIO MARIN, PIAZZA VITTORIO VENETO [D F4]

Zwei haben Mädchen aus dem Dorf geheiratet. Einer ist tot, er hieß Tripcovich, der andere ist Marin, dem die Autowerkstatt an der Piazza Garibaldi gehört. Kennen Sie ihn?«

Blick von der Autowerkstatt Marin auf die Piazza Vittorio Veneto

»Er ist mein Mechaniker«, sagte der Commissario und dachte lustlos, dass er sich schon wieder auf die Zeitreise durch die Erinnerung der Alten machen musste.

(DER HUND AUS TERRACOTTA, S. 264–265)

Wir können uns Marins Autowerkstatt im Erdgeschoss eines der Gebäude vorstellen, die an der Piazza Vittorio

Veneto stehen, der ehemaligen Piazza Garibaldi (1883), die davor Piazza die Sospiri, Seufzerplatz, hieß.

HAFEN, LEUCHTTURM UND FLACHKLIPPE [D M5]

Doch er beschloss, zum Hafen zu fahren. Er ließ sein Auto am Kai stehen und ging langsam, einen Fuß vor den anderen setzend, auf der östlichen Mole Richtung Leuchtturm. Die Sonne war strahlend aufgegangen, offenbar froh, dass sie es wieder mal geschafft hatte. (…) Er öffnete weit den Mund und holte tief Atem. Er mochte den Geruch des Hafens von Vigàta. »Was redest du da? Alle Häfen stinken gleich«, hatte Livia eines Tages entgegnet. Das stimmte nicht, jeder Ort am Meer hatte einen anderen Geruch. Der von Vigàta war eine perfekte Mischung aus nassem Tauwerk, in der Sonne getrockneten Netzen, Jod,

Der Hafen mit dem Leuchtturm und der Flachklippe

*verfaultem Fisch, lebenden und toten Algen, Teer. Und ganz
im Hintergrund ein Hauch von Dieselöl. Unverwechselbar.
Bevor er den flachen Felsen unterhalb des Leuchtturms erreichte, bückte er sich und hob eine Handvoll Kiesel auf.*

Er kam zu dem Felsen und setzte sich.

(DAS SPIEL DES PATRIARCHEN, S. 16)

Hervorgehoben vom massigen, beeindruckenden Turm
Karls V. [D F4], öffnet sich am Ende der Via Roma der Hafen.
Jenseits des Kais, an dem die Fährschiffe von und nach
Lampedusa anlegen, erstreckt sich die Ostmole mit einigen
alten Silos, die im Roman DAS KALTE LÄCHELN DES MEERES
dem kleinen Jungen als Versteck dienen, der illegal aus
Afrika an Land gegangen und nun auf der Flucht ist. Wenn
wir unseren Weg fortsetzen, stoßen wir auf den Leuchtturm,
dessen Nähe Commissario Montalbano gern aufsucht, um
dort in Ruhe nachzudenken, und auf die Wellenbrecher,
die unterhalb des Leuchtturms ins Meer versenkt wurden.
Von dort aus hat man einen schönen Gesamtblick über den
Hafen und die dahinterliegende Stadt.

ORTSTEIL »LA CUCCA« [B E5]

*»… Susanna verlässt das Haus der Freundin und fährt die
Strecke, die sie jeden Tag fährt. Diese Straße nehmen viele
Leute, die in der Nähe der Mistretta-Villa wohnen. Sie führt
nach drei Kilometern in einen Vorort von Vigàta namens La
Cucca, wenn ich mich nicht täusche. Die Straße dient Pend-
lern, Bauern und Leuten, die zwar in Vigàta arbeiten, aber
lieber auf dem Land wohnen. Die kennen sich alle, möglicherweise fahren sie zu denselben Zeiten hin und her.«*

(DIE PASSION DES STILLEN RÄCHERS, S. 84)

Den Ortsteil La Cucca kann man mit dem Villaggio Bellavista identifizieren, einem Viertel, das außerhalb von Porto Empedocle an der Staatsstraße 115 in Richtung Trapani entstanden ist und in dem sich seit der zweiten Hälfte des 18. Jahrhunderts die wohlhabenderen Einwohner angesiedelt haben und in stattliche Villen und Wohnungen gezogen sind. Montalbano ist bereits in dieser Gegend gewesen, wie in DER KAVALIER DER SPÄTEN STUNDE erzählt wurde, um Mariastella Cosentino in ihrem Haus [B E5] zu besuchen, die Angestellte der Agentur »König Midas«. Das Dorf erhebt sich auf dem Vorgebirge von Punta Piccola, auf dessen Kuppe sich die Casa Spoto befindet, eine herrschaftliche Villa, die seit langem verlassen ist und in einem Zustand völliger Verwahrlosung vor sich hindämmert. Doch von hier aus genießt man einen weiten Blick über Porto Empedocle, der vom Lido Marinella bis zum Piano Lanterna und dem darunterliegenden Hafen reicht.

Ortsteil La Cucca und Casa Spoto

HANDELSBÜRO VON LAPECORA, SALITA GRANET 28 [D D5]

Als Montalbano und Galluzzo in der Salita Granet ankamen, waren die Geschäfte in der kurzen Straße schon geschlossen. Die Nummer 28 gehörte zu einem kleinen Häuschen: Erdgeschoss, drei Stufen über dem Straßenniveau, erster und zweiter Stock. Neben der Haustür waren drei Schilder angebracht, auf einem stand: Lapecora, Aurelio Import-Export Erdgeschoss... (DER DIEB DER SÜSSEN DINGE, S. 52)

Camilleri siedelt Lapecoras Büro genau gegenüber der Wohnung von Clementina Vasile Cozzo an; sie hilft Montalbano bei der Lösung des Falls, der im Roman DER DIEB DER SÜSSEN DINGE aufgerollt wird.

TRATTORIA DA ENZO [D C5]

Da die Trattoria mit dem Namen Da Enzo im oberen Teil der Stadt lag, musste der Commissario wohl oder übel das Auto nehmen. Von außen wirkte der Speiseraum wie eine Konstruktion aus Wellblech, und die Küche befand sich anscheinend in einem Nebengebäude. Das hatte etwas Provisorisches, Zusammengebasteltes, was Montalbano gefiel. Er trat ein und setzte sich an einen freien Tisch. Ein hagerer Sechzigjähriger mit sehr hellen Augen, der das Hin und Her der beiden Kellner beaufsichtigte, kam auf ihn zu und stellte sich vor ihn hin, ohne ein Wort zu sagen, er begrüßte ihn nicht mal. (DAS KALTE LÄCHELN DES MEERES, S. 82)

Die Trattoria da Enzo mit ihrer hervorragenden Küche, wo Montalbano seit der Schließung der Trattoria San Calogero essen geht, befindet sich im oberen Teil der Stadt. Es handelt

Trattoria da Enzo

sich dabei um eine Konstruktion, die auf der Piazza am Ende der Via Garibaldi gebaut wurde, einer Straße, die den unteren Teil der Stadt mit dem oberen Teil, dem Piano Lanterna, verbindet. In früheren Zeiten wurde diese Straße Cruci Vecchia genannt, Altes Kreuz, weil hier bis 1857 ein Kreuz stand, das den Kalvarienberg symbolisierte.

Man kann auch zu Fuß zu dieser Trattoria gelangen, indem man die Sträßchen nutzt, die hinter der Hauptkirche bis zum Garten des Belvedere aufsteigen. Von diesem Aussichtspunkt hat man einen wunderbaren Blick auf Vigàta.

TRATTORIA SAN CALOGERO [D D5]

In der Trattoria San Calogero achteten sie Montalbano, weniger weil er der Commissario war, sondern vielmehr weil er ein angenehmer Gast war, einer von der Sorte, die Gutes zu schätzen wissen. Sie servierten ihm fangfrische Streifenbarben,

die knusprig frittiert und eine kurze Weile auf Papier abgetropft waren.

(DIE FORM DES WASSERS, S. 89)

Das San Calogero ist Salvo Montalbano die liebste Trattoria. Aus Gründen der Gesundheit des gleichnamigen Inhabers ist sie geschlossen, so wird es in DAS KALTE LÄCHELN DES MEERES erzählt. Aber sie ist auch in Wirklichkeit geschlossen. Zur Erinnerung daran, dass es sie einmal gab, finden wir heute nur mehr das Schild an der Ecke von Via Roma und Salita Granet.

POSTAMT [D F4]

Das Postamt war nur ein paar Schritte vom Kommissariat entfernt. Ein schauerlicher Bau, in den Vierzigerjahren begonnen, als die faschistische Architektur ihr Unwesen trieb, und dann in der Nachkriegszeit vollendet, als sich der Stil gewandelt hatte.

(DAS SPIEL DES PATRIARCHEN, S. 207)

Die Beschreibung, die Camilleri in DAS SPIEL DES PATRIARCHEN von diesem Gebäude gibt, stimmt vollkommen überein mit dem Gebäude in der Via Roma, ein Stück weiter nach der Hauptkirche. Camilleri spricht in dem

Postamt

Roman DIE FORM DES WASSERS von der »*Kurve der Chiesa del Carmine*«, die höchst wahrscheinlich die gegenüber des Postamts ist und sich zum Turm Karls v. hin wendet. Hier hat tatsächlich einmal die Chiesa del Carmine gestanden, woran eine Plakette erinnert, die an der Fassade des Postamtes angebracht wurde.

GEHEIME VILLA DES INGEGNERE LUPARELLO, KURVE SANFILIPPO, CAPO MASSARIA (ORTSTEIL KAOS-MONTELUSA) [B F9]

Von der Kurve von Sanfilippo war das Capo Massaria etwa hundert Meter entfernt. Aber der Commissario konnte das Haus nicht sehen, das direkt an der Spitze der Felsküste stehen musste, zumindest den Angaben der Signora Luparello zufolge. Er ließ den Motor wieder an und fuhr im Schrittempo weiter. Als er genau auf der Höhe der Spitze war, bemerkte er inmitten von dichten und niederen Bäumen einen schmalen Feldweg, der von der Landstraße abging. Er bog in den Weg ein und stieß kurz darauf auf ein verschlossenes Eisentor, die einzige Öffnung in einer Trockenmauer, die den Teil der Felsspitze, der über das Meer hinausragte, völlig abriegelte.

(DIE FORM DES WASSERS, S.162)

Vom Strand von Kaos aus kann man in seiner Ganzheit den Küstenabschnitt erkennen, der, wenn man sich in Richtung San Leone begibt, zu einer Hochebene aus weißem Mergel aufsteigt, auf der man hier und da, versteckt inmitten der Vegetation, Häuser steil über dem Meer erkennt. Hier, so stellen wir uns vor, befindet sich die geheime Villa des Ingegnere Luparello. In der Nähe dieses Gebietes ist auch das Geburtshaus von Luigi Pirandello, das über die Staats-

Strand von Kaos

straße 115 erreicht werden kann, mit den Resten der Pinie, die als Grabsäule für die Asche des Dramatikers dient. In dieser Zone befindet sich die auf das 6. Jahrhundert v. Chr. zurückgehende antike Nekropole mit dem Namen »Montelusa«, die in der gleichnamigen Contrada hinter der Provinzialstraße Porto Empedocle-San Leone liegt.

VILLA MISTRETTA [B E6]

Die zweistöckige Villa musste einmal sehr schön gewesen sein, doch mittlerweile waren die Anzeichen von Verwahrlosung nur allzu sichtbar. Häuser spüren es, wenn man sich nicht mehr um sie kümmert, man könnte fast meinen, sie alterten absichtlich frühzeitig. Das schwere, schmiedeeiserne Tor war angelehnt. (DIE PASSION DES STILLEN RÄCHERS, S. 32)

Wir können die Villa Mistretta wohl mit der Villa Ciuccafa identifizieren, eine Anlage aus dem 19. Jahrhundert, die auf einer Anhöhe erbaut wurde. Man erreicht sie, wenn man die Küstenstraße in Richtung Trapani fährt, dann umkehrt in Richtung Agrigent bis zur Kreuzung mit der Staatsstraße 115, anschließend Richtung Piano Lanterna fährt und kurz vor der Überführung am Fluss Salsetto nach links abbiegt und auf die erwähnte Erhebung zuhält. Etwa drei Kilometer von der Villa entfernt befindet sich ein ländliches Viertel von Vigàta, das Villaggio Bellavista, das mit dem Viertel La Cucca aus DIE PASSION DES STILLEN RÄCHERS gleichgesetzt werden kann.

MONTELUSA (AGRIGENT) [C]

Das heutige Bild der Stadt Agrigent ist das Ergebnis des verdrehten Verhältnisses zwischen dem antiken Bereich der archäologischen Funde am sanft abfallenden Hang unterhalb der Stadt, dem Tal der Tempel, und der mittelalterlichen Stadt, die auf dem »Hügel von Girgenti« erbaut wurde, heute aber von Hochhäusern aus Stahlbeton, die seit den Siebzigerjahren hochgezogen wurden, erstickt wird. Die Gründung der Stadt, die damals *Akragas* hieß, geht auf das Jahr 580 v. Chr. zurück. Sie war eine griechische Kolonie in Sizilien. Aus den ersten Jahrzehnten des 6. Jahrhundert v. Chr. stammt die Nekropole, die Montelusa hieß [B F8]. Sie befindet sich in der Contrada gleichen Namens an der Provinzialstraße Porto Empedocle-San Leone. Die nur wenig vom Meer entfernt gelegene antike Stadt war im Norden vom Hügel der Akropolis geschützt. Auf diese Nähe zum Wasser gründet sich die enge Beziehung, die die Stadt Agrigent mit Porto Empedocle verbindet, dem alten Orts-

Blick auf das Tal und auf den Monserrato-Hügel

teil Molo. Die Stadt, die immer größere Gebiete der Südküste bis zu den Küsten am Tyrrhenischen Meer unter ihre Kontrolle brachte, war ein Vorbild an Schönheit und Kultur. Das ist die Zeit, in der die mächtigen Tempel an der südlichen Begrenzung des Hügels erbaut wurden, und es ist die Zeit des Empedokles, eines Philosophen, Arztes und Redners, der auch in Griechenland bekannt war. Die von den Karthagern zerstörte, dann aber wieder aufgebaute Stadt wurde 262 v. Chr. von den Römern erobert und hieß nun *Agrigentum*. Im 7. Jahrhundert n. Chr. führte der Niedergang Roms und die Verbreitung des Christentums dazu, dass die wenigen verbliebenen Bewohner das »Tal« verließen und sich auf den Hügel Girgenti flüchteten. Die Eroberung durch die Araber im Jahr 828 erweckte die Stadt zu neuem Leben. Spuren der urbanen Anlage wie auch der arabischen Sprache und Kultur sind erhalten geblieben, wie zum Beispiel einige Ortsbezeichnungen: so etwa das Viertel *Rabàtu* [C A1] und auch der Name *Girgenti*, der sich vom arabischen *Gergent* herleitet und den die Stadt bis 1927 beibehielt.

*In den Zeiten, als die Muselmanen in Sizilien waren und
Montelusa Kerkent hieß, hatten die Araber am Rand des Dorfes ein Viertel errichtet, in dem sie unter sich waren. Als die
Muselmanen besiegt und geflohen waren, zogen Leute aus
Montelusa in ihre Häuser, und das Viertel bekam den sizilianischen Namen Rabàtu. In der zweiten Hälfte dieses Jahrhunderts wurde es von einem gewaltigen Erdrutsch verschlungen.
Die wenigen stehen gebliebenen Häuser waren beschädigt und
schief und hielten sich in einem rätselhaften Gleichgewicht.
Als die Araber wiederkamen, diesmal als arme Schlucker,
wohnten sie wieder hier; statt Dachziegeln verwendeten sie
Bleche, und anstelle von Mauern errichteten sie Trennwände
aus Karton.* (DER DIEB DER SÜSSEN DINGE, S. 116)

In dieser Zeit war das, was sich einmal zum Viertel Molo
(Mole) entwickeln sollte, wahrscheinlich das Verbindungs-
stück zwischen der Stadt und dem Verkehr auf dem Meer,
und wurde danach, in der zweiten Hälfte des 15. Jahrhunderts, zum »Verfrachter« von Girgenti. Auf die normanni-
sche Eroberung von 1087 und die Wiedereinrichtung des
Bischofssitzes folgen im 16. Jahrhundert die Grundmauern
für die Klosteranlagen von St. Franziskus und St. Domenicus. Nach einer Periode der Entvölkerung und des Niedergangs kommt ein wirtschaftlicher Aufschwung im 18. Jahrhundert, in einer Zeit, in der sich das Stadtzentrum von
der Via Duomo zur Via Atenea verlagert. Agrigent, das 1817
Provinzhauptstadt wurde, beginnt sich vom Girgenti-Hügel
zum Atenea-Felsen im Südosten auszudehnen, und zwar
mit dem Platz der Porta di Ponte (der heutigen Piazza Aldo
Moro) [C B4]. Diese Piazza bildet das Scharnier zwischen
der mittelalterlichen Stadt und ihren Ausläufern im 19. Jahr-

Die Chiesa dell'Addolorata, die Kirche der Schmerzensmutter, am Eingang zum alten Araberviertel Rabàtu

hundert, die 1848 durch die *Passeggiata* (die Flanierstraße), die heute Viale della Vittoria heißt, bereichert wurde. Von dieser schönen Straße aus kann man das Tal der Tempel sehen, das sanft zum Meer hin abfällt, während es im Süden vom Berg Monserrato unterbrochen wird. Das rasche und gierige Anwachsen, dem die Stadt seit den Sechzigerjahren des 20. Jahrhunderts ausgesetzt ist, hat im Jahr 1966 zu dem Erdrutsch des nördlichen Bereichs des Girgenti-Hügels geführt.

BESUCHERWEG IN MONTELUSA

Von der Piazza Vittorio Emanuele und der angrenzenden Piazza Aldo Moro (wo sich das Postamt, die Präfektur und die kleine mittelalterliche Kirche des heiligen Calogero befinden) gehen wir durch die rekonstruierte Porta di Ponte (oder Porta Atenea) in die Via Atenea, die Hauptstraße der mittelalterlichen und der modernen Stadt.

Entlang der Straße stoßen wir rechts auf die Via Porcello und danach auf die ansteigende Salita S. Spirito, die zu einem viereckigen Innenhof führt, der hinten von der Fassade der Kirche und der Abtei von S. Spirito abgeschlossen wird, wo sich vormals die Stadtbibliothek befand. Die Kirche wurde im 13. Jahrhundert erbaut und dann im Barock neu gestaltet, weist aber an ihrer Außenwand zugleich Reste eines gotischen Portals und einer mittelalterlichen Antirosette auf.

Wir gehen zur Via Atenea zurück und stoßen nach einem kurzen Stück links auf die Kirche des heiligen Franzikus von Assisi, die im 18. Jahrhundert auf der vorherigen Kirche aus dem 13. Jahrhundert wieder aufgebaut wurde. Sie steht an der gleichnamigen Piazzetta. Hier befand sich das Altsprachliche Gymnasium, das Luigi Pirandello und Andrea Camilleri besucht haben. Hier wurde auch die Idee von Vigàta geboren.

Einzeldarstellung an der Fassade der Kirche des heiligen Calogero an der Piazza Aldo Moro

Kloster Santo Spirito

Ich fuhr nach Agrigent, wo ich das Altsprachliche Gymnasium besuchte: für mich war Agrigent also ein Durchgangsort. Ich fuhr jeden Morgen da hin und kehrte nach dem Ende des Unterrichts wieder nach Porto Empedocle zurück. Als ich Schüler war, befand sich der Eingang zum Gymnasium auf

Piazza S. Francesco

der Piazzetta San Francesco, gleich neben der Kirche des heiligen Franziskus. Diese Piazzetta ist äußerst wichtig, ich würde sogar sagen grundlegend wichtig, weil mir dort die Idee zu Vigàta gekommen ist. Auf dieser Piazzetta stand jeden Morgen in einer Ecke der Brotbäcker, wie in den Romanen von Leonardo Sciascia, und von den umliegenden Orten kamen die Busse an, die im wahrsten Sinn des Wortes zig Jungen abluden, die nach Agrigent kamen, um das Gymnasium zu besuchen. Nun kamen diese Busse aber mindestens dreißig Minuten früher an, und die Piazzetta füllte sich mit Jungen, die, Brot und Brötchen verschlingend, sich die Ereignisse erzählten, die sich in ihren jeweiligen Orten zugetragen hatten. Diese Piazzetta wurde am Ende zu einer großen Stadt, die aber in einen genau umgrenzten Ort eingebettet war.

LA SICILIA DI ANDREA CAMILLERI.
TRA VIGÀTA E MONTELUSA, S.15,
Gruppo editoriale Kalòs, Palermo 2003

Wenn wir unseren Weg auf der Via Atenea fortsetzen, gelangen wir schließlich zur Piazza Purgatorio, dem Fegefeuerplatz, der von der barocken Kirche gleichen Namens beherrscht wird [C A3]. Im Inneren des Gebäudes können wir verschiedene Skulpturen bewundern, die Serpotta zugeschrieben werden.

Kurz vor dem Ende der Via Atenea finden wir die Piazza Pirandello [C B2], die in der zweiten Hälfte des 19. Jahrhunderts neu geplant worden war: Hier befindet sich das Städtische Museum, in dem sich Ölgemälde aus dem 16. bis 18. Jahrhundert befinden. Das Rathaus steht ebenfalls dort. Im Innenhof dieses Gebäudes befindet sich das Theater Luigi Pirandello aus dem 19. Jahrhundert (das vormalige Theater Regina Margherita), dessen dekoratives Inneres von Giovanni Battista Basile geschaffen wurde. Die Besichtigung geht weiter, indem wir an der Längsseite der Kirche des heiligen Domenicus durch die Via delle Orfane, Via del Barone und links die Via Oblati [C A2] hochgehen, die zur Kirche des heiligen Georg von den Oblaten und zum Institut Gioeni führt, das sich terrassenartig zum Viertel Rabàtu [C A1] öffnet (das nach dem Erdrutsch von 1966 teilweise entvölkert ist). Wenn wir auf der Salita Seminario weitergehen, gelan-

Kathedrale

gen wir zur Piazza Giovanni Minzoni, an der das zwischen 1574 und 1611 erbaute Bischöfliche Seminar, das Diözesan-Museum und die im 11. Jahrhundert erbaute Kathedrale stehen. Die Kirche zeigt einen Campanile aus dem 15. Jahrhundert mit zwei Glockenloggien. Im Inneren fallen besonders die dem heiligen Gerlando geweihte Kapelle im gotischen Stil und eine Madonna aus der Bildhauerschule der Gagini auf.

Die Piazza Minzoni ist der Ort, an dem Camilleri im Roman KÖNIG ZOSIMO die Szene von der Eroberung der Stadt durch das Volk ansiedelt, das sich mit Zosimo an der Spitze erhoben hat. Wenn wir auf der Via Duomo weitergehen, stoßen wir rechter Hand auf das Bischöfliche Palais und die Bibliotheca Lucchesiana [C B2], die 1765 gegründet wurde. Wenn wir die Via S. Alfonso hinuntergehen, stoßen wir in den Seitengassen auf die Kirche der heiligen Maria der Griechen [C B2]. Das Bauwerk erhebt sich über einem antiken dorischen Tempel. Vor ihm liegt ein kleiner Innenhof, in dem man ein paar Überreste der alten Baustruktur sehen kann. Bei unserer Rückkehr zur Via Duomo gelangen wir an die Piazza Bibbirria. Wir können unsere Besichtigung beenden, indem wir die Via delle Mura entlanggehen, deren Verlauf die antike Befestigungsmauer aufnimmt, bis wir zur Piazza Aldo Moro [C B4] zurückkommen. Ein weiterer Spaziergang kann seinen Anfang an der angrenzenden Piazza Marconi [C B4] zum Viale della Vittoria nehmen, von wo aus man einen weiten Blick auf das Tal der Tempel und auf den Monserrato-Hügel genießen kann.

Für den Besuch des Tals der Tempel verweisen wir auf die entsprechenden Reiseführer und beschränken uns an

Oben: Tal der Tempel   Unten: Geburtshaus von Luigi Pirandello

dieser Stelle darauf, auf die jüngst erfolgte Eröffnung des Gartens der Kolymbetra im Herzen der bedeutenden archäologischen Anlage hinzuweisen, wo in dem antiken Wasserbecken noch heute das Wasser zur Bewässerung hervorquillt. Agrigent rühmt sich außerdem, der Geburtsort von Luigi Pirandello zu sein, dessen Haus sich in der Contrada Kaos befindet, in Richtung Porto Empedocle, kurz hinter Villaseta.

Kloster Santo Spirito

STADTBIBLIOTHEK
(MONASTERO DI SANTO SPIRITO) [C B4]

Montalbano wollte ganz gewissenhaft sein und fuhr in die Stadtbücherei von Montelusa.

(DER HUND AUS TERRACOTTA, S. 295)

Camilleri macht keine genauen Angaben zum Standort der Bibliothek von Montelusa. Gegenwärtig befindet sie sich im Erdgeschoss eines gesichtslosen Gebäudes im Viale della Vittoria, während sie bis vor einigen Jahren ihren Platz in dem wunderschönen Zisterzienserkloster von Santo Spirito hatte, einer Gründung aus dem 13. Jahrhundert, heute Sitz des Städtischen Museums. Diese Erinnerung hat Camilleri ganz zweifellos dazu angeregt, Montalbano bei seinen Nachforschungen ins Archiv zu führen.

Die ehemalige Bibliothek erreicht man von der Via Atenea aus, wenn man die Via Porcello und die Salita S. Spirito hinaufgeht. Im Innenhof angekommen, wo sich die Fassade der Heilig-Geist-Kirche und die Abtei befinden, geht man durch den Bogen rechts von der Fassade der Heilig-Geist-Kirche und gelangt dann zu einem viereckigen Kreuzgang mit einem erhöhten Garten. Ein kostbares Spitzbogenportal, flankiert von doppelbogigen Fenstern, gewährt den Zutritt zum Kapitelsaal mit großen Spitzbögen. Auf der rechten Seite bildet ein weiteres gotisches Portal den Eingang zum alten Refektorium, dem früheren Sitz der Städtischen Bibliothek. Die Heilig-Geist-Kirche, ein Bau aus dem 13. Jahrhundert, der in der Barockzeit neu gestaltet wurde, zeigt außen Reste eines gotischen Portals und eine mittelalterliche Rosette. Im Inneren sind im Presbyterium Stuckarbeiten von Serpotta vom Ende des 17. Jahrhunderts bewahrt worden, die die Herabkunft des Heiligen Geistes darstellen, und eine Madonnenstatue aus der Schule der Gagini.

WOHNUNG DES FOTOGRAFEN CONTINO IM RABÀTU [C A1]

Der Fotograf wohnte im alten Teil von Montelusa, in einem der wenigen Häuser, die einen Erdrutsch überlebt hatten, bei dem ein ganzes Viertel mit arabischem Namen begraben worden war. (DER HUND AUS TERRACOTTA, S. 247)

Camilleri bezieht sich auf das Viertel Rabàtu, das auch Stadtbereich vom Heiligen Kreuz genannt wird. Es wurde von Berbern zu Beginn des 9. Jahrhunderts n. Chr. während der moslemischen Besetzung erbaut. Im 11. Jahrhundert wurde dieser Teil der Stadt *extra moenia*, d. h. ein Viertel außerhalb

der Mauern in der Folge des Bollwerks von Roger II. dem Normannen, der die Stadt mit Verteidigungsmauern umgab. Und von da an heißt es »Rabàtu«.

Das Gebiet breitete sich sowohl nach Westen als auch nach Osten aus, bis es den gesamten Hang bedeckte, der sich im Südwesten der ummauerten Stadt befand und zu einem Viertel der Bauern, doch vor allem der Handwerker wurde, die in der Herstellung von Keramik Meister waren. Beweis dafür sind die Brennöfen im ganzen Bereich des Rabàtu, die erst zu Beginn der Sechzigerjahre mit der Errichtung des Streifens von Hochhäusern zerstört wurden, die im Süden die mittelalterliche Stadt abschließen. Zwischen dem Ende des 12. Jahrhunderts und der ersten Hälfte des 13. Jahrhunderts fand in der Folge der normannischen Eroberung zuerst eine Sammlung und dann eine Vertreibung der Moslems auf der Insel statt. Der Auszug der Moslems von der Insel bewirkte eine teilweise Entvölkerung des Viertels. In der Mitte des 14. Jahrhunderts führten Epidemien und die Handels- und Handwerkerkrise zu einer Schrumpfung des Viertels und schließlich zur Aufgabe des Balatizzo, des südlichen Teils des Rabàtu. Im Süden von der Straßenführung der Via Garibaldi begrenzt, ist das Viertel heute fast völlig verborgen, eingeschlossen von der Bebauung der an die Via Dante und die Via Manzoni grenzenden Gebiete. Zusätzlich hat der Erdrutsch von 1966 einen Teil dieses Viertels derart betroffen, dass es sich seitdem in einem Zustand des Niedergangs befindet. Heute ist es nur partiell bewohnt, zumeist von armen Familien und von Einwanderern. Das Rabàtu ist auch Schauplatz vieler Werke von Luigi Pirandello gewesen, wie

Die Wohnung von Contino im Rabàtu

etwa DIE AUSGESTOSSENE und DIE ALTEN UND DIE JUNGEN.
Das Viertel wurde in der Tat auch in den »Literarischen Park
Luigi Pirandello« aufgenommen.

BESUCHERWEG IM RABÀTU

Die Besichtigung kann ihren Ausgangspunkt von der Chiesetta dell'Addolorata, der kleinen Kirche der Schmerzensmutter, [C A1] nehmen, die im Jahr 1656 auf einem Felsensporn errichtet wurde. Im Inneren haben sich wertvolle, an
Serpotti orientierte Stuckarbeiten erhalten. Außen besteht
der Hauptprospekt aus drei kleinen Glockenloggien. Neben
der Kirche kann man die Spuren alter Höhlenbehausungen
erkennen, die auf die byzantinische Epoche zurückgehen
und möglicherweise Teil des Dorfes Balatizzo waren.

Über eine Treppe gelangt man zur Piazza Santa Croce
[C A1]. Die gleichnamige Kirche wurde im 16. Jahrhundert
auf den Überresten der mittelalterlichen Kirche erbaut.
Wenn wir über den Largo Cobaitari weitergehen, an dem die
typischen, bescheidenen Häuser stehen, die im Rabàtu hau-
fenweise anzutreffen sind, kommt man zuerst zum Largo
Navarra, danach zur Via Belvedere, bis man schließlich die
Via Oblati erreicht, von wo aus man einen Gesamtblick über
dieses Viertel hat. Durch einen Hohlweg, der aus dem Stein
geschlagen wurde, gelangt man von hier zu dem Kapellen-
komplex, an dem der aus dem 19. Jahrhundert stammende
Adelsbau der Villa Galluzzo beherrschend ist, ein Name,
der übrigens in Camilleris Erzählungen immer wiederkehrt.

HAUS VON FATMA BEN GALLUD IM RABÀTU [C A1]

*In Rabàtu angekommen, dem ältesten Stadtviertel von Monte-
lusa, das dreißig Jahre zuvor von einem Erdrutsch zerstört wor-*

den war und in dessen notdürftig hergerichteten Ruinen, beschädigten und baufälligen Hütten illegal eingewanderte Tunesier und Marokkaner wohnten, fuhr er durch enge und gewundene Gassen zur Piazza Santa Croce. Die Kirche stand unversehrt inmitten der Trümmer. Er zog den Zettel aus der Hosentasche, den Gegè ihm gegeben hatte. Carmen, mit bürgerlichem Namen Fatma Ben Gallud, Tunesierin, wohnte in Nummer 48. Es war eine erbärmliche Baracke, ein ebenerdiges Zimmer mit einem in die hölzerne Eingangstür geschnittenen, offenen Fensterchen, das ein wenig Luft hereinließ.

(DIE FORM DES WASSERS, S. 74–75)

Kirche von S. Croce im Rabàtu

In der Beschreibung von Fatmas Haus ist die Bezugnahme auf das Rabàtu-Viertel, das weiter oben geschildert wurde, noch deutlicher. Auch der Lageplan des Hauses findet seine Entsprechung in der Wirklichkeit der wunderschönen Piazza di Santa Croce.

GARTEN DER KOLYMBETRA, TAL DER TEMPEL [B E10]

»*Ich habe einen wundervollen Ort entdeckt!*«, sagte sie. »*Kolymbetra. Denk nur, das war ursprünglich ein gigantisches Wasserbecken, das die karthagischen Gefangenen ausgehoben haben.*«

»*Wo ist das?*«

»Bei den Tempeln. Jetzt ist es eine Art riesiger Garten Eden und seit kurzem für die Öffentlichkeit zugänglich.«

(DIE PASSION DES STILLEN RÄCHERS, S. 56)

Der Hinweis auf den Garten der Kolymbetra siedelt, wie es ja auch schon beim Tal der Tempel der Fall war, Vigàta und Montelusa in der Geografie des westlichen Siziliens an, genauer gesagt auf dem Gebiet von Agrigent. Es handelt sich hierbei um eine außerordentlich bedeutsame Anlage, die erst in jüngster Zeit wiederhergestellt und in die Obhut und Verantwortlichkeit des Italienischen Umweltfonds gegeben worden ist. Dessen Besuch hat Camilleri zweifellos tief beeindruckt, der die Gelegenheit nutzte, um daraus einen literarischen Ort der Montalbano-Saga zu machen. Um dahin zu gelangen, muss man ins Tal der Tempel hinunterfahren und dort angekommen, folgt man den entsprechenden Hinweisen.

MONTESERRATO (MONSERRATO), DER ORT, WO SANFILIPPO ARBEITET [B D7]

Monteserrato hieß eine ziemlich hohe Hügelkette, die Montelusa von Vigàta trennte. Sie begann fast am Meer und erstreckte sich fünf oder sechs Kilometer weit ins Landesinnere. Auf dem letzten Hügelkamm erhob sich ein großes altes Gehöft. Es war ein einsamer Ort.

(DAS SPIEL DES PATRIARCHEN, S. 252)

Dieser lange, kantige Bergkamm, der von den Panoramastraßen Agrigents wie auch von Porto Empedocle aus sichtbar ist, trennt die Stadt Agrigent von Porto Empedocle, der Hafenstadt. Auf dem höchsten Punkt steht das Gehöft

Monserrato

Gramaglia, das wir mit dem Gehöft im Roman in eins setzen können.

QUESTURA, POLIZEIPRÄSIDIUM [C B4]
Questore Luca Bonetti-Alderighi aus dem Geschlecht der Marchesi di Villabella war deutlich und streng gewesen. Montalbano sah ihm nie in die Augen, sondern auf eine Stelle etwas oberhalb; er war jedes Mal wieder fasziniert von der Frisur seines Chefs, die sehr üppig und von einem dicken Büschel gekrönt war, einem Kringel wie ein Scheißhaufen, den jemand irgendwo in der Landschaft hinterlassen hatte.

(DAS SPIEL DES PATRIARCHEN, S.17)

Wir befinden uns auf der Piazza Aldo Moro, die am Eingang der Stadt sichtbar ist und von einem kleinen Park geprägt wird. Dies ist ein guter Ausgangspunkt für einen Besuch von

Piazza Aldo Moro, Eingang zur Via Atenea

Agrigent. An der Piazza nimmt die Via Atenea, die Hauptstraße der alten Stadt, ihren Anfang.

UNTERSCHLUPF VON TANO DEM GRIECHEN
[A B2]

Kaum war er mit dem Auto am Kilometer zehn der Provin-
ciale zwischen Vigàta und Fela stehen geblieben, wie ihm auf-
getragen worden war, wäre er am liebsten wieder umgekehrt
und ins Dorf zurückgefahren und hätte die ganze Sache sau-
sen lassen. Aber er nahm sich zusammen, parkte das Auto
näher am Straßenrand und öffnete das Handschuhfach, um
seine Pistole herauszuholen, die er normalerweise nicht um-
geschnallt hatte. (…) Er holte tief Atem und stieg, langsam
einen Fuß vor den anderen setzend, einen schmalen steinigen
Pfad zwischen langen Reihen von Weinstöcken hinauf. Was
hier wuchs, war eine Tafeltraube mit runden, festen Beeren,
die, weiß der Himmel warum, uva d'Italia *hieß, die einzige,*
die auf diesem Boden gedieh; für den Anbau jeder Kelter-
traube konnte man sich hier in der Gegend Kosten und Arbeit
sparen. Das einstöckige Häuschen, ein Zimmer oben, eines
unten, stand ganz oben auf dem Hügel (…)

(DER HUND AUS TERRACOTTA, S. 5–7)

Wenn Camilleri über den Ort der Begegnung zwischen
Montalbano und Tano dem Griechen spricht, beschreibt er
ein Haus auf der Kuppe des Hügels am Kilometerstein zehn
der Provinzialstraße Vigàta-Fela. Wir nehmen einmal an,
dass wir den Unterschlupf des Mafiabosses als ein Gehöft
am westlichen Teil des Cozzo Ciavole identifizieren können, in der Nähe der Schwefelmine Ciavolotta. Um dahin zu
kommen, fahren wir die Staatsstraße 115 entlang über Villaseta hinaus, lassen rechter Hand den Küstenstreifen von San
Leone und das Villaggio Mosè (1930 als Unterkunft für die
Arbeiter der nahen Schwefelminen erbaut) hinter uns und

Unterschlupf von Tano dem Griechen auf dem Cozzo Ciavole

gelangen schließlich, gleich nach der Abfahrt nach Favara, zu dem alten Schwefelbergwerk Ciavolotta und einem verfallenen Haus. Hier, umgeben von weiten Weinfeldern, befindet sich der Ort, Symbol für eine relativ junge Vergangenheit, die aus Mühe und Opfern bestand. Die Schwefelminen stellen einen wichtigen »literarischen« Ort dar, weil sie die wirtschaftlichen Verhältnisse der Familien von Andrea Camilleri, Luigi Pirandello und Leonardo Sciascia bestimmt und sichtbare Spuren in den Erzählungen dieser Autoren hinterlassen haben.

SARAZENENOLIVE [B E9]
Von Montelusa nach Vigàta konnte man auch auf einem einsamen Sträßchen fahren, das der Commissario sehr mochte. Diesen Weg schlug er ein, und als er an eine kleine Brücke über einen Bach kam, der seit Jahrhunderten kein Bach mehr war, sondern eine Furche voller Steine und Kiesel, hielt er an, stieg aus und bahnte sich seinen Weg zu einer mit Macchia

bewachsenen Stelle, aus deren Mitte ein gewaltiger olivo saraceno aufragte, einer jener Olivenbäume, die schief und krumm wachsen und wie Schlangen auf dem Boden entlangkriechen, bevor sie sich gen Himmel erheben.

Er setzte sich auf einen Ast, steckte sich eine Zigarette an, und begann, über die Ereignisse des Vormittags nachzudenken.
(DIE STIMME DER VIOLINE, S.160–161)

Sarazenenolive

Um die Sarazenenolive [B E9] ausfindig zu machen, eine der Stellen, an denen unser Commissario nachdenkt, fahren wir über die Staatsstraße 115, die das Tal der Tempel [B D6] mit Villaseta [B E8] verbindet. Auf halber Strecke, kurz nach der Bahnüberführung, lassen wir den Tempelhügel hinter uns und erblicken zu unserer Linken eine Ansammlung knorriger Olivenbäume von unverwechselbarer Schönheit. Und auf einen von ihnen klettert Montalbano, um das Durcheinander seiner Gedanken zu entwirren.

VILLA DER LUPARELLOS [B D10]
Wenn man vom Meer her kam, erhob sich die Villa der Luparellos gleich am Ortseingang von Montelusa. Es war ein massives Gebäude aus dem 19. Jahrhundert, umgeben von einer hohen Mauer mit einem schmiedeeisernen Tor, das sperrangelweit geöffnet war. Montalbano ging die Allee hinauf, die

Villa Luparello

mitten durch den Park führte. Die Haustür stand halb offen. Eine groß schwarze Schleife hing an einem der Türflügel.
(DIE FORM DES WASSERS, S. 141–142)

Die zitierte Villa erinnert an eine der vielen auf der Via Francesco Crispi (Staatsstraße 118) gelegenen Anwesen. Es handelt sich hier um ein Siedlungsgebiet der Stadt Agrigent aus dem 19. Jahrhundert, das gegenwärtig das Stadtzentrum mit dem Bereich des Tals der Tempel verbindet.

ANDERE ORTE

BRANCATO (RACALMUTO) [A B2]

»*Sag, Catare, wenn man von Palermo kommt, kommt man da zuerst nach Brancato alta oder nach Brancato bassa?*«
    »*Bassa, Dottori.*« (...)
    Keine zehn Minuten später war er da. Ein gepflegtes kleines Dorf, eine winzige Piazza, Kirche, Rathaus, ein Café, eine Bank, eine Trattoria, ein Schuhgeschäft. Rings um die Piazza standen Granitbänke. Auf den Bänken ein Dutzend alter,

Bronzestatue von Leonardo Sciascia in der Via Garibaldi in Racalmuto

uralter und hinfälliger Männer. Sie sagten nichts, sie rührten sich nicht. Für den Bruchteil einer Sekunde hielt Montalbano sie für Statuen, für ein großartiges Werk des Hyperrealismus.

(DIE PASSION DES STILLEN RÄCHERS, S.192,199)

Brancato ist zwar ein von Camilleri erfundener Ort, doch führen uns die Beschreibung des Weges, um zu dieser Stadt zu gelangen, und andere Einzelheiten über ihre Geografie zu einem weiteren unserem Autor lieben Ort: Racalmuto. Auch dieser Ort in der Provinz von Agrigent hat nämlich, wenn man seine historischen Ursprünge betrachtet, eine Wiederauferstehung erlebt: Das antike Casalvecchio, nur wenige Kilometer von der heutigen Stadt entfernt, stellt seine erste Lebensphase dar, die dann in das jetzige Racalmuto eingeflossen ist. Was Camilleri und Racalmuto miteinander verbindet, ist zweierlei. Wie wir wissen, ist die Wertschätzung und Freundschaft, die den Autor des KÖNIG ZOSIMO mit Leonardo Sciascia verband, außerordentlich groß gewesen. Mehr noch: eine Lesart des Romans DIE PASSION DES STILLEN RÄCHERS, die Camilleri selbst liefert, ist an DER ABBÉ ALS FÄLSCHER geknüpft, Sciascias berühmten Roman. Die andere Verbindung betrifft Camilleris jüngste Tätigkeit als Künstlerischer Direktor des Theaters Regina Margherita in Racalmuto, das 2003, nach vierzigjähriger Spielpause, wieder eröffnet wurde.

BESUCHERWEG

Für alle, die die Stadt besuchen wollen, ist sie über die Staatsstraße 189 Palermo-Agrigent erreichbar, auf der man drei verschiedenen Abfahrten nach Racalmuto begegnet. Kommt man von Agrigent, raten wir, die dritte Abfahrt zu nehmen, wenn man von Palermo kommt, die erste. Diese Abfahrt heißt Racalmuto Grotte (SP 16). Nach der Abfahrt fahren wir über eine lange Straße, die trotz fehlender Hinweisschilder in eine Landschaft mit Hügeln und Rebgärten bis nach Brancato-Racalmuto führt.

Wir empfehlen, die Stadt von der Piazza vor dem Rathaus aus zu erkunden. Das Rathaus belegt die Räume des ehemaligen Klosters S. Chiara, das nach dem Entwurf von Dionisio Sciascia 1872 neu gestaltet worden ist, wie auch das gleich danebenstehende Stadttheater Regina Margherita, das 1879 von ihm entworfen wurde. Von hier kehren wir wieder zum Rathausplatz zurück und gehen weiter bis zur langen Treppe, die links vor dem Heiligtum von S. Maria del Monte (1738) endet, und rechts zur Chiesa Madre, der Hauptkirche, hinunterführt, die der Jungfrau Maria geweiht ist (17. Jh.). Rechts von dieser Kirche öffnet sich die Piazza Umberto I. Hier können wir die Piazza besuchen, an der die Kirche des heiligen Joseph und das Kastell Chiaramontana (13. Jh.) stehen. In seiner Beschreibung der alten Männer auf der Piazza von Brancato spricht Camilleri von »Statuen«, die ein »großartiges Werk des Hyperrealismus« sind. In diesem Satz können wir einen Hinweis auf die Statue von Leonardo Sciascia sehen, die ohne Sockel und in natürlicher Größe in der Nähe der Piazza Umberto I., in der Via Garibaldi, »spazieren« geht und sich wie selbstverständlich unter die Passanten mischt.

304

CALAPIANO (GAGLIANO CASTELFERRATO), HAUS VON MIMÌ AUGELLOS SCHWESTER [A B3]

Jeder Mensch, der seine Sinne beieinander hat und zumindest oberflächlich über die sizilianischen Straßenverhältnisse Bescheid weiß, würde, um von Vigàta nach Calapiano zu kommen, zuerst die Schnellstraße nach Catania nehmen, anschließend in die Straße abbiegen, die landeinwärts zu dem elfhundertzwanzig Meter hoch gelegenen Troína führt, dann nach Gagliano wieder auf sechshunderteinundfünfzig Meter hinunterfahren, und zwar auf einer Art Feldweg, der seinen ersten und letzten Asphaltbelag fünfzig Jahre vorher, in den Anfangszeiten der regionalen Autonomie, gesehen hat, und Calapiano schließlich über eine Provinciale erreichen, die sich eindeutig weigerte, für eine solche gehalten zu werden, denn ihr ureigenstes Bestreben bestand darin, wieder zu ihrem früheren Zustand zurückzufinden und wie nach einem Erdbeben auszusehen. Doch damit nicht genug. Der Bauernhof von Mimì Augellos Schwester und ihrem Mann lag vier Kilometer außerhalb des Dorfes, und um dorthin zu gelangen, musste man sich in Serpentinen auf einem Schotterstreifen vorwärtsbewegen. (…) Montalbano wählte diese Route natürlich nicht (…) (DIE STIMME DER VIOLINE, S.115)

Aus den Beschreibungen, die Camilleri von dem Gebiet um Calapiano macht, identifizieren wir es als die Gegend in der Nähe des Villaggio Santa Margherita zwischen Gagliano Castelferrato und Troína, in der Provinz von Enna. Gagliano Castelferrato leitet seinen Namen von »Gallianum« her, einem antiken Grundbesitzer, während »Castelferrato« ein Anhängsel ist, das 1862 hinzugefügt wurde, weil es in der

Nähe ein »erzenes« Kastell gibt. Der älteste Kern der Stadt entstand mit den Arabern im 12. Jahrhundert um die Mauern des Kastells herum. Die Sehenswürdigkeiten von größerem Interesse sind: die Hauptkirche von S. Cataldo aus dem 14. Jahrhundert, die einen äußerst schönen Tabernakel enthält, ein Werk von Gagini (1478–1536), und ein Chorgestühl aus dem 18. Jahrhundert; die Kirche S. Maria di Gesù von 1600; die Überreste des Kastells, daher *castrum Gagliàni*, Kastell des Gagliano, das sich in verschiedenen Epochen entwickelt hat. Seine Ursprünge scheinen aber noch vor dem Jahr 1142 zu liegen – darauf deutet die Existenz einer normannischen Festung hin –, während die unterirdischen Räumlichkeiten im Vergleich zum oberen Mauerwerk wohl noch älteren Datums sind (vielleicht byzantinisch). Gagliano Castelferrato ist von Enna aus erreichbar auf der Staatsstraße 121 und kurz hinter Agira auf einer Provinzialstraße in nördlicher Richtung, wobei man den Hinweisschildern nach Gagliano Castelferrato folgt. Oder aber man fährt, wenn man von der Autobahn A 20 kommt, an der Ausfahrt nach Nicosia ab auf die Staatsstraße 117, biegt dann nach Osten ab auf die Staatsstraße 120 in Richtung Troína, und kurz vor dem Ort biegt man noch einmal auf die Provinzialstraße in südlicher Richtung nach Gagliano Castelferrato ab.

COMISINI (COMITINI) [A B2]
CONTRADA FAVA, DER ORT, AN DEM DIE
EHELEUTE GRIFFO AUFGEFUNDEN WURDEN

»Das ist mein Terrain. Die Feuerwehr wusste nicht, ob die Contrada Fava zu Vigàta oder zu Comisini gehört, und hat vorsichtshalber beide Kommissariate informiert. (...)«

(DAS SPIEL DES PATRIARCHEN, S. 151)

Die Beschreibung der zwischen Porto Empedocle und Comitini liegenden Contrada erinnert an die für das sizilianische Binnenland typische ländliche Gegend. Der Ort Comitini erhebt sich auf dem Hügel Cummatino, von welchem er den Namen bekommen haben soll. Das Dorf entstand im 15. Jahrhundert durch Castone di Bellacera, der von König Philipp V. von Spanien das ius populandi erwarb. 1627 ging die Latifundie Comitini auf die Familie Gravina über, die 1673 damit zu Fürsten ernannt wurde. In der zweiten Hälfte des 19. Jahrhunderts begann der Abbau der Schwefelvorkommen, an denen Comitini reich war, und das trug entscheidend zur wirtschaftlichen Entwicklung bei. Auch Luigi Pirandello verewigte in seinem Roman DIE ALTEN UND DIE JUNGEN den Abbau des Schwefels. Das Herz von Comitini ist die Piazza Umberto I., an der die Hauptkirche San Giacomo Maggiore Apostolo aus dem 17. Jahrhundert, das Rathaus aus dem 18. Jahrhundert und der Palazzo Bellacera stehen, der auf das Jahr 1631 zurückgeht. In der Umgebung findet man dagegen das archäologische Gebiet »La Pietra«. Comitini ist siebzehn Kilometer von Agrigent entfernt, man erreicht es auf der Staatsstraße 189 in Richtung Palermo, fährt an der Ausfahrt Comitini ab und dann noch etwa sechshundert Meter weiter.

FLORIDIA, KIRCHE DER MADONNA DELLE GRAZIE [A C4]

Er war schon zwei- oder dreimal in Floridia gewesen und wusste auch noch, wo Tamburrano wohnte. Also fuhr er in Richtung Chiesa della Madonna delle Grazie, der Kirche, die praktisch an das Haus seines Kollegen angrenzte.

(DIE STIMME DER VIOLINE, S. 11)

Villa der Maraventanos

Floridia, gelegen in der Provinz von Syrakus, wurde 1627 vom Baron Lucio Bonanno Colonna als landwirtschaftliche Siedlung mit städtischer Grundstruktur von regelmäßiger Gliederung gegründet. Sein Name scheint sich von *Forum Dea* oder *Forum Divae* abzuleiten oder von der griechischen Ortsbezeichnung *Xiurriddia*, *Xiria*, *Xiridia* oder *Chiridia*, die als »Blumengesang zu Ehren der Göttin Flora« übersetzt werden könnte. Das Gebiet hat viele Namen gehabt, auch wenn die Zeugnisse darüber spärlich sind. An der Piazza del Popolo stehen das Rathaus (1854) und die aus dem 18. Jahrhundert stammende Hauptkirche mit konvexer Barockfassade, die in der Mitte über drei übereinandergelagerte Teile nach oben strebt und von einer Uhr aus dem 19. Jahrhundert bekrönt wird. An der angrenzenden Piazza Umberto befindet sich die Kirche von S. Bartolomeo Apostolo, die im 18. Jahrhundert errichtet wurde. Floridia ist erreichbar über die Staatsstraße 124, die zur Staatsstraße 114 führt, welche Catania mit Syrakus verbindet.

GALLOTTA/GIARDINA
(GIARDINA GALLOTTI) [B A6]
VILLA VON ALCIDE MARAVENTANO

Gallotta war ein Dorf nicht weit von Montelusa – ein paar Bauernhäuser nur –, das früher berühmt dafür gewesen war, dass es im Winter unerreichbar war, wenn das Wasser in Sturzbächen herunterkam.

»Gib mir die Adresse.«

»Da gibt's keine Adresse. Wenn du von Montelusa kommst, ist es das erste Haus links. Eine große, baufällige Villa, an der ein Regisseur von Horrorfilmen die reinste Freude hätte. Du kannst es gar nicht verpassen.«

(DER HUND AUS TERRACOTTA, S.195)

Die Villa von Alcide Maraventano ist mit einem alten, teilweise zerfallenen Gehöft identifizierbar, das an der Straße zwischen dem Ort Montaperto und Giardina Gallotti liegt (Provinzialstraße 2).

Die Anfänge von Giardina Gallotti gehen auf die ersten, ursprünglich aus Raffadali stammenden Bewohner zurück, die sich in den Gebieten des Großgrundbesitzes von Magari niederließen, worüber auch in einer Novelle von Pirandello berichtet wird. Zwei Hypothesen deuten den Ursprung des Namens. Die erste sagt, der Name stamme von zwei bedeutenden Familien ab, die zu den Ersten gehört hätten, die sich auf dem Gebiet niedergelassen haben, die Familie »Giardina« und die Familie »Gallo« (Gaddrotti), woher sich Gallotti ableitet; die zweite vermutet den Ursprung des Namens im Zweiten Weltkrieg, als die Stadt in zwei verschiedene Dörfer geteilt war, in Giardina und Gallotti.

JOPPOLO GIANCAXIO [A B2], OSTERIA LA CACCIATORA

Die Trattoria San Calogero war geschlossen, aber ihm fiel ein, dass ein Freund ihm erzählt hatte, direkt am Ortseingang von Joppolo Giancaxio, einem kleinen Dorf etwa zwanzig Kilometer von Vigàta landeinwärts, gebe es eine Osteria, deren Besuch sich lohne. Er setzte sich ins Auto und fand sie sofort, sie hieß La cacciatora. (DIE STIMME DER VIOLINE, S. 111)

Der Name des Ortes kommt von Iancaxi, der zur Zeit der arabischen Herrschaft den Eigentümer eines Großgrundbesitzes bezeichnete. Das Dorf wurde 1693 von Calogero Gabriele Colonna gegründet. Der Familienname seiner Gattin Rosalia Joppolo vervollständigte die derzeitige Benennung des Dorfes. Dieses gehörte den Colonnas bis 1812, wurde dann bis 1890 Ortsteil von Aragona und danach von Raffadali. 1926 wurde es zur eigenständigen Gemeinde. Der Ort entwickelt sich um zwei rechtwinklige Straßenachsen herum, die Via Progresso und den Corso Umberto.

Die interessantesten Sehenswürdigkeiten sind die Hauptkirche, die dem heiligen Franziskus von Paola geweiht ist, und das Schloss der Colonna aus dem 18. Jahrhundert, das in einen mitten im Ort liegenden Park gebaut wurde. Von ihm sind noch ein Turm und die Zinnenmauer erhalten. Der Ort kann von Agrigent aus über die Staatsstraße 118 erreicht werden, wenn man den Hinweisen nach Joppolo Giancaxio folgt.

MARSALA [A A1]

Es war schon dunkel, als sie nach Marsala aufbrachen. Livia war glücklich und aufgekratzt, das Zusammensein mit Valen-

tes Frau hatte ihr Spaß gemacht. An der ersten Kreuzung bog Montalbano, anstatt nach rechts zu fahren, links ab; Livia merkte es sofort, und der Commissario war zu einem schwierigen Wendemanöver gezwungen. An der nächsten Kreuzung – vielleicht um den ersten Fehler auszugleichen – machte Montalbano es genau andersherum, anstatt nach links zu fahren, bog er rechts ab, ohne dass Livia, die in einem fort redete, es merkte. Sie staunten nicht schlecht, als sie plötzlich wieder in Mazara waren. (DER HUND AUS TERRACOTTA, S. 283)

Marsala ist eine sehr schöne Stadt in der Provinz von Trapani. Sie wurde 397 v. Chr. auf dem Vorgebirge des Capo Lilibeo (heute Boeo) im äußersten Westen Siziliens von Karthagern gegründet, die aus dem von Dionysios II. von Syrakus zerstörten Mozia flüchteten. 241 v. Chr. kam Marsala nach der Schlacht der Ägadischen Inseln unter römische Herrschaft (Lilybaeum). Im Mittelalter, als die Araber die Insel beherrschten, erhielt die Stadt den Namen Mars-el-Allah (Hafen Gottes), daher der heutige Name Marsala. Die Normannen befestigten im Jahr 1072 erneut das Kastell. Im 16. Jahrhundert wurde der Hafen auf Geheiß Karls V. zugeschüttet, und ein neuer entstand erst wieder im 18. Jahrhundert. 1773 gründete John Woodhouse, dem weitere Engländer und die Familie Florio folgten, eine Weinverarbeitungsanlage, die erste einer ganzen Reihe, die die Wirtschaft der Stadt zu neuer Blüte brachte. Der 11. Mai 1860 sah Marsala als Protagonistin des Risorgimento, der italienischen Erhebung, als Garibaldi dort mit seinen Tausend an Land ging. Das größtenteils mittelalterliche Straßennetz der Stadt hat sich an der ursprünglich punischen Grundanlage mit Achsenausrichtung orientiert. Von besonderem Reiz ist die archäologische Anlage der *Insula romana* mit den Überresten eines großen Hauses aus dem 3. Jahrhundert, die man über die Via Vittorio Veneto erreichen kann.

Ebenfalls sehenswert ist die Kirche S. Giovanni mit ihrem Barockportal, die über einer Grotte der sogenannten Sibylle von Lilybaeum errichtet wurde; und auch das Archäologische Museum (Bagli Anselmi), dessen kostbarster Besitz ein punisches Schiff ist, das 241 v. Chr. gesunken ist, ist einen Besuch wert. Beides befindet sich in Capo Boeo, wohin man durch die Via N. Sauro gelangen kann. Marsala ist über die Staatsstraße 115 erreichbar, die Trapani mit Mazara del Vallo verbindet.

MAZARA DEL VALLO [A B1]

»Du kennst doch die Isola di Mozia noch nicht. Also, wir fahren gleich heute Vormittag, gegen elf, nach Mazara del Vallo. Da wohnt ein Freund von mir, der Vicequestore Valente, den ich schon lang nicht mehr gesehen habe. Dann fahren wir weiter nach Marsala, und später schauen wir uns Mozia an. Und wenn wir nach Vigàta zurückkommen, überlegen wir uns die nächste Tour.« (...)

Das Viertel war ein Stückchen Tunis, das einfach dort herausgepickt und nach Sizilien verlegt worden war. Die Geschäfte waren geschlossen, weil Freitag und damit Ruhetag war, aber in den engen Gäßchen herrschte trotzdem buntes, quirliges Leben. Als Erstes zeigte Rahman ihm das große öffentliche Bad, von jeher gesellschaftlicher Treffpunkt für die Araber, und führte ihn in eine Opiumhöhle, ein Café, in dem man Wasserpfeife rauchte. Dann kamen sie zu einer Art leerem Lagerraum, in dem ein alter Mann im Schneidersitz auf dem Boden saß und mit ernstem Gesicht aus einem

Buch vorlas und es kommentierte. Vor ihm saßen auf die gleiche Weise an die zwanzig Kinder, die aufmerksam zuhörten. (DER HUND AUS TERRACOTTA, S. 279)

Der Besucherweg Montalbanos durch die Straßen von Mazara del Vallo entspricht voll und ganz der Wirklichkeit der Örtlichkeiten: »Ein Stück Tunesien« in Sizilien. Die Stadt erhebt sich an der Westküste der Provinz von Trapani an der Mündung des Flusses Mazara, der sie durchfließt. Heute ist ihre Flotte von Fischfangbooten die größte in ganz Italien. Ursprünglich war die Stadt ein phönizischer Hafen (6. bis 5. Jh. v. Chr.), der erst von den Karthagern (409 v. Chr.) und im Anschluss daran von den Römern erobert wurde. Unter arabischer Herrschaft erlebte die Stadt eine Zeit großen Reichtums, die sich auch unter den Normannen fortsetzte. Zwischen dem 17. und 18. Jahrhundert wurde die aus arabischer Zeit stammende urbane Grundanlage durch ein besser geordnetes Netz barocker Prägung überlagert, wie etwa die Piazza della Repubblica. Die aus dem 16. Jahrhundert stammende Kirche von S. Egidio bewahrt die Statue des »Tanzenden Satyrs« auf, die im Meer vor Marsala gefunden wurde. Die Stadt kann von Palermo aus über die Autobahn A 29 oder von Trapani aus über die Staatsstraße 115 erreicht werden.

MONTAPERTO [B C 6], HAUS VON GEGÈS SCHWESTER MARIANNA

Als er feststellte, dass er auch heftige Erschütterungen ertragen konnte, gab er Gas, fuhr durch Vigàta, nahm die Straße Richtung Montelusa, bog an der Abzweigung von Montaperto nach links ab, fuhr ein paar Kilometer weiter, bog in

Chiesetta del Rosario, Rosenkranzkirchlein, in Montaperto

einen Feldweg ein und gelangte auf einen kleinen freien Platz, an dem ein Bauernhaus stand.

(DER HUND AUS TERRACOTTA, S. 233)

Das von Camilleri beschriebene Haus könnte irgendeines der vielen Häuser in Montaperto sein, die noch den ursprünglich rustikalen Charakter bewahrt haben. Der Ort ist ein kleines Hügeldorf in der Provinz von Agrigent, das sich zwei Tälern zuwendet. Sein heutiger Name geht auf den Baron von Raffadali zurück, Pietro Montaperto, den Gründer des 1525 entstandenen Ortes. Vom Belvedere aus erfreut man sich eines ausgezeichneten Blicks auf den hochgelegenen Teil von Agrigent. Von Agrigent ist Montaperto knapp sieben Kilometer entfernt und man erreicht den Ort über die Provinzialstraße 2, wenn man den Hinweisen folgt.

MONTECHIARO
(PALMA DI MONTECHIARO) [A B2]

Bei der Verkehrspolizei erklärte man ihm, wo der Unfall passiert war: vier Kilometer von Montechiaro entfernt, auf dem illegal ausgebauten und nicht asphaltierten Verbindungsweg zwischen Spigonella, einem illegal errichteten Dorf am Meer, und Tricase, ebenfalls am Meer und ohne Baugenehmigung hingestellt. Das Sträßchen verlief nicht gerade, sondern machte einen weiten Umweg landeinwärts und führte zu den ebenfalls schwarzgebauten Häusern von Leuten, die lieber in den Hügeln als am Meer wohnten.

(DAS KALTE LÄCHELN DES MEERES, S. 113)

Einigen Quellen zufolge leitet Palma di Montechiaro seinen Namen vom nahen Fluss Palma her, und erst 1861 wurde ihm der Name des in der Nähe liegenden Kastells aus dem 14. Jahrhundert angefügt, das durch die Familie Chiaramonte erbaut wurde. Andere Quellen besagen hingegen, dass der erste Name der von Montechiaro sei, aus der Verbindung des Namens Chiaramonte mit dem von Raimondo Moncada Montecateno, Graf von Augusta. Palma di Montechiaro ist außerdem bekannt als die Stadt des GATTOPARDO. Der Autor des Romans, Giuseppe Tommasi di Lampedusa, war nämlich, als er besagte Orte in seinen letzten Lebensjahren besuchte, dermaßen begeistert von dieser kleinen Stadt, dass er sie als »Donnafugata« in den Roman einbrachte, wo der Fürst Salina sich zum Kloster der Benediktinerinnen und der Innenkapelle des Allerheiligsten Rosenkranzes begibt. Man sollte die Hauptkirche im Barockstil besuchen, die im 17. Jahrhundert vom Architekten Angelo Italia entworfen wurde und sich auf der Spitze eines Treppenaufgangs erhebt;

Palma di Montechiaro, Kathedrale

und ebenso den Herzoglichen Palazzo aus den Jahren 1653 bis 59, der in seinem Inneren mit herrlich gemalten Kassettendecken ausgestattet ist. Palma di Montechiaro erreicht man von Agrigent aus über die Staatsstraße 115 in Richtung Syrakus, oder von Palermo aus über die Staatsstraße 189 nach Agrigent bis zur Abzweigung nach Palma di Montechiaro.

Nach Marina di Palma gelangt man, wenn man über die Provinzialstraße oder über die Staatsstraße 115 aus der Stadt hinausfährt. Die Ansiedlung, die vor Zeiten einmal ein

Fischerdorf war, ist in den Sommermonaten ein vielbesuchter Strandbadeort. In der Nähe befindet sich der Turm von San Carlo, ein Bauwerk mit quadratischem Grundriss, verstärkt durch behauene Ecksteine. Er wurde in der ersten Hälfte des 17. Jahrhunderts zum Schutz der Küste errichtet. Das von Federico III. Chiaramonte errichtete Kastell, dessen Name in Montechiaro umgeändert wurde, steht auf einem Vorgebirge steil über dem Meer und ist etwa acht Kilometer vom Ort entfernt. Es ist erreichbar über die Provinzialstraße nach Marina di Palma, von wo man an der Abzweigung nach Capreria abbiegt. Das Kastell hat bescheidene Ausmaße, ist auf quadratischem Grundriss errichtet, von Mauern umgeben und zeigt eine strenge Fassade. Im Inneren befindet sich in der Kapelle eine Statue der Heiligen Jungfrau von Antonello Gagini.

SPIGONELLA [A B2]
»*Spigonella liegt auf einem Felsplateau, wenn man ans Meer will, muss man in den Stein gehauene Stufen runtergehen, da*

Palma di Montechiaro, Spigonella

ist man im Sommer reif für einen Herzinfarkt. Man kann aber auch mit dem Auto ans Meer, wenn man die Straße nimmt, auf der Sie hergekommen sind, dann nach Tricase abbiegt und von dort hierher zurückfährt...«

(DAS KALTE LÄCHELN DES MEERES, S.155)

TRICASE [A B2]

»Tricase liegt direkt am Wasser, aber es ist ganz anders.« (...)
 »Hier in Spigonella haben sich Leute mit Geld Villen hingestellt, Anwälte, Ärzte, Geschäftsleute, in Tricase steht ein Häuschen neben dem anderen, da wohnen kleine Leute.«

(DAS KALTE LÄCHELN DES MEERES, S.155)

Nachdem wir Montechiaro verlassen haben, fahren wir hinunter auf die Staatsstraße 115 und am Kreisverkehr, etwa vier Kilometer vom Ort entfernt, setzen wir unsere Fahrt in

Palma di Montechiaro, Tricase

Richtung Marina di Palma auf der Provizialstraße 55 fort. Es ist der Ort, den Camilleri in seinen Romanen Tricase nennt. Marina di Palma befindet sich in der Nähe der Mündung des Flusses Palma, auf einer kleinen Anhöhe nahe der linken Uferseite. Um das Ortsende anzuzeigen, erhebt sich dort der Turm San Carlo aus dem 17. Jahrhundert. Das Bauwerk mit quadratischem Grundriss wurde durch Carlo Tomasi errichtet, einem Vorfahr von Giuseppe Tomasi di Lampedusa, und diente Verteidigungszwecken. Je nach Jahreszeit könnte der Besuch eine glänzende Gelegenheit sein, ein erfrischendes Bad am Strand gegenüber dem Ort zu nehmen. Man muss aber so klug sein, den Teil des Dorfes zu wählen, der am anderen Ende der Flussmündung liegt, und das ist der Teil, der Montalbano nachschaut, als er sich aufmacht, um die Küste auf der Suche nach der Villa von Baddar Gafsa zu erkunden.

Von Tricase (Marina di Palma) nehmen wir die kleine Straße, die sich um den Capreria-Hügel zieht und uns zum Kastell von Montechiaro führt. Und genau auf dieser Straße ist der kleine Junge ermordet worden, der in Vigàta an Land gegangen war, und tatsächlich können wir in den zahlreichen am Capraia-Hügel gebauten Häusern das von Camilleri beschriebene Spigonella erkennen. Auffällig ist ein gewagtes, zum Meer hin liegendes Bauwerk, das mit seinen Pfeilern völlig vom Erdboden losgelöst zu sein scheint. Unser Besuch in den Ortsteilen Tricase und Spigonella findet seinen Abschluss am jüngst restaurierten Kastell von Montechiaro. Das Bauwerk aus dem späten 15. Jahrhundert weist einen viereckigen Grundriss auf und zeigt an der nordwestlichen Seite eine Statue der Heiligen Jungfrau, die Antonello Gagini zugeschrieben wird.

MONTEREALE (REALMONTE) [B D3]

Montereale [B D3] ist eine kleine, an Vigàta grenzende Stadt, deren Name in Wirklichkeit Realmonte ist. Es handelt sich dabei um ein bescheidenes, von Landwirtschaft geprägtes Wohngebiet, bei dem sich das gesamte touristische Interesse auf den herrlichen Küstenabschnitt von Capo Russello und die in der Nähe befindliche Scala dei Turchi richtet. Realmonte verdankt seinen Namen dem Edlen Giovanni Monreale, der 1650 diesen Ort gründete. In der Folgezeit wurden in der Ebene von Carricacina das Kastell und der Hof des Herrn dieses Landstrichs erbaut. Aus der zweiten Hälfte des 19. Jahrhunderts stammt die Hauptkirche, die dem heiligen Domenicus geweiht ist. In der Nähe von Realmonte gibt es noch die ins Erdreich getriebenen Minen, in denen Steinsalz und Kalisalze abgebaut wurden. Von archäologischem Interesse ist die römische Villa aus dem 1. Jahrhundert n. Chr., die man über die Provinzialstraße in Richtung Capo Russello erreichen kann. Realmonte ist von Agrigent aus über die Staatsstraße 115 nach Sciacca zu erreichen.

CAPO RUSSELLO [B E3]

In der Nähe von Capo Russello fand er ein gutes Restaurant. Es lag direkt am Strand, man aß anständig und zahlte nicht viel. Das Problem war nur, dass er für Hinfahrt, Essen und Rückfahrt mindestens drei Stunden brauchte, und nicht immer hatte er so viel Zeit.

(DAS KALTE LÄCHELN DES MEERES, S. 82)

Capo Russello in der Nähe des gleichnamigen, mit einem Leuchtturm versehenen Berges ist ein vielbesuchter Strandbadeort mit zahlreichen Erfrischungs- und Speiselokalen,

Capo Russello

die direkt auf den Strand gebaut worden sind. Der Ort ist von Agrigent aus über die Staatsstraße 115 zu erreichen und dann, wenn man in Realmonte abfährt, auf der Provinzialstraße, die zum Meer führt.

KIRCHE VON PADRE CRUCILLÀ [B D3]
»...Wie auch immer, als ich in Montereale ankam, bin ich gleich in die Kirche gegangen und habe mich in eine Bank in der hintersten Reihe gesetzt. (...)

Nach einer Weile ist Patre Crucillà im Ornat aus der Sakristei gekommen, gefolgt von einem Ministranten.«

(DAS SPIEL DES PATRIARCHEN, S.169)

Die Kirche, von der Camilleri spricht, ist die Hauptkirche von Realmonte, die dem heiligen Domenicus geweiht ist und mitten im Ort liegt.

PUNTA PIZZILLO [B E3]

Sie standen auf einem kleinen Plateau wie auf einem Schiffsbug, vollkommen öde, ohne Bäume, nur hier und da ein Büschel Mohrenhirse oder ein Kapernstrauch. Der Rand des Plateaus war etwa zehn Meter entfernt, dahinter musste ein Steilhang zum Meer hin abfallen.

Montalbano ging ein paar Schritte, dann hielt Tommasinos Stimme ihn auf. (…)

»Von hier nach Vigàta braucht man zu Fuß eine Dreiviertel-, höchstens eine Stunde.« (…)

Nach mehreren Anläufen erreichten sie von der Seeseite her Punta Pizzillo, wo Montalbano am Morgen an Land gewesen war. Die Mergelwand ragte ohne Vorsprünge oder Einbuchtungen in die Höhe.

(DER KAVALIER DER SPÄTEN STUNDE, S. 161, 168)

Die Beschreibung stimmt mit der »Scala dei Turchi« überein, der »Türkentreppe«, einem selten schönen Vorgebirge aus weißem Mergel, das langsam und elegant zum Meer hinabsteigt. Es liegt am Küstenabschnitt zwischen Porto

Punta Pizzillo, Scala dei Turchi

Empedocle und Realmonte und stellt auf der gesamten Länge der agrigentinischen Küsten sicher den größten Anziehungspunkt unter den Strandorten dar. Vor allem in den Sommermonaten erfüllt das vom weißen Stein reflektierte Sonnenlicht, das sich auf dem Wasser des Meeres widerspiegelt, den Ort mit einem Glanz faszinierender Farbtöne zwischen Himmelblau und Grün, eine Erfahrung, die für den Besucher unvergesslich bleiben wird.

STRAND VON PUNTASECCA [B D1]

Die übliche Stelle war der kleine Puntasecca-Strand, ein kurzer Sandstreifen unterhalb eines Hügels aus weißem Mergel, der auf dem Landweg eigentlich nicht zu erreichen war; das heißt, zu erreichen war er nur für Montalbano und Gegè, denn sie hatten bereits als Schulkinder einen Weg entdeckt, den zu Fuß zurückzulegen schon mühsam, mit dem Auto jedoch ein wirkliches Abenteuer war.

Puntasecca

*Puntasecca war nur ein paar Kilometer von dem kleinen
Haus am Meer außerhalb Vigàtas entfernt, in dem Montalbano wohnte, er konnte sich also Zeit lassen.*

(DER HUND AUS TERRACOTTA, S.10)

Der Strand von Puntasecca ist einer der schönsten Orte der
agrigentinischen Küste, eine charakteristische Bucht, die
sich in der Nähe von Siculiana Marina befindet, aber zum
Gebiet von Realmonte gehört. Von Agrigent aus gelangt
man über die Staatsstraße 115 dorthin. Das ist der Strand, auf
dem Camilleri die Begegnungen zwischen Montalbano und
seinem alten Freund Gegè ansiedelt. Die wundervolle Landschaft besteht aus einer goldfarbenen Sandebene unterhalb
eines Vorgebirges aus weißem Mergel, dessen Helligkeit mit
der rötlichen Erde des dahinterliegenden Vorgebirges kon-
trastiert, auf dessen Spitze der Turm von Monterosso steht.
In diesem Gebiet befand sich nämlich der freiherrliche
Frachthafen von Siculiana, von dem nur wenige Überreste innerhalb des Ortsteils erhalten sind. Ursprünglich
war der Ort einmal als Erholungsort umgestaltet und vom
Küstenturm von Monterosso beschützt worden. Dieser ist
ein Bauwerk auf quadratischem Grundriss, dessen Ecken
mit behauenen Ecksteinen verstärkt sind. Der Küstenturm
ist gegenwärtig gut erhalten und restauriert.

MOZIA [A A1]

*Livias gute Laune kehrte zurück, sie fand Mozia bezaubernd,
staunte über die Straße knapp unter dem Wasserspiegel, die
die Insel mit der gegenüberliegenden Küste verband, und war
ganz hingerissen vom Mosaikboden in einer Villa, der aus
weißen und schwarzen Flusskieseln gefügt war.*

»Das hier ist das Tophet«, sagte der Führer, »das heilige Areal der Phönizier. Es gab keine Gebäude, die Riten wurden unter freiem Himmel abgehalten.«

»Die üblichen Opfer für die Götter?«, erkundigte sich Livia.

»Für den Gott«, korrigierte der Führer, »den Gott Baal Hammon. Sie opferten ihm den Erstgeborenen. Sie erwürgten und verbrannten ihn und taten seine Überreste in ein Gefäß, das sie in die Erde steckten, und daneben errichteten sie eine Stele. Über siebenhundert hat man hier gefunden.«

»Oddio!«, rief Livia aus.

»Signora mia, hier ging es den Kindern gar nicht gut. Als Admiral Leptines im Auftrag von Dionysios von Syrakus die Insel eroberte, schnitten die Moziani, bevor sie sich ergaben, ihren Kindern die Kehle durch. Es war das Schicksal der Kinder von Mozia, dass sie auf jeden Fall das Nachsehen hatten.«

»Komm, wir gehen«, sagte Livia, »ich will von diesen Leuten nichts mehr hören.«

(DER HUND AUS TERRACOTTA, S. 286 – 287)

Bei dem von Camilleri beschriebenen archäologischen Gebiet handelt es sich um die Insel von San Pantaleo, auf der die antike Stadt Mozia stand. Die Anlage befindet sich in einer Zone mit stillem Wasser, die man »Weiher« nennt, längs des Küstenabschnitts von Trapani, in der Nähe von Marsala. Sie wurde Ende des 8. Jahrhundert v. Chr. von den Phöniziern gegründet und war eine der wichtigsten Handelsbasen der antiken Welt. Als Folge der Feindseligkeiten zwischen Griechen und Karthagern wurde sie 397 v. Chr. von den Heeren des Dionysios II. von Syrakus zerstört. Die aufs Festland geflohenen Einwohner gründeten die Stadt Lilybaion, das heutige Marsala. Den Beginn der archäologischen Aus-

grabung zu Anfang des 20. Jahrhunderts verdankt man Giuseppe Whitaker, dem wohlhabenden Weinmagnaten und Eigentümer der Insel. Gegenwärtig ist die Insel Eigentum des Whitaker Fonds. Man kann von Marsala aus nach Mozia gelangen, indem man für ungefähr zehn Minuten der Küstenstraße in Richtung Trapani folgt und dann links auf eine Straße abbiegt, die durch ein Hinweisschild gekennzeichnet ist. Anschließend fährt man bis zum Meeresgestade weiter. Von der Mole kann man dann per Boot durch einen Kanal weiterfahren, der sich neben den Salinenfeldern des Gebietes von Birgi hinzieht.

PALERMO, MARKT DER VUCCIRIA [A A2]

»Bleiben wir in der Stadt? Ich möchte dir die Vucciria zeigen.«

»Ich kenne die Vucciria. Guttuso.«

»Aber dieses Bild ist miserabel, glaub mir. Wir nehmen uns ein Zimmer, machen einen kleinen Bummel, gehen in die Vucciria, schlafen und fahren morgen früh nach Vigàta. Ich habe nichts zu tun und kann mich als Touristen betrachten.« (...)

Es war schon fast Abend, als sie das Hotel verließen und in die Vucciria gingen. Livia war ganz benommen von dem Stimmengewirr, den Aufforderungen und dem Geschrei der Händler, dem Dialekt, den Kontrasten, den plötzlichen Streitereien, den Farben, die so leuchtend waren, dass sie fast künstlich wirkten, wie gemalt. Der Geruch nach frischem Fisch mischte sich mit dem Duft von Mandarinen, gekochten und mit caciocavallo *belegten Innereien vom Lamm – der* mèusa *– und Gebratenem, und dieser Schmelztiegel an Gerüchen war etwas Unwiederholbares, fast Magisches.*

(DER HUND AUS TERRACOTTA, S. 238 – 239)

Und weil er gerade keine Ermittlungen durchführen muss, nutzt Montalbano die Gelegenheit, um mit Livia die Vucciria zu besuchen, den traditionsreichen Volksmarkt von Palermo.

Die Vucciria, die Camilleri so genau beschreibt, ist der berühmteste historische Markt in Palermo, der sich in den verwinkelten, engen Gassen des Loggia-Viertels auftut. Er ist im 13. Jahrhundert auf dem zugeschütteten Areal des natürlichen antiken Hafenbeckens gegründet worden. Der Markt hieß ursprünglich die »neue Bocceria« oder auch »della Foglia«, wo man sich auf den Verkauf von Gemüse verstand. Damit unterschied man ihn von der »alten Bocceria« oder »della carne«, dem an der Piazza S. Onofrio gelegenen Fleischmarkt. Dieser Name wurde später in Vucciria umgeändert, was soviel wie »Durcheinander und lautes Lärmen« bedeutet.

Das von Camilleri zitierte Bild von Renato Guttuso, das die »Vucciria« darstellt, wird derzeit im Palazzo Steri an der Piazza Marina aufbewahrt.

Nach Palermo gelangt man mit dem Flugzeug zum Flughafen Falcone-Borsellino in Punta Raisi; mit dem Auto auf der Autobahn A19, der Verlängerung der A20 von Messina; oder mit dem Schiff zum Hafen, der die Stadt mit Tunis, Tripolis, Genua, Livorno, Neapel, Cagliari und mit den Inseln Ustica, Salina und Lipari verbindet; mit dem Zug zum Hauptbahnhof.

PANTELLERIA [A C1]

Sie beschlossen, nach Pantelleria zu fahren, und dort verbrachten sie sechs Tage, endlich ohne Diskussionen und Streitereien. Es war der rechte Ort dafür, dass Livia eines Nachts fragte:

»Warum heiraten wir nicht?«

»Tja, warum nicht?«

*Vorsichtshalber vereinbarten sie, in Ruhe noch mal dar-
über nachzudenken; Livia würde den Kürzeren ziehen, sie
müsste ihr Haus in Boccadasse aufgeben und sich einem
neuen Lebensrhythmus anpassen.*

(DER HUND AUS TERRACOTTA, S. 287)

Pantelleria ist eine Vulkaninsel, die sich auf halbem Weg
zwischen Sizilien und Afrika im Mittelmeer befindet, hun-
dertzehn Kilometer von der italienischen Küste entfernt.
Die Vulkane auf der Insel sind lange erloschen, auch wenn
eine geringe Vulkantätigkeit in den sogenannten »Favare«,
den blubbernden Wasserlachen, sichtbar ist. Die Stadt Pantelleria, die sich im Bogen ihres Hafens ausbreitet, zeigt links
das Kastell Barbacane oder Relegati, das verschiedene Male
von den Byzantinern, den Normannen und von Friedrich II.
von Hohenstaufen wieder aufgebaut wurde. Die Architektur der Stadt geht größtenteils auf die Fünfzigerjahre zurück,
angesichts der Tatsache, dass das ursprüngliche urbane
Straßennetz fast vollständig durch die Bombenangriffe
während des Zweiten Weltkriegs zerstört wurde. Sehenswert ist auch der Lago Specchio di Venere, der See des Venus-
spiegels, und die Wohngebiete von Tracino mit den sich aus
dammusi zusammensetzenden Reihenhäusern (*dammusi*
sind Räumlichkeiten, deren Dach aus niedrigen Kuppeln
bestehen). Geht man von Tracino zum Meer, sieht man den
Bogen der Küste in Form eines Elefantenrüssels. Cala Levan-
te und Cala Tramontana haben das schönste Meer der Insel.
Nach Pantelleria gelangt man über das Meer, mit einem
Tragflächenboot von Trapani aus, mit Schiffen von Trapani

und Mazara del Vallo aus, oder mit dem Flugzeug, das in dem Ort Morgana landet.

SERRADIFALCO [A B2], VIA CRISPI 18, HAUS VON LISETTAS FREUND ANDREA SORRENTINO

Anderthalb Stunden brauchte er bis Serradifalco; es war ein schöner Tag, und er pfiff gut gelaunt vor sich hin. (...) Die Via Crispi fand er sofort, das Haus Nummer 18 war ein zwei-stöckiger palazzetto *aus dem 19. Jahrhundert. Auf dem Klingelschild stand »Sorrentino«. Ein nettes Mädchen um die zwanzig fragte ihn, was er wünsche.*

(DER HUND AUS TERRACOTTA, S. 255 – 256)

Serradifalco ist ein von Landwirtschaft geprägtes Wohngebiet in der Provinz von Caltanissetta, dessen Name vom spanischen *sierra* hergeleitet ist und »Anhöhe« bedeutet und von einem Falken *(falco)*, der auf der Felsenspitze verweilte, weil es ein Ort ist, wo zur Zeit der Herren von Moncada Falken nisteten, so die Legende aus jener Zeit. Das jetzige Wohnzentrum wurde 1640 vom Adelsherrn Leonardo Lo Faso Pietrasanta errichtet, der 1665 zum Herzog dieser Gründung ernannt wurde. Die Stadt ist in Form eines regelmäßigen Netzwerks angelegt, das sich nahezu unverändert erhalten hat und von alten Straßen durchzogen ist, die heute Via Roma, Corso Garibaldi und Crucillà heißen. An der großen Piazza des Ortes, die »das Quadrat« heißt, stehen der Herzogliche Palast und ihm gegenüber der Palazzo des Barons Piazza. In der Altstadt befinden sich auch die Kirche von S. Francesco aus dem 18. Jahrhundert im barocken Stil und die klassizistische Hauptkirche aus dem Jahr 1740, die dem heiligen Leonhard geweiht ist. Nach Serradifalco gelangt man über die Staatsstraße 640, die Caltanissetta mit Agrigent verbindet, und biegt dann auf die Staatsstraße 122 ab, die nach Norden bis Serradifalco führt.

TYNDARIS [A A4]

Von Tindari hatte Montalbano das kleine, geheimnisvolle griechische Theater und den Strand in Form einer Hand mit rosa Fingern in Erinnerung ... Wenn Livia ein paar Tage blieb, konnte man einen Ausflug nach Tindari ins Auge fassen.

(DAS SPIEL DES PATRIARCHEN, S. 311)

Tyndaris bzw. Tindari ist berühmt für sein Heiligtum der Schwarzen Madonna. Die Stadt steht auf einer Reihe von sanft zum Meer abfallenden Hügeln, die das Capo Tindari bilden, das Kap von Tyndaris, von wo aus man den Golf von Patti und die Strände bis Capo Milazzo in der Provinz von Messina sehen kann. Steil unterhalb des Heiligtums kann man die Kleinen Seen von Marinello bewundern, kleine Wasserspiegel, die unaufhörlich vom Meer verändert werden, zu denen man zu Fuß von den Stränden von Oliveri aus gelangen kann.

Der ursprüngliche Kern der Stadt Tyndaris wurde um 396 v. Chr. in einem Teil des Gebietes der antiken sikulischen Stadt Abacenum (dem heutigen Tripi) von Dionysios dem Älteren von Syrakus angelegt, in der Absicht, einen militärischen Vorposten zur Verteidigung des Meeresabschnitts zwischen der Nordküste Siziliens und den Äolischen Inseln aufzubauen. Der Name der Stadt führt seinen Ursprung auf Tyndaros zurück, den König der Messener. Tyndaris war eine der letzten griechischen Kolonien auf Sizilien und erlebte seinen Höhepunkt unter römischer Herrschaft. Danach kam es infolge von Erdrutschen und Invasionen ganz herunter und wurde 836 von den Arabern schließlich völlig zerstört. Es wurde zu einem kleinen Ortsteil der Stadt Patti und unter der normannischen Herrschaft zu einem wichtigen kulturellen und religiösen Zentrum. Im 16. Jahrhundert wurde auf der antiken Akropolis eine kleine Kirche erbaut, und hinter ihr, in moderner Zeit, das große Heiligtum, Ziel von Wallfahrten in den Monaten Mai und September. Dort wird die byzantinische Statue der Schwarzen Madonna aufbewahrt. Das archäologische Ausgrabungsgebiet besteht aus: dem griechischen Theater, das auf das 4. Jahrhundert v. Chr. zurückgeht und in römischer Zeit umgebaut wurde; den mächtigen Stadtmauern, die in der Zeit von Dionysios hochgezogen wurden; einer byzantinischen Festung und dem Antiquarium. Hier nimmt die Hauptstraße (der obere *decumanus*) der antiken Stadt ihren Anfang, die eine auf breiten, geradlinig und parallel verlaufenden Straßen (*decumani*) gegründete urbanistische Anlage bildete, welche im rechten Winkel von Nebenstraßen (*cardi*) gekreuzt wurden. An ihnen lagen die Geschäfte, die Thermen, die *tabernae* (so etwas wie Freudenhäuser) und die Patrizierhäuser, die mit Fußböden aus Mosaikbildern verziert waren. Wenn man die Hauptstraße in entgegengesetzter Richtung hinunterläuft, stößt man auf die Basilika oder auch auf das Gymnasium aus römischer Zeit. Von der Basilica aus gelangt man zur Agorà, die achtzig Meter lang ist und deren Fußböden in antiker Terrazzotechnik ausgestaltet sind. Man erreicht die Stadt Tyndaris (Tindari) über die Autobahn A20 entlang der tyrrhenischen Küste und biegt dann auf die Staatsstraße 113 ab.

TRAPANI [A A1],
VIA LIBERTÀ 12, WOHNUNG VON ASSUNTA BAERI

Montalbano brauchte zwei Stunden, bis er in Trapani in der Via Libertà ankam. Die Nummer zwölf war ein dreistöckiges Haus inmitten eines gepflegten kleinen Gartens. Davide Griffo hatte ihm erklärt, Zia Giuliana habe die Wohnung, in der sie gelebt hatte, gekauft.

(DAS SPIEL DES PATRIARCHEN, S. 244)

Trapani, die Stadt an der äußersten Westspitze Siziliens, besteht aus einem antiken Teil, einer verlängerten Sichel auf dem Meer, und aus einem modernen Teil, der sich in die vom Bergfuß des Monte Erice (San Giuliano) sanft abfallende Ebene vor den Ägadischen Inseln erstreckt, die mit dem Fährschiff erreichbar sind. Hier legen auch die Schiffe nach Pantelleria ab, nach Cagliari und nach Tunesien, ebenso die Tragflächenboote zu den Ägadischen Inseln und nach Pantelleria. Im ländlichen Ortsteil Birgi befindet sich darüber hinaus der Flughafen, der die Provinzhauptstadt an der nordwestlichen Küste Siziliens bedient. Von der Stadt gehen auch die weißen Salinenfelder aus, die sich kilometerweit längs der Küste in Richtung Marsala hinziehen. Ursprünglich war es ein von Sikanern und Elimern bewohntes Dorf, das Drepana hieß. Es stand dann unter der Herrschaft der Karthager, und nach der Schlacht der Ägadischen Inseln von 241 v. Chr. wurde es römisch. Unter den Arabern, den Normannen und Aragonern entwickelte es sich zu einem bedeutenden Handelszentrum im westlichen Sizilien. Im 16. Jahrhundert ließ Karl v. die Stadtmauern verstärken, die 1860 niedergerissen wurden. Nach Trapani gelangt man über die Autobahn A29d, die von Palermo kommt; im Flugzeug

333

am Flughafen Birgi; übers Meer mit Motorschiffen nach Pantelleria, Cagliari, Tunis; mit Fährschiffen zu den Äolischen Inseln und mit Tragflächenbooten zu den Äolischen Inseln und nach Pantelleria; mit dem Zug am Hauptbahnhof.

VILLASETA, VIA GARIBALDI 70, HAUS VON KARIMA [B E8]

Bis vor dreißig Jahren bestand Villaseta aus etwa zwanzig Häusern oder vielmehr Hütten, die auf halbem Weg zwischen Vigàta und Montelusa links und rechts die Provinciale säumten. Doch in den Jahren des Wirtschaftsbooms gesellte sich zur Bauwut (auf der die Verfassung unseres Landes zu fußen scheint: »Italien ist eine Republik, die sich auf die Bautätigkeit gründet«) auch noch der Straßenbauwahn, und so war Villaseta eines Tages zur Schnittstelle von drei Schnellstraßen, einer Überlandstraße, einem sogenannten »Hosenträger«, zwei Provinciali und drei Interprovinciali geworden. Einige dieser Straßen bereiteten dem leichtsinnigen ortsunkundigen Reisenden nach ein paar Kilometern touristischen Panoramas mit zweckmäßigerweise rot angestrichenen Leitplanken, an denen Richter, Polizisten, Carabinieri, Steuerfahnder und sogar Gefängniswärter ermordet worden waren, die Überraschung, unerklärlicher- oder allzu erklärlicherweise am Fuß eines Hügels zu enden, der so öde war, dass man argwöhnen musste, er sei noch nie von einem Menschen betreten

Karimas Haus in Villaseta

worden. Andere Straßen indes hörten unversehens am Meeresufer auf, am Strand mit seinem hellen feinen Sand, wo weit und breit kein Haus und bis zum Horizont kein Schiff zu sehen war und der leichtsinnige Reisende leicht dem Robinson-Syndrom anheimfallen konnte.

Villaseta, wo man immer schon dem Hauptinstinkt gefolgt war, rechts und links jedweder Straße Häuser hinzustellen, entwickelte sich in kürzester Zeit zu einem ausgedehnten Labyrinth. (…) Die Via Garibaldi, die sie schließlich doch noch fanden, grenzte an das unwirtliche gelbe Hinterland, das hin und wieder vom Grün eines kümmerlichen Gärtchens unterbrochen wurde. Die Nummer 70 war ein kleines Haus aus unverputztem Sandstein.

(DER DIEB DER SÜSSEN DINGE, S. 76 – 77, 79)

Villaseta ist ein kleines Wohngebiet zwischen Porto Empedocle und Agrigent, das vorwiegend aus Häusern mit wenigen Geschossen besteht. Diese reihen sich längs der Hauptstraße auf, an der sich auch die Villa La Lomia vom Ende des 19. Jahrhunderts befindet, ebenso die kleine Kapelle der Allerheiligsten Jungfrau von der Kette. Von Agrigent aus ist Villaseta ungefähr vier Kilometer entfernt, und man gelangt dorthin, indem man über die Straße im Tal der Tempel fährt und dann auf der Staatsstraße 115 in Richtung Porto Empedocle.

Die Contrada Kaos, ein Stadtteil von Villaseta, ist ein besonders wichtiger Ort, weil sich dort das Geburtshaus des berühmten Schriftstellers und Dramatikers Luigi Pirandello befindet.

DIE FERNSEHORTE

»*Wenn man genauer darüber nachdenkt, hat die ganze Sache schon etwas Unglaubliches: Literarisch ist Vigàta hier, in Porto Empedocle; in der Bildersprache des Fernsehens aber ist es dort, in Ragusa und Umgebung.*«

ANDREA CAMILLERI

(aus: LA SICILIA DI ANDREA CAMILLERI. TRA VIGÀTA E MONTELUSA)

MONTALBANOS SIZILIEN IN DER BILDHAFTEN VORSTELLUNG DER FERNSEHZUSCHAUER

Die literarischen Orte Montalbanos, die wir dem Leser vorgestellt haben, sind nur ein Teil der Welt des Commissario, wenn auch ein beträchtlicher.

Es gibt andere Orte, die keine Orte des Verstandes, des Gedächtnisses des Schriftstellers sind; es sind Orte, die »parallel« zu jener Welt existieren, die wir erkundet haben, und sie sind jedem gut bekannt.

Es sind Orte, die von der visuellen Fiktion des Fernsehens geschaffen wurden. Seit 1999 hat sie die Verbreitung

des Phänomens Montalbano bei einem großen Publikum gefördert und begleitet. Es war das Jahr, in dem das italienische Fernsehen RAI angefangen hat, die Fernsehfassungen der Romane und Erzählungen Camilleris auszustrahlen.

Die Fernsehserie COMMISSARIO MONTALBANO der RAI FICTION, produziert von Carlo Degli Esposti für die PALOMAR, unter der Regie von Alberto Sironi, wurde in fünf Strängen strukturiert. Erste Serie (1999): DER DIEB DER SÜSSEN DINGE und DIE STIMME DER VIOLINE; zweite Serie (2000): DIE FORM DES WASSERS und DER HUND AUS TERRACOTTA; dritte Serie (2001): DAS SPIEL DES PATRIARCHEN und DIE HAND DES KÜNSTLERS; vierte Serie (2002): DAS GEFÜHL FÜR BERÜHRUNG und DIE NACHT DES EINSAMEN TRÄUMERS; fünfte Serie (2002): DER KAVALIER DER SPÄTEN STUNDE und KATZE UND DISTELFINK.

Der Erfolg dieser Fernseh-Verfilmung ist zum guten Teil der Arbeit der Drehbuchautoren zu verdanken –

Francesco Bruni, Salvatore De Mola und Angelo Pasquini, unter entscheidender Zusammenarbeit mit Andrea Camilleri –, die sich nicht auf eine sklavisch genaue Reproduktion des Originals beschränkt, sondern die besonderen Charakteristika herausgearbeitet und dem neuen Medium angepasst haben.

»Die Fernsehbearbeitung folgt anderen Notwendigkeiten als denen des Romans. Das Wesentliche ist meiner Ansicht nach, dass man einen bestimmten Geist des Romans bewahrt und die Welt, in der er spielt, richtig erfasst.«
(Aus dem Interview mit Andrea Camilleri, COMMISSARIO MONTALBANO. INDAGINE SU UN SUCCESSO, S.124, Roberto Scarpetti und Annalisa Strano, Editrice ZONA, Arezzo 2004).

So ist der Commissario Montalbano der Fernsehfilme nicht der Fünfzigjährige der Romane; vielmehr ist er ein kraftvoller Vierzigjähriger, der von Luca Zingaretti gespielt wird und bei den Fernsehzuschauern sehr gut ankam. Auch andere Figuren, die den Commissario regelmäßig bei seinen Ermittlungen begleiten, haben eine Verjüngung erfahren: So ergeht es Fazio (Peppino Mazzola), der im Roman DIE STIMME DER VIOLINE, so wie Camilleri es erzählt, »ein gewisses Alter hatte«, und so ergeht es auch Jacomuzzi (Giovanni Guardiano).

Die Darstellung der anderen Personen ist hervorragenden Schauspielern anvertraut worden, wie etwa Katharina Böhm (Livia Burlando), Cesare Bocci (Mimì Augello), Davide Lo Verde (Polizeimeister Galluzzo), Angelo Russo (Polizeimeister Catarella), Roberto Nobile (Nicolò Zito),

Pietro Bondi (Polizeipräsident), Franco Stella (Polizeimeister Gallo), Marcello Perracchio (Dottor Pasquano).

Die das kleinste Detail durchdringende Einflussnahme durch das Medium Fernsehen hat die Zuschauer dermaßen beeinflusst, dass auch ihre Erfahrung als Leser davon nicht unberührt geblieben ist. Es ist wirklich schwer für denjenigen, der die Fernsefilme gesehen hat, sich den Commissario von Vigàta nicht auf der herrlichen Piazza von Ragusa vorzustellen und nicht gar die gesamte Stadt Vigàta mit Ragusa in eins zu setzen.

»[...] für mich ist das Haus, in dem Montalbano wohnt, viel zu luxuriös. Das ändert nichts daran, dass bestimmte Außenansichten, nicht die von schönen Kirchen oder von schönen Häusern, sondern beispielsweise diese Art von Labyrinth in Miniatur wie in DAS SPIEL DES PATRIARCHEN *oder die eigentümlichen Grotten in* DAS GEFÜHL FÜR BERÜHRUNG *Teil der sizilianischen Landschaft sind. Darüber gibt es nicht den geringsten Zweifel, es sind keine bühnenbildnerischen Konstruktionen. [...] Mein Sizilien ist vor allem das westliche und nicht das östliche, und zwischen diesen beiden Sizilien gibt es einen riesigen Unterschied, wie zwischen Nordamerika und Südamerika. Der Osten Siziliens ist reich an Wasser, hat gut bebautes Land, wo es schwierig ist, gewisse Gegenden zu finden, die ich in meinen Romanen beschreibe, wie die Häuser in Würfelform mitten auf ausgebrannter Erde. Man findet dort andere sizilianische Landschaften, ebenso wunderbare, viel sanftere, viel faszinierendere, viel freundlichere. Mein Sizilien ist das der Umgebung von Agrigent, der Umgebung von Mazzara, dieses Gebiet eben, das ist Vigàta. Es gibt also ein Vigàta des Romans, und das ist das meiner Stadt, und dann*

gibt es ein Fernseh-Vigàta, das ist das wunderschöne von Scicli, Modica usw. Jetzt kommt es aber vor, dass ich, wenn ich einen neuen Montalbano schreibe, Gefahr laufe, weniger von der Fernsehfigur Montalbano beeinflusst werde als vielmehr von der Landschaft.«

(Aus dem zitierten Interview mit Andrea Camilleri, ebd., S.129)

Der Bühnenbildner Luciano Ricceri hat in der Tat das barocke Ost-Sizilien der kompromittierten Küste von Agrigent den Vorzug gegeben. Aus dieser Entscheidung ergeben sich Sironis Aufnahmen aus Vogelperspektive von drei Städten, die von der UNESCO in das Kulturerbe der Menschheit aufgenommen worden sind, nämlich Scicli, Modica, Ragusa Ibla (Hybla) sowie der Strand mit dem Leuchtturm von Punta Secca in Santa Croce di Camerina. In Ragusa, vor allem in Ibla, sind verschiedene Außen- und Innenaufnahmen gedreht worden: der Domplatz mit der barocken Fassade von San Giorgio als Hintergrund, ausgewählt als Piazza von Vigàta, verbunden mit der Via Conte Cabrera als Örtlichkeit für die Salita Granet, und der neodorische Gesprächszirkel, Spielhalle und Begegnungsort der Oberschicht von Ragusa, als Büro der Agentur »König Midas« für die Fernsehbearbeitung von DER KAVALIER DER SPÄTEN STUNDE. Piazza Pola mit der Rokokofassade der Kirche von S. Giuseppe bildet den Hintergrund für das Gebäude des Kommissariats von Vigàta als Ersatz für den Set in Scicli. In der Trattoria La Rusticana im Corso XXV Aprile wurden die Innenaufnahmen für die Trattoria San Calogero gedreht. Die Kirche Santa Maria delle Scale wurde ausgesucht als Panoramaausblick auf die Fernsehstadt Vigàta, in Wirklichkeit ist es Ibla. Auch in »Neu«-Ragusa sind Drehorte ausgewählt worden wie der »Ponte Vecchio«, das Postamt und die Piazza del Popolo in der Nähe des Bahnhofs.

In Scicli sind es die städtischen Orte der barocken Via Francesco Mormino Penna, an der der Renaissance-Palazzo des Rathauses, das Kommissariat von Vigàta, steht, der zu Beginn des 20. Jahrhunderts nach einem Entwurf des Ingenieurs Sallicano di Noto erbaut wurde. Die Ecke an der Piazza Italia zwischen Palazzo Penna und Palazzo Mormino (heute Iacono), von wo aus man den »Steinbruch« von San Bartolomeo mit der gleichnamigen Kirche sieht, wurde als Eingang zum Polizeipräsidum von Montelusa gewählt, während der »Steinbruch« mit dem Höhlenwohnungs- viertel von Chiafura der Schauplatz eines nächtlichen Festes ist, das in der Fernsehfassung von DER HUND AUS TERRA- COTTA mit dem Besuch der Vucciria in Palermo zusammen- fällt. Andere Drehorte in Scicli sind der Palazzo Mormino (heute Massari) und der Palazzo Busacca.

Modica ist die Protagonistin der Fernsehfilme mit der Kirche von San Giorgio und dem Salon im Palazzo Ascenzo am Rathausplatz.

Die bürgerlichen Villen der Landbesitzer zusammen mit den Gehöften und den ärmlichen Bauernhäusern auf den Ländereien des Gebietes der Hybleischen Berge bilden den Hintergrund für Montalbanos Fernsehgeschichten. Beispie- le dafür sind: die neogotischen Villen De Naro Papa auf der Hochebene von Modica und die Villa Veninata in der Nähe des Schlosses von Donnafugata, ein weiterer Fernsehset; Villa Salina des Barons Pancari in der Nähe von Scoglitti; Villa Crescione und Einsiedelei der Giubiliana auf der Hoch- ebene von Ragusa; Villa Fagotta in Chiaramonte Gulfi.

Als Fernsehdrehorte sind auch ein paar besonders bedeutsame Örtlichkeiten Siziliens ausgewählt worden wie der nuraghenähnliche[4] Bau im Garten der Villa Trippatore, das Steinlabyrinth der Gärten des Schlosses Donnafugata, die Baldachingräber der Grotten der Trabacche im Ragusanischen, der Hafen von Pozzallo, der Marktplatz von Comiso, die Piazza di Vittoria vor der Kirche S. Giovanni im Hintergrund, die Ruinen der Ziegelei Penna zwischen Marina di Modica und Sampieri, die Meeresfront des Dorfes Donnalucata (als Drehort für Marinella) und der bereits erwähnte Strand mit dem Leuchtturm von Punta Secca in Santa Croce di Camerina.

Außerhalb des Bereichs von Ragusa sind das Kastell von Porto Palo, die Grotten von Custonaci in der Region von Trapani und das Wallfahrtsheiligtum von Tyndaris ausgewählt worden.

»Mit Ricceri haben wir Ortsbesichtigungen gemacht und dafür Sizilien abgefahren. Giuseppe Tornatore hat mir ein bisschen geholfen, er hat mir gesagt, ich solle mir die Gegend um Ragusa ansehen, weil dort vor vielen Jahren Zampa und Germi gedreht hatten. Ich suchte ein Haus am Strand. In Sizilien aber gibt es mehr Felsen als Sand. Das Dreieck im äußersten Süden von Sizilien, Porto Palo, Ragusa, Pozzallo war perfekt für das, was wir suchten, dort haben wir Montalbanos berühmtes Haus am Meer gefunden, es ist das Haus eines sizilianischen Adeligen, der 1930 von der Domänenverwaltung die Genehmigung erhalten hatte, ein Haus direkt

---

[4] Nuraghen sind Wohntürme in stumpfer Kegelform, die sich in der Jungsteinzeit und Bronzezeit besonders auf Sardinien fanden (A.d.Ü).

am Strand zu bauen. Einen Drehort dieser Art, davon konnte man nur träumen. Doch darüber hinaus wollten wir auch etwas finden, das es uns erlaubte, Bilder vom großen sizilianischen Barock zu bekommen, und da boten sich Scicli, Ragusa und Modica an.«
(Aus dem bereits erwähnten Interview, ebd., S.139)

Auf diese Weise wurden die Orte von Commissario Montalbano verwandelt, bis sie schließlich eine völlig eigenständige Welt im Vergleich zu der literarischen und der von uns bis jetzt in Augenschein genommenen wurden. Eine Welt, die ein, wenn wir so wollen, »Ansichtskarten«-Sizilien darstellt und vielleicht die einzig mögliche Wahl war, um die Fernsehzuschauer gefangen zu nehmen. Diese Diskrepanz zwischen den beiden Welten hat die eine oder andere kritische Stimme provoziert, der zufolge sich die Fernsehautoren übertrieben weit vom ursprünglichen Modell entfernt und die grundlegend typischen Merkmale verfälscht hätten.

»Natürlich kann der arme Produzent, wenn ich in den Romanen von Marinella rede, die Szenen nicht an den Orten drehen, auf die ich mich beziehe. Marinella nämlich, das einmal aus vier, fünf Häusern bestand, hat sich zu einem richtigen Ort entwickelt. Früher gab es da ganz wenige Häuser, die alle eingeschossig waren. Es handelte sich bei ihnen um kleine, illegal gebaute Häuser. Montalbano, mein Montalbano, sucht sich ein Häuschen dieses Typs aus und nicht ein so luxuriöses wie in Punta Secca bei Ragusa, das man im Fernsehen sieht. Können Sie sich vorstellen, dass mein Commissario jemals in ein zweistöckiges Haus gezogen wäre, das so schön und so

prunkvoll ist? In Wirklichkeit mag er ein Haus mit drei hin-
tereinanderliegenden Zimmern. Aber der Strand ist für mich
in Ordnung, auch die Terrasse.«
(Aus dem bereits erwähnten Interview, ebd., S. 15)

Die Orte Montalbanos in den Romanen sind wahrhaftiger
als die Wirklichkeit, sie sind unerbittlich in ihrer ätzenden
Schärfe. Sie sind eine Welt, in der die illegale Bautätigkeit
und die illegale Inbesitznahme von Land eine selten schöne
Landschaft verunstaltet, in der der Mensch seiner eigenen
Erde Gewalt angetan hat.

Die Drehorte dagegen sind wattegepolstert, einmalig
schön in ihrer Gleichmütigkeit, Schauplätze, die der moderne Mensch bislang nicht zu beschädigen vermochte.

»[...] Wenn man in den Beschreibungen in den Romanen tat-
sächlich Porto Empedocle, den Turm Karls V., die Scala dei
Turchi, den Strand von Marinella, den Sand und das Meer mei-
ner Gegend erkennen kann, ist gleichzeitig aber auch immer
ein anderes Sizilien gegenwärtig, das, wer weiß, warum,
wenig herausgestellt wird. Irgendwo habe ich geschrieben,
vielleicht ist es im HUND AUS TERRACOTTA, *dass Montalba-*
no es mag, durch die typische Landschaft des herben, aus-
getrockneten, verbrannten Siziliens zu streifen, mit den klei-
nen Häuschen auf den Hügeln, die auf der Kippe stehen, fast
schon dabei, abzustürzen. Das ist ein wenig bekanntes Bild
von Montalbano: er mag dieses Sizilien, und wenn er kann,
lässt er die Hauptstraßen außer Acht und entscheidet sich
für andere Wege, um diese verbrannten, ausgedorrten Orte
zu sehen.«
(Aus dem bereits erwähnten Interview, ebd., S. 14)

346

Selbst die Autos, die die Landschaft – auch sichtbar – schwer beschädigen, werden in den Filmen so behandelt, dass man sie nur selten zu sehen bekommt, und wenn es wirklich nötig war, sie einzusetzen, dann so wenig wie möglich, auch durch die Wahl ganz gewöhnlicher Modelle und unauffälliger Farben.

Jedenfalls kann man sagen, dass sich die Orte des Commissario auf dem Papier zu den Orten der Romane so verhalten, wie die Drehorte sich zu Zingaretti verhalten. Jeder der beiden Commissari bewegt sich gekonnt in »seiner« Welt, und das Vertauschen ihrer Rollen würde zu leicht wahrnehmbaren Dissonanzen führen.

Wir denken an die Strecke, die der Commissario jeden Tag von Marinella zum Kommissariat zurücklegt oder auch bis zum Polizeipräsidium in Montelusa, um dann nach Vigàta zurückzukehren und in der Trattoria San Calogero essen zu gehen, ein tagtäglicher Besuch, auf den dann ein Spaziergang auf der Mole bis zur Flachklippe unterhalb des Leuchtturms folgt.

In der Fernsehfassung wacht Montalbano in dem Haus in Punta Secca in der Nähe von Santa Croce di Camerina auf und fährt dann ins Kommissariat nach Scicli (Palazzo del Comune, Rathaus). Um zum Polizeipräsidium nach Montelusa zu kommen, reichen wenige Minuten, die, die nötig sind, um von der Via Franscesco Mormino Penna zur Piazza Italia zu fahren, am Eck zwischen Palazzo Penna und Palazzo Mormino (heute Iacono), beide in Scicli. In der Trattoria San Calogero zu Mittag zu essen, bedeutet, ins Restaurant La Rusticana in Ragusa Ibla zu gehen, wohingegen die Flachklippe unterhalb des Leuchtturms nichts anderes ist als eine der Bänke auf der Piazzetta della Torre vor dem Haus des

347

Commissario in Punta Secca. Für einen Espresso im Herzen von Vigàta muss unser Commissario zur Piazza Duomo in Ragusa Ibla gehen.

Letzen Endes hat bei der Wahl der Drehorte die visuelle Attraktivität der Orte gegenüber einer in den Romanen und Erzählungen vorhandenen Raum-Zeit-Kohärenz im Agrigentinischen den Ausschlag gegeben. Trotzdem sind die Orte der Fernsehfilme in die Vorstellungswelt der Montalbano-Zuschauer eingedrungen, bis sie schließlich zu Symbolorten der Figur geworden sind. Im Ragusanischen hat sich ein mit Montalbano verbundener Tourismus entwickelt, und immer häufiger schlagen die Reiseveranstalter Besucherwege vor, die mit dem Fernseh-Commissario zu tun haben. Das sind die Orte, die wir dem Leser jetzt mithilfe der Bilder der Szenenfotografen Francesco Lecca und Stefano Ricciotti vorstellen.

VIGÀTA (RAGUSA UND PROVINZ)

WOHNUNG VON MAESTRO BARBERA, SALITA GRANET [E D2]

Die Außenaufnahmen wurden in der Via Conte Cabrera in Ragusa Ibla in der Nähe des Doms gedreht, dieselbe Straße, die zudem als Kulisse für die Außenaufnahmen der Wohnung von Clementina Vasile Cozzo dient. In derselben Straße ist auch die Örtlichkeit des »Handelsbüros« von Lapecora gewählt worden, während die Innenaufnahmen zu einem Haus in der Umgebung von Camarina gehören.

WOHNUNG VON PINO CATALANO, DISCESA GRAVET [E B5]

In Wirklichkeit liegt die Wohnung des Stadtreinigers von der Mànnara, dem Hauptdarsteller der Fernsehfassung DIE FORM DES WASSERS, gegenüber von Salvo Montalbanos Haus

Wohnung von Pino Catalano

in Punta Secca, Ortsteil von Santa Croce di Camerina, auf dem Corso G. Verdi. Dies ist eine kurze Straße, die zwischen dem Haus des Commissario und dem Leuchtturm liegt.

WOHNUNG DER EHELEUTE DI BLASI, VIA LAPORTA [E C4]

In der Fernsehfassung von DIE STIMME DER VIOLINE sieht man von der Wohnung des Ehepaars Di Blasi lediglich das Innere, das zu einer Wohnung gehört, die sich an der Provinzialstraße zwischen Ragusa und Marina di Ragusa befindet.

WOHNUNG VON MICHELA MANGANARO [E B5]

Die Außenaufnahmen der Wohnung von Michela Mangano, die in der Verfilmung von DER KAVALIER DER SPÄTEN STUN-

Wohnung Manganaro

DE vorkommt, wurden in Ragusa gedreht, in der Via Rapisardi, Querstraße zum Corso Italia. Das Gebäude beherbergt zur Zeit das Büro für Städteplanung der Gemeinde.

Haus von Commissario Montalbano

HAUS VON COMMISSARIO MONTALBANO, MARINELLA [E E2]

Zur Kennzeichnung des Anfangs des kleinen Strandes von Punta Secca, Ortsteil von Santa Croce di Camerina, in der Piazza della Torre Scalambri (11.–15. Jh.), finden wir das Gebäude, das von der Fernsehfassung in das Haus unseres Commissario verwandelt wurde.

WOHNUNG VON SARO MONTAPERTO, VIA LINCOLN 102 [E E2]

Die Innenaufnahmen der Wohnung des Stadtreinigers von der Mànnara, Hauptfigur der Fernsehfassung von DIE FORM

Ragusa, Piazza del Popolo, von der Wohnung Nenè Sanfilippos aus gesehen

DES WASSERS, sind in Punta Secca, Ortsteil von Santa Croce di Camerina, in einer Parallelstraße zum Corso G. Verdi gedreht worden, an der sich auch das Haus von Salvo Montalbano befindet.

WOHNUNG VON NENÈ SANFILIPPO UND DER EHELEUTE GRIFFO, VIA CAVOUR 44 [E B5]

Der ausgewählte Ort befindet sich an der Piazza del Popolo in Ragusa, in der Nähe des Bahnhofs. In der Fernsehfassung ebenso wie im Roman ist die Wohnung der Griffos und von Nenè Sanfilippo, Hauptfiguren in der Verfilmung von DAS SPIEL DES PATRIARCHEN, ein bescheidenes Haus in einem modernen Viertel der Stadt.

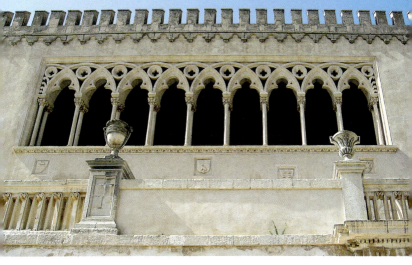

Wohnsitz der Sinagras (Schloss von Donnafugata)

HAUS VON BALDUCCIO SINAGRA, CIUCCÀFA-HÜGEL [E C3]

Das Schloss von Donnafugata, prächtiger Wohnsitz aus der zweiten Hälfte des 19. Jahrhunderts, den der Baron Corrado Arezzo hatte errichten lassen, wird in der Fernsehfassung DAS SPIEL DES PATRIARCHEN der Wohnsitz des Mafiabosses Balduccio Sinagra.

HAUS VON ANNA TROPEANO, MARINELLA [E E4]

Der Fischerort Donnalucata wird in der Fernsehfassung von DIE STIMME DER VIOLINE die ideale Verlängerung von Marinella. Und in einem der Häuser in der Via Marina, das aus dem ausgehenden 19. Jahrhundert stammt, ist das Haus von Maria Tropeano »nachgebildet« worden. Den gleichen Küstenabschnitt verwendet Regisseur Sironi in der Fernsehfassung von DIE FORM DES WASSERS in der Sequenz, in der zum ersten Mal die Schwedin Ingrid Sjostrom auftritt.

Haus von Maria Tropeano

WOHNUNG VON CLEMENTINA VASILE COZZO, SALITA GRANET [E B5]

In der Fernsehfassung von DIE FORM DES WASSERS ist der gewählte Drehort für die Wohnung von Clementina Vasile Cozzo ein Gebäude in der Via Conte Cabrera in Ragusa Ibla, in der Nähe des dem heiligen Georg geweihten Doms. Es ist einer der am häufigsten wiederkehrenden Sets der Fernsehserie.

KIRCHE VON VIGÀTA [E B5]

Die Kirche des heiligen Georg, die sich über einem breiten Treppenaufgang erhebt und sich zur Piazza Duomo in Ragusa Ibla öffnet, wird in der Fernsehfassung die Kirche von Vigàta. Das Bauwerk bildet den Hintergrund für zahlreiche Einstellungen des Fernseh-Vigàta. Die Kirche, nach dem Erdbeben von 1693 auf den Überresten der alten St.-Nikolaus-Kirche errichtet, wurde 1738 nach einem Entwurf von Rosario Gagliardi begonnen.

Wohnung von Signora Vasile Cozzo

Kirche von Vigàta (Kirche des heiligen Georg in Ragusa Ibla)

KOMMISSARIAT, INNENANSICHT [E D5]

Die Innen- ebenso wie die Außenaufnahmen sind im Rathaus von Scicli in der Via Mormino Penna gedreht worden.

Außenansicht des Kommissariats von Vigàta

KOMMISSARIAT, AUSSENANSICHT [E D5]

In Scicli, in der Via Mormino Penna, ist das Rathaus (1906) in das Kommissariat von Vigàta verwandelt worden. Das Gebäude steht auf dem Grund des ehemaligen Benediktinerklosters des heiligen Evangelisten Johannes und wird flankiert von der gleichnamigen Kirche, die im 18. Jahrhundert wieder aufgebaut wurde. In einigen Folgen wurde ersatzweise für diesen Drehort das Rathaus verwendet, das an der Piazza Pola neben der Kirche des heiligen Joseph in Ragusa Ibla steht. Insbesondere wurden in diesem Set die Büros des Polizeipräsidiums von Fela in der Folge DIE STIMME DER VIOLINE untergebracht.

MÀNNARA UND ALTE FABRIK [E F5]

Die Ziegelei Penna, sichtbar von der Küstenstraße aus, die von Sampieri nach Marina di Modica führt, ist von der Fern-

Mànnara und alte Fabrik

sehproduktion verwendet worden, um dort die Szenen anzusiedeln, die an der Mànnara und in der alten Fabrik spielen, dem Hintergrund für die Fernsehfolge DIE FORM DES WASSERS.

Oben: Monte Crasto
Unten: Marinella

Die alte Fabrik ist ebenfalls sichtbar in der Folge DER KAVALIER DER SPÄTEN STUNDE. Die leeren Bögen und der Überrest des Schornsteins tragen zur düsteren und geheimnisumwitterten Faszination des Ortes bei.

MONTE CRASTO UND CRASTICEDDRU [E B4]

Das byzantinische Grab der Trabacche-Grotte im Gebiet von Ragusa wurde von Sironi als Grotte des Monte Crasto verwendet. In diesem Ort stehen zwei Baldachin-Sarkophage, in denen Montalbano in der Fernsehfolge DER HUND AUS TERRACOTTA die beiden Liebenden und den Hund aus Terracotta findet.

HAFEN, LEUCHTTURM UND FLACHKLIPPE [E E2]

Die langen Spaziergänge des literarischen Montalbano auf der Ostmole bis unter den Leuchtturm wurden vom Regisseur erzählt, indem er die Anlage der Piazzetta della Torre in Punta Secca (Santa Croce di Camerina) genau gegenüber dem Haus des Commissario verwendet hat.

HANDELSBÜRO VON LAPECORA [E B5]

Der in der Folge DER DIEB DER SÜSSEN DINGE ausgewählte Set befindet sich, wie auch in der literarischen Fiktion, gegenüber der Wohnung von Clementina Vasile Cozzo in der Via Conte Cabrera in Ragusa Ibla.

Handelsbüro von Lapecora

359

TRATTORIA SAN CALOGERO [E B5]

Die Trattoria La Rusticana am Corso xxv Aprile in Ragusa Ibla wird in der Fernsehfiktion einer der symbolhaften Orte in der Welt von Commissario Montalbano: die Trattoria San Calogero.

POSTAMT [E B5]

Auf dem Corso Italia, an der Piazza Matteotti in Ragusa, befindet sich der Palazzo der Post, der von Sironi in der Fernsehfolge DAS SPIEL DES PATRIARCHEN verwendet wurde. Die Außenansichten des Gebäudes sind auch in DIE FORM DES WASSERS und DER KAVALIER DER SPÄTEN STUNDE zu sehen.

Postamt

MONTELUSA
(PROVINZEN VON RAGUSA,
SYRAKUS UND TRAPANI)

HAUS VON FATMA BEN GALLUD
IM RABÀTU [A C4]

Um für die Fernsehfolge DIE FORM DES WASSERS die
Atmosphäre des arabischen Viertels nachzugestalten, hat
Sironi eine kleine Stadt am Meer gewählt, Portopalo bei
Capo Passero, an der äußersten Südspitze Siziliens.

MONTESERRATO (MONSERRATO),
DER ORT, WO SANFILIPPO ARBEITET [E F4]

Als Drehort für diese in der Fernsehfolge von DAS SPIEL
DES PATRIARCHEN auftretende Örtlichkeit wurde ein Haus
auf der Küstenstraße zwischen Donnalucata und der Cava
d'Aliga gewählt.

POLIZEIPRÄSIDIUM, AUSSENANSICHT [E D5]

Die berühmte Einstellung der Außenansicht des Polizeipräsidiums von Montelusa porträtiert in Wirklichkeit eine
Ecke der Piazza Italia in Scicli zwischen Palazzo Penna und
Palazzo Mormino (heute Iacono). Im Hintergrund erkennt
man die Kirche des heiligen Bartholomäus, die schon im
15. Jahrhundert existierte und im 16. Jahrhundert erweitert
wurde, und den gleichnamigen Steinbruch.

POLIZEIPRÄSIDIUM, INNENANSICHT [E D5]

Das Büro des Polizeipräsidenten von Montelusa ist in Wirklichkeit im selben Gebäude, das auch das Kommissariat von
Vigàta in Scicli beherbergt, nämlich in der Via Mormino

361

Außenansicht des Polizeipräsidiums von Montelusa

Innenansicht des Polizeipräsidiums von Montelusa

Unterschlupf von Tano dem Griechen

Penna. Dort befindet sich derzeit das Zimmer des Bürgermeisters.

UNTERSCHLUPF VON TANO DEM GRIECHEN [E D5]
Für die Sequenz der Verhaftung Tanos hat Sironi in der Fernsehfolge DER HUND AUS TERRACOTTA die Villa Fegotto in Chiaramonte Gulfi ausgesucht.

SARAZENENOLIVE [E E2]
Während sich in den Romanen die Sarazenenolive auf halbem Weg zwischen Montelusa und Vigàta befindet, finden wir sie in der Fernsehfolge DER KAVALIER DER SPÄTEN STUNDE wenige Meter vom Haus des Commissario Montalbano in Marinella wieder (Strand von Punta Secca in Santa Croce di Camerina).

Villa Luparello

VILLA DER LUPARELLOS [E E3]

Die ungemein imposante Villa Criscioni, gelegen an der Provinzialstraße zwischen den Orten Marina di Ragusa und Donnalucata, wird in der Fernsehfolge DIE FORM DES WASSERS zum Wohnsitz der geheimnisvollen Familie Luparello.

VILLASETA, VIA GARIBALDI 70, HAUS VON KARIMA [A A1]

Der Ort Villaseta, in den Romanen wenige Kilometer von Vigàta entfernt, liegt in der Fernsehfiktion in Custonaci in der Provinz von Trapani. Der für die Fernsehfolge DER DIEB DER SÜSSEN DINGE verwendete Set ist der der berühmten Grotte Mangiapane, in der alljährlich die lebende Krippe dargestellt wird.

Punta Secca

KLEINE VILLA VON GIACOMO PELLEGRINO, IN DER NÄHE DER SARAZENENOLIVE [E E2]

Auch für die kleine Villa von Giacomo Pellegrino ist der Set in Punta Secca in Santa Croce di Camerina ausgewählt worden. In DER KAVALIER DER SPÄTEN STUNDE wird Pellegrino folglich zum »Nachbarn« von Commissario Montalbano.

Calapiano

ANDERE ORTE

CALAPIANO, HAUS VON MIMÌ AUGELLOS SCHWESTER [E C3]

An der Provinzialstraße zwischen Ragusa und Santa Croce di Camerina befindet sich der Set, den Sironi für Calapiano ausgewählt hat. Es handelt sich um den Komplex der Costa-Häuser, die in den Fernsehfolgen DIE STIMME DER VIOLINE und DER KAVALIER DER SPÄTEN STUNDE erscheinen.

COMISINI, CONTRADA FAVA, DER ORT, AN DEM DIE EHELEUTE GRIFFO AUFGEFUNDEN WURDEN [E C3]

In der Fernsehfolge DAS SPIEL DES PATRIARCHEN hat Sironi für die Auffindung der Eheleute Griffo das Gartenlabyrinth des Schlosses Donnafugata gewählt, eines prächtigen Wohnsitzes aus der zweiten Hälfte des 19. Jahrhunderts, der von Baron Corrado Arezzo erbaut wurden.

Comisini

MONTAPERTO,
HAUS VON GEGÈS SCHWESTER MARIANNA [A C3]

Ein Landhaus in der Umgebung von Chiaramonte Gulfi wird in der Fernsehfolge DER HUND AUS TERRACOTTA das Haus von Marianna, der Schwester von Gegè.

Montaperto

367

HAUS VON ANTONINO TOMMASINO [A C4]

Für dieses Haus, das in der Fernsehfolge DER KAVALIER DER SPÄTEN STUNDE zu sehen ist, wurde als Drehort für die Außenaufnahmen ein Komplex historischer Häuser in der Nähe des Kastells von Portopalo bei Capo Passero gewählt, während für die Innenaufnahmen einer Wohnung in der Umgebung von Santa Croce di Camerina der Vorzug gegeben wurde.

PUNTA PIZZILLO [E F5]

Die Überreste der Ziegelei Penna an der Provinzialstraße zwischen Sampieri und Marina di Modena haben den Hintergrund für die in der Folge DER KAVALIER DER SPÄTEN STUNDE erzählten Ereignisse dargestellt.

KLEINER STRAND VON PUNTA SECCA, DER ORT DER TREFFEN MIT GEGÈ [E F7]

Für die Begegnungen zwischen Gegè Gullotta und Montalbano hat Sironi in den Fernsehfolgen DIE FORM DES WAS-

Punta Pizzillo

sers und DER HUND AUS TERRACOTTA den Kai des Hafens von Pozzallo ausgewählt.

PALERMO, MARKT DER VUCCIRIA [E D5]

Als Hintergrund für ein nächtliches Stadtfest, das in der Fernsehfolge DER HUND AUS TERRACOTTA zu sehen war, die TV-Alternative zu einem Besuch in Palermo, ist der »Steinbruch« mit dem Höhlenviertel von Chiafura in Scicli geworden.

TYNDARIS, WALLFAHRTSORT DER SCHWARZEN MADONNA [A A4]

In diesem Fall kommen Literatur und Fernsehfiktion zusammen: Der Wallfahrtsort der Schwarzen Madonna von Tyndaris bildet den Hintergrund für die Schlusssequenzen des Romans DAS SPIEL DES PATRIARCHEN und die gleichnamige Fernsehfolge.

Tyndaris

369

WIE KOMMT MAN NACH VIGÀTA?

»Fazio, was meinst du, auf wie viele Arten man vom Konti-
nent nach Sizilien gelangen kann?«

»Dottore, das geht so: mit dem Auto, mit dem Zug, mit dem
Schiff, mit dem Flugzeug. Oder zu Fuß, wenn man will «

»Fazio, ich mag das nicht, wenn du einen auf witzig
machst.«

»Das war kein Witz. Im letzten Krieg ist mein Vater zu Fuß
von Bozen nach Palermo gelaufen.«

(DER KAVALIER DER SPÄTEN STUNDE, S. 92)

MIT DEM FLUGZEUG

Für den, der mit dem Flugzeug anreist, empfiehlt es sich, am
Flughafen Falcone-Borsellino in Punta Raisi, Palermo, zu
landen. Von hier aus kann er den Zug Trinacria Express zum
Hauptbahnhof von Palermo nehmen. Alternativ dazu kann
man den Bahnhof von Palermo mit den Autobuslinien der
Autobusgesellschaft Prestia und Comandè erreichen; den
Bahnhof von Montelusa (Agrigent) mit den Autobuslinien
SAL und Lumia Salvatore; oder auch Vigàta (Porto Empe-
docle) direkt mit den SAL-Autobuslinien. Vom Hauptbahn-
hof Palermo kann man Montelusa (Agrigent) per Zug erreichen oder auch im Reisebus mit den Autobuslinien Cuffaro,
Camilleri, SAIS oder SAL.

Die anderen Flughäfen der Insel sind Fontana Rossa in
Catania und Vicenzo Florio in Trapani. In jeder Provinzhauptstadt stehen zahlreiche Autobuslinien nach Montelusa und Vigàta zur Verfügung.

370

MIT DEM SCHIFF

Wer sich für eine Reise per Schiff entscheidet, sollte am besten im Hafen von Palermo einlaufen; von dort muss man sich zur Haltestelle Giachery der Metropolitana in der Nähe des Gefängnisses Ucciardone begeben, von wo aus man direkt bis zum Hauptbahnhof fahren kann. Vom Hauptbahnhof aus kann man Montelusa (Agrigent) mit dem Zug oder im Reisebus der Autobuslinien Cuffaro, Camilleri, SAIS oder SAL erreichen. Übers Meer ist Vigàta unmittelbar mit den Pelagischen Inseln Linosa und Lampedusa verbunden, und zwar durch die Gesellschaft SIREMAR.

MIT DER BAHN

Der nächste Bahnhof von Vigàta (Porto Empedocle) ist Montelusa (Agrigent), die Entfernung beträgt acht Kilometer. Hier kommen die Züge aus Palermo an (2 Stunden und 15 Minuten), von Catania (3 Stunden und 35 Minuten), von Messina (zwischen 4 Stunden und 40 Minuten und 5 Stunden und 30 Minuten) von Trapani (zwischen 4 Stunden und 25 Minuten und 5 Stunden und 30 Minuten, mit Umsteigen in Palermo), von Caltanissetta (1 Stunde und 30 Minuten), Enna (2 Stunden und 10 Minuten), Ragusa (4 Stunden und 50 Minuten, mit Umsteigen in Gela), Syrakus (6 Stunden, mit Umsteigen in Aragona). Wenn man am Hauptbahnhof von Agrigent angekommen ist, braucht man nur noch zehn Minuten mit dem Autobus, und man ist in Vigàta.

MIT DEM AUTOBUS

Die Autobuslinien, die nach Montelusa (Agrigent) kommen, sind: SAL, vom Hauptbahnhof in Palermo und vom Flughafen Falco-Bersellino, sie fahren Vigàta (Porto Empedocle) auch direkt an; Salvatore Lumia aus Trapani und vom Flughafen Falconi-Borsellino; SAIS aus der Nähe des Hauptbahnhofs in Catania und vom Flughafen Fontana Rossa; Cuffaro und Camilleri aus Palermo.

MIT DEM EIGENEN PKW

Vigàta ist über verschiedene Staatsstraßen (Statali) erreichbar: die 115, die Vigàta mit Trapani verbindet (160 km), Gela (77 km), Ragusa (142 km), Syrakus (201 km) und, wenn man auf die Staatsstraße 117bis abbiegt, mit Caltagirone (126 km); die Staatsstraße 189, die, wenn man von der Staatsstraße 115 abfährt, Vigàta mit Agrigent verbindet (8 km); über die Autobahn A19 Palermo-Catania bei der Abfahrt Villabate, empfehlenswert, wenn man von Palermo kommt (144 km); die Staatsstraße 640, die Agrigent mit Caltanissetta verbindet (64 km); über die Autobahn A19 bei der Abfahrt Caltanissetta, zu empfehlen, wenn man von Catania (172 km) und von Enna (111 km) kommt; die Staatsstraße 118, die Bolognetta (PA) mit Agrigent verbindet; die 122, die Agrigent mit Caltanissetta verbindet; wer dagegen von Messina (266 km) her kommt, muss die Autobahn A18 bis Catania fahren, dann die A19 bis Caltanissetta nehmen und danach weiter auf der Staatsstraße 640 bis Agrigent fahren.

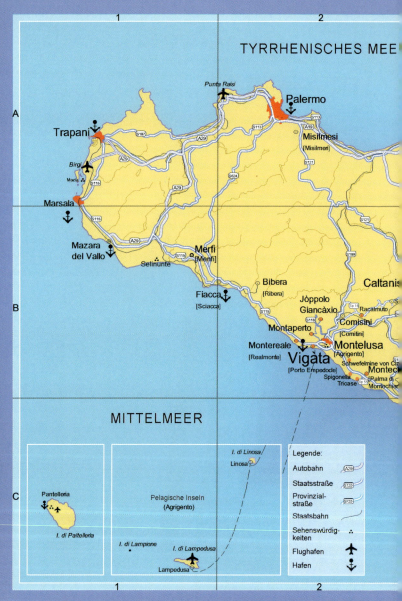

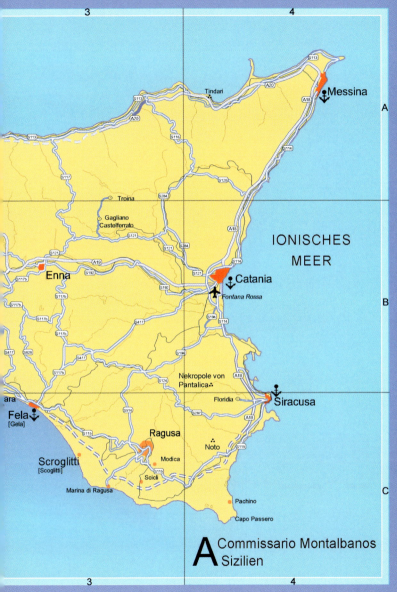

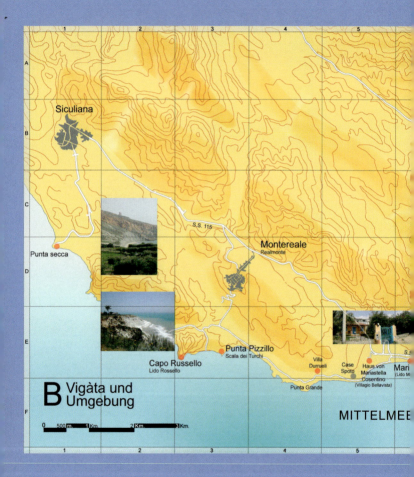

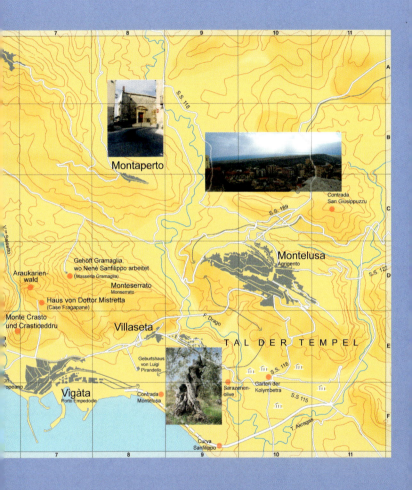

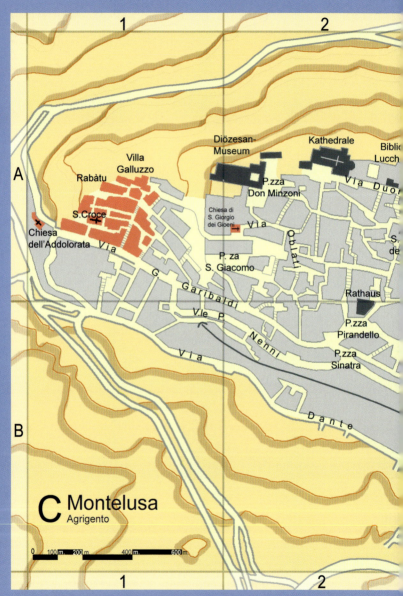

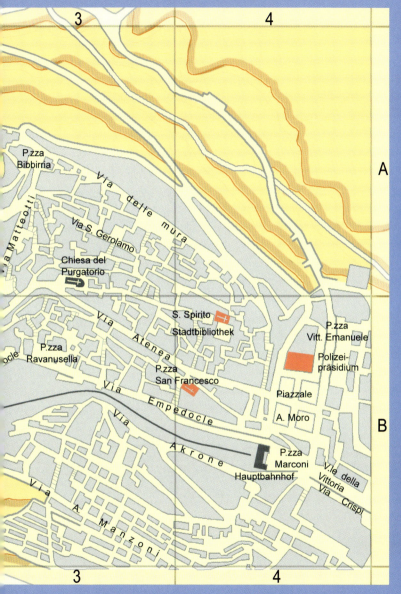

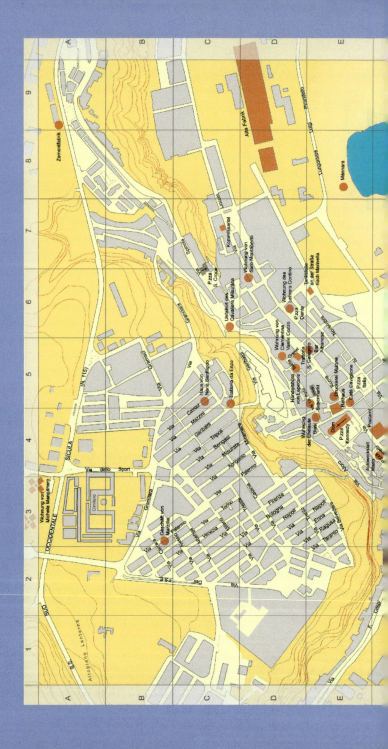

E Ragusa und Umgebung

382

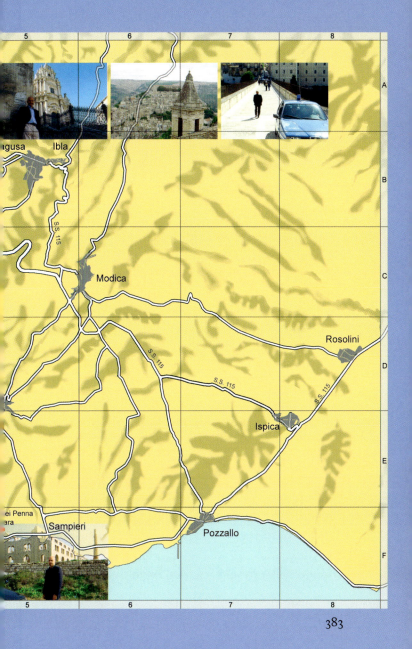

BIBLIOGRAFIE

Die Romane von Andrea Camilleri mit Commissario Montalbano als Hauptfigur, aus denen die Besucherwege dieses Buches abgeleitet wurden, sind in Deutschland allesamt bei der Verlagsgruppe Lübbe erschienen:

DIE FORM DES WASSERS
DER HUND AUS TERRACOTTA
DER DIEB DER SÜSSEN DINGE
DIE STIMME DER VIOLINE
DAS SPIEL DES PATRIARCHEN
DER KAVALIER DER SPÄTEN
    STUNDE
DAS KALTE LÄCHELN DES MEERES
DIE PASSION DES STILLEN
    RÄCHERS

Der mehrfach erwähnte Roman *König Zosimo* wurde 2003 im Verlag Klaus Wagenbach, Berlin, veröffentlicht.

Agrò Bernardo, Sciarratta Roberto, *Recupero urbanistico e ambientale del quartiere Rabbato di Agrigento*, Staatsdiplomarbeit im Akad. Jahr 1984–85, Referent T. Cannarozzo, Universität Palermo, Fakultät für Architektur
Collura Matteo, *Sicilia sconosciuta*, Mailand, Rizzoli 2000
Demontis Simona, *I colori della letteratura. Un'indagine sul caso Camilleri*, Mailand, Rizzoli 2001
Ferlita Salvatore und Nifosì Paolo (Interviews), Giuseppe Leone (Fotos), *La Sicilia di Andrea Camilleri. Tra Vigàta e Montelusa*, Palermo, Gruppo editoriale Kalòs 2003

Krönig Wolfgang, *Kunstdenkmäler in Sizilien*, Darmstadt 1986
Lodato Saverio, *La linea della Palma. Saverio Lodato fa raccontare Andrea Camilleri*, Mailand, Rizzoli 2002
Marullo Baldassarre, *Porto Empedocle, nelle sue probabili origini, nel suo sviluppo, nelle sue attività e nei suoi bisogni*, Porto Empedocle, Tipografia Bulone Gerlando, prima edizione 1926
Minuta Umberto, *Piano di ricupero del Rabbato di Agrigento*, Staatsdiplomarbeit, Akad. Jahr 1999 bis 2000, Referent Domenico Costantino, Universität Palermo, Fakultät für Architektur
Scarpetti Roberto, Strano Annalisa, *Commissario Montalbano. Indagini su un successo*, Città di Castello, editrice ZONA, Reihe »FORMAT. Leggere la televisione«, 2004

REISEFÜHRER

Versch. Autoren, *Guida della Sicilia e delle isole minori*, Ugo La Rosa editore 2000
Versch. Autoren, *Guida d'Italia. Sicilia*, Mailand, Touring Club Italiano 1989
Versch. Autoren, *Guida Rapida d'Italia* 5, Mailand, Touring Club Italiano 1993–1997
Versch. Autoren, *Sicilia*, Istituto Geografico De Agostini

INTERNET-SEITEN

www.agrigento.sicilia.it
www.gentracer.com
www.mediatel.it/provincia.
    agrigento
www.vigata.org